Gardavský · Gott ist nicht ganz tot

VÍTĚZSLAV GARDAVSKÝ

Gott ist nicht ganz tot

Betrachtungen eines Marxisten über Bibel,

Religion und Atheismus

Mit einer Einleitung von Jürgen Moltmann

CHR. KAISER VERLAG MÜNCHEN

1970

Titel der Originalausgabe: Bůh není zcela mrtev, Vydal Československý spisovatel, Prag 1967.
Aus dem Tschechischen von E. Dederra.

4. Auflage

Printed in Germany. – Umschlagentwurf von Jaroslav Fišer – Satz und Druck: Buchdruckerei Albert Sighart, Fürstenfeldbruck.

Inhalt

Einleitung

Die Verhältnisse zwischen Marxismus und Christentum haben sich merkwürdig verändert, und diese Veränderungen bringen heute fast täglich neue Überraschungen hervor. Als ich im Januar 1967 zu Vorträgen nach Prag fuhr, konnte man am Flughafen in Frankfurt noch das »Time«-Magazin kaufen und, in roten und schwarzen Farben aufgemacht, den großen Bericht über die »Gott-ist-tot«-Bewegung in Amerika lesen. Als ich in Prag ankam, zeigten Freunde mir die ersten Kapitel des Buches von Vítězslav Gardavský, die in der berühmten tschechischen Literaturzeitschrift »Literárni Noviny« gerade abgedruckt wurden. Sie waren wie auch das Buch selber unter den Titel gestellt »Bůh není zcela mrtev«: »Gott ist nicht ganz tot«.
Was geht hier vor? Gewöhnen sich christliche Theologen langsam an den »Tod Gottes«, den schon im 19. Jahrhundert Jean Paul, G. W. F. Hegel, Ludwig Feuerbach und Friedrich Nietzsche angekündigt und dann verkündet hatten? Entdecken zur gleichen Zeit altgediente Atheisten und Marxisten, daß »Gott nicht ganz tot ist«? Sterben der Glaube und der Begriff Gottes für westliche Theologen langsam, aber sicher aus, während sie für östliche Atheisten zur gleichen Zeit wieder interessant werden und wieder auferstehen? Verliert die biblische und kirchliche Sprache von Gott für moderne Theologen, die der wachsenden Säkularisierung offen ins Auge sehen möchten, an Relevanz, so daß sie sich genötigt sehen, die Bibel, die christliche Tradition und die Kirchen zu verlassen, um mitten in der modernen Welt in neuen religiösen Erfahrungen das wieder zu entdecken, was früher einmal mit dem Namen »Gott« und als »Glaube« bezeichnet wurde? Gewinnt für die fortschrittlichsten Denker der Säkularisierung, für die radikalen Revolutionäre, auf der anderen Seite gerade die Bibel mit ihren alten Geschichten vom menschlichen Leben und Kämpfen mit Gott eine eigenartige Attraktion zurück? Um den Vergleich noch auf die Spitze zu treiben, sei darauf hingewiesen, daß sich jene »Gott-ist-tot«-Theologen in Amerika, wie Thomas Altizer und William Hamilton, gerne »radikale Theologen« nennen. Sie möchten dem modernen Atheismus mit unvoreinge-

nommener Offenheit begegnen und haben sich entschieden, als »christliche Atheisten« zu leben. Auf der anderen Seite zeigt uns Gardavský den Weg der »radikalen Revolution«. Radikal ist für ihn der Weg zu den Wurzeln hinab. Die Revolution wird »radikal«, wenn sie ihre Wurzeln tief in den Boden der Geschichte verankert. Der Sozialismus wird »radikal«, wenn er seine Wurzeln in die mehrere Jahrtausende umfassende Geschichte eingräbt, um alles in sich aufzunehmen, was in seiner Gesamtheit den menschlichen Wert der Geschichte ausmacht. Darum wendet er sich der Vergangenheit wieder zu, um sie aufzunehmen und aufzuheben in die neue umfassende, allmenschliche Zukunft, die der Sozialismus sucht. Wer ist nun eigentlich »radikal«? Der die Vergangenheit verläßt, um sich unvoreingenommen der Gegenwart, ihren neuen Problemen und Erfahrungen zu stellen? Oder der in der Vergangenheit die Wurzeln aufsucht, aus denen der Baum der Gegenwart in der Zukunft eine all-menschliche Frucht bringt? Vermutlich sind nur die Ausgangspunkte so ganz verschieden, während sich auf den Wegen, die man einschlägt, die Kreuzungen finden, an denen man sich trifft.
Schon auf der Konferenz der Paulus-Gesellschaft und der Tschechischen Akademie der Wissenschaften im Mai 1967 in Marienbad zeigte sich ein ähnlicher Frontwechsel. Während die Christen, katholische und evangelische Theologen, sich bemühten, die diesseitige Relevanz des christlichen Glaubens in der Kritik an Staat, Gesellschaft und Kultur zu zeigen, revidierten die Marxisten die altbekannte marxistische Religionskritik und fragten nach einer neuen Offenheit des Menschen für eine Transzendenz, die nicht entfremdet. Man hatte erwartet, daß sich die Theologen um die Transzendenz, ihre Erfahrung und ihren begrifflichen Ausdruck kümmern, die Marxisten aber die Verantwortung für die revolutionäre Veränderung des Diesseits vertreten würden. Doch hatte es oft den Anschein, als wäre es genau umgekehrt.
Dieser Wechsel der Fronten und Interessen. der sich hier abzeichnet, ist für beide Partner überraschend und kann für beide Teile von großem Gewinn sein. Wie die ersten Ansätze auf christlicher Seite, die Enzyklika »Populorum progressio« und die Dokumente der Weltkirchenkonferenz in Genf 1966 und endlich die Arbeit von Theologen beider Konfessionen an einer »Theologie der Revolution« zeigen, ist die »Revolution« nicht

mehr ein Monopol marxistischer Theorie, obwohl sie natürlich der wesentlichste Beitrag zu einer Philosophie revolutionärer Praxis bleiben wird. Auf der anderen Seite aber müssen wir einsehen, daß auch das Christentum in unseren Ländern nicht mehr das Monopol auf »Religion« besitzt. Wir kommen in eine Situation, in der die verfaßten Kirchen das Monopol auf Christentum verlieren, und das Christentum das Monopol auf Religion verliert. Wir kommen mitten im Zentrum des Christentums sogar in eine Lage, in der, schlicht gesagt, auch andere die Bibel mit Verstand lesen. Sie lesen sie mit anderen Augen als wir. Sie lesen sie nicht mehr durch die Brille der kirchlichen Redaktion und der christlichen Traditionen, und sie entdecken darin Dinge, die wir so nicht gesehen hatten. Sie lesen die Bibel als ein revolutionäres, ja als ein subversives Buch, das sich nicht mit kirchlicher und staatschristlicher Macht verträgt. Sie lesen die Bibel als Dokument der Kämpfe der Menschen mit jenem Gott, der als himmlische Herrenmacht in Herrschaftsmythen proklamiert wurde. Nach der langen Tradition religiöser und theistischer Exegese begegnen wir hier einer neuen revolutionären und atheistischen Exegese der biblischen Geschichten und Gestalten. Das begann mit *Ernst Bloch* seit seinen großen Werken über den »Geist der Utopie« (1918, 1923[2]) und »Thomas Müntzer als Theologe der Revolution« (1921). Wir finden diese Linie wieder bei *Leszek Kolakowski* in seinen »erbaulichen« Geschichten »Der Himmelsschlüssel« (1965). Wir finden sie bei *Roger Garaudy* und *Milan Machovec* und jetzt bei *Vitězslav Gardavský*. Der Dialog mit Marxisten und Atheisten vollzieht sich damit nicht mehr nur am Rande, im Vorfeld oder der äußersten Peripherie, sondern wird mitten ins Herz des christlichen Glaubens hineingetragen. Der Dialog ist nicht mehr nur eine Frage der Apologetik und der Fundamentaltheologie. Er findet in der Auslegung der Bibel und in der Christologie statt. Umgekehrt findet der Marxist den Christen nicht mehr in jener Ecke der »Religion« und des »Opiums des Volkes«, wo ihn die atheistische Religionskritik früherer Jahre erreichen konnte, sondern mitten in seinem eigenen Zentrum, präsent in den revolutionären Bewegungen; solidarisch, aber auch kritisch. In dieser Vermischung der Interessen und Verkehrung der Fronten kann natürlich mancher sein Gesicht verlieren. Es kann aber auch etwas Neues daraus hervorgehen. Positive Anzeichen dafür sind m. E. in dem neuen Stil des Dialogs zu sehen. Man kritisiert sich gegenseitig nicht mehr nach seinen schlimmsten Fehlern, sondern würdigt sich gegenseitig in seinen besten Positionen. Man durchdringt sich gegenseitig, um zu verstehen und zu lernen, nicht aber, um zu verurteilen, sich selbst zu behaupten und den anderen zu vereinnahmen. Auf diesem Wege ist das Buch von Gardavský ein großartiger Schritt nach vorne. Man möchte wünschen, daß es Leser unter den Christen und Theologen findet, die sein Werk nicht besserwisserisch an ihren eigenen Kenntnissen messen, sondern ihn unvoreingenommen zu verstehen versuchen, um dann auch mit seinen Augen die Geschichten von Jakob und Jesus und die Theologien von Augustin, Thomas und Pascal noch einmal zu prüfen.

Dr. Gardavský ist marxistischer Philosoph und Dozent an der Militärakademie in Brünn. Er ist nach seinem eigenen Bekenntnis »Atheist«. Nachdem der Marxismus lange Zeit die Geschichte unter dem etwas einfachen und nur politischen Gesichtspunkt in Vorgeschichte und zukünftige eigentliche Geschichte, in rückschrittliche und fortschrittliche Kräfte eingeteilt hatte, wendet er die universalistische Perspektive des Sozialismus aus dem Raum der Gegenwart zurück in die Zeit. Wenn der Kommunismus etwas allumfassendes Menschliches anstrebt, dann darf er nicht nur nach vorne blicken, sondern muß auch die menschliche Geschichte in der Vergangenheit positiv in sich aufnehmen. Gardavský verläßt darum die nur politische Betrachtung des Christentums und eröffnet in seinem Buch den marxistischen Lesern ein neuartiges historisches Verhältnis zum Christentum. Für die »radikale Revolution« ist es nicht mehr ein klassenkämpferisches und ideologisches Bedürfnis, das Christentum zu verstehen, um es zu entlarven und zu beerdigen, wie es früher geschah. Ist die kommunistische Bewegung für die ganze Menschheit da, so ist es für sie ein inneres Bedürfnis, das Christentum zu verstehen, um es in sich aufzunehmen wie alles Lebendige und Lebenspendende aus der Geschichte der Menschheit. Früher kannten wir den »dogmatischen Marxismus«, der sich dem Christentum gegenüber exklusiv verhielt und sich nur im Gegensatz zu ihm und aus der Verwerfung des Christentums entwickelte. Wir begegneten danach einem »integralistischen Marxismus«, der ideologisch alles Andere und Fremde sich einverleibte und politisch entsprechend alles Andere unter Staatskontrolle brachte. Hier finden wir erste Anzeichen für einen »offenen Marxismus«, der das Eigenartige des Anderen und Fremden nicht verwirft, sondern verstehen möchte, um selber weiter und reicher zu werden. Es ist kein Zufall, daß diese Bewegungen innerhalb des Marxismus gerade in der ČSSR lebendig geworden sind. Wenn sie gelingen, könnten sie der Anfang einer großen Veränderung der bisherigen Fronten werden, die auf beiden Seiten bisher mehr Unglück als Glück produzieren.

Gardavský möchte die Bibel lesen und wiederlesen, um eine Aussage darüber zu versuchen, was sie für ihn als »Atheisten« und für seine Beziehung zum Sozialismus bedeuten kann. »Denn dieses Buch wird schwerlich jemals ganz in Vergessenheit geraten, die Menschen werden auch kaum jemals ihm gegenüber vollkommen gleichgültig werden.« Wenn er dieses Buch als »Atheist« liest, so bedeutet für ihn »Gott« den »Sammelpunkt aller Möglichkeiten des Menschen«. »Der HERR ist für den Juden eine Interpretation des Menschen; an ihm erkennt er, was er *sein könnte,* im Gegensatz zu dem, was er ist« (S. 39). Er liest die biblischen Geschichten nicht mehr religiös oder theistisch, sondern unter dieser Voraussetzung atheistisch und humanistisch. Darum zieht ihn im Alten Testament die Gestalt Jakobs an. Als zweiter Sohn hat Jakob keine Hoffnung. Trotzdem kapituliert er nicht. Von seiner Mutter gedrängt, voller Angst und mit unlauteren Mitteln macht er sich daran, seine Erwählung zu ertrotzen. Er kann alles gewinnen, aber auch alles verlieren. Mit Raffinesse, aber auch mit ganz ungewöhnlichem Mut überwindet er Menschen und am Jabbok den Engel Gottes selbst und gewinnt so den Segen. Gardavský stellt diese Geschichte unter den Titel „Erwählung und Subjektivität«, denn Jakobs Tat ist »die erste Tat von geschichtlichem Rang, die erste authentische menschliche Tat, Israel wird zum Herrn der Zeit« (S. 42). Darum setzt er diese Geschichte in Verbindung mit jenem Marx, der das Konzept einer Philosophie der Praxis entwarf; »der geschichtsgestaltenden Taten, vermittels derer der Mensch, dem Schranken gesetzt sind, die eigenen Grenzen überschreitet und sein ganzes Gewicht in diese die Welt verändernde Tat hineinlegt« (S. 44).

Im Neuen Testament fragt er sich, was eigentlich das Evangelium, die „frohe Botschaft« von Jesus sei. Welches Modell menschlichen Lebens kommt hier zum Vorschein? Die historische Frage, ob Jesus gelebt habe, interessiert ihn nicht. Es geht ihm um die »Person gewordene Kurzformel für eine bestimmte jüdische Anschauungsweise von der Welt und vom Menschen« (S. 51). Ihr nähert er sich nicht auf der Ebene der Naturgesetze, sondern auf der ganz anderen Ebene der Gesetze der menschlichen Subjektivität. Darum stellt ihm der Anruf Christi Fragen an die eigene Subjektivität, an sein praktisches Handeln. Auf dem Hintergrund der alttestamentlichen Geschichte Jakobs sieht er das Besondere Jesu darin, daß beider HERR wieder zu dem in die Zeit hineinsprechenden Anruf zur Entscheidung wird. Die ganze Zukunft wird in den gegenwärtigen Augenblick, in das Heute, projiziert. Er nimmt diese »präsentische Eschatologie« aus der Offenbarung Johannis, wo sie für ihn am Dringlichsten erscheint, und stellt die Geschichte Jesu in diesen Horizont. Dann aber spricht aus der Geschichte Jesu zu ihm das »Wunder-tun« Jesu, wobei er den Akzent auf das »Tun« legt. Das »Wunder-*tun*« Jesu ist für ihn die Tat der Subjektivität, die den Kausalketten eine neue Ordnung, ein anderes Gesetz aufprägt. Aus den Wundern Jesu erfahren wir mehr über das Wesen der geschichtswirksamen Tat als aus den langweiligen Schilderungen der Taten antiker Heroen. Die Macht der Wunder ist die Liebe. Um sich radikal entscheiden zu können, um ein »Wunder« zu bewirken, muß der Mensch von der Liebe durchdrungen sein. Sie ist das sein ganzes Wesen durchwaltende Wissen, daß der Mensch nur dann *ist*, wenn er über sich hinausgreift, sich selbst gegenüber, dem Nächsten gegenüber, Gott gegenüber (S. 60 f.). Radikal aber ist diese Liebe immer eine Konfrontation mit dem Tod. An ihrem Gegenpol steht die Todesangst. Diese Grenze zu überschreiten, das heißt: »Auferstehen von den Toten«. So erweist sich in der Geschichte Jesu die Liebe als die radikale Subjektivität der Geschichte.

Wir brechen hier ab. Seine Ausführungen über Augustin und das Problem des staatspolitischen Christentums, über Thomas und die Naturtheologie, über Pascal und die Wissenschaft, sind wichtige Stücke und gelungene kleine Portraits. Was dann über die moderne Selbstreflexion des Theismus, über integralistischen und offenen Katholizismus, was über die Selbstreflexion des Atheismus folgt und über die Schwierigkeiten, in Gardavskýs Sinn heute ein Atheist zu sein, ist hoch bedeutsam. Aber das Beste liegt dann doch im Schlußkapitel, wo er den Atheismus als Metaphysik des Marxismus entwirft, d. h. als einen

Versuch einer Theorie der Subjektivität, die nicht subjektivistisch ist, und einer Theorie der Transzendenz, des Über-sich-selbst-Hinausschreitens, die nicht objektivistisch ist. Er geht von zwei scheinbar widersprüchlichen Gewißheiten aus: 1. ich bin ein gesellschaftliches Wesen, das über sich hinauszuschreiten fähig ist, 2. ich besitze die unumstößliche Gewißheit, daß ich sterben muß. Er vermittelt diese beiden Gewißheiten durch die Gesellschaftlichkeit des Menschen. Durch meine gesellschaftliche Aktivität werde ich in meiner Sterblichkeit zu einer Hoffnung für andere. Um aber zu sagen, was diese »Gesellschaftlichkeit« in ihrer Wurzel ist, spricht Gardavský von der »Liebe«, und zwar genau in dem Sinne, wie er sie bei Jesus dargestellt hat. Diese Liebe ist die existentielle Vorbedingung aller menschlichen Beziehungen. Sie ist der Kompositionsschlüssel, den die Subjektivität in den Händen hat, um die gegenständlichen und die eigenen Beziehungen zur Harmonie zusammenklingen zu lassen. Sie ist das Schlüsselwort, das menschliche Arbeit zum Schöpfertum werden läßt. Diese Liebe ist *grenzenlos* im Blick auf die menschlichen Möglichkeiten (d. i. auf den HERRN). Sie ist *bodenlos*, weil der Mensch niemals sagen kann, er sei auf ihren Grund gekommen. Sie ist im schlichten Sinne *wunderbar,* denn sie hebt die Kausalität der Natur auf, indem sie sie menschlich prägt. Die Tat der Liebe *bricht die Zukunft auf,* weil sie die Todesfurcht überwindet.
Gardavský sagt, er sei »Atheist«. »Gott ist nicht ganz tot«, das heißt für ihn: »Der Mensch ist nicht ganz lebendig.« Aber ist er mehr »Atheist« als Jakob, der mit dem HERRN rang und siegte? Ist er mehr »Atheist« als Jesus, der als Gotteslästerer verurteilt wurde, weil er den HERRN als nahe in der Kraft der Liebe, die Wunder *tut*, verkündigte? Mir scheint, daß er an Jakob und Jesus und an der Macht der Liebe etwas erkannt hat, das der traditionelle Theismus verfehlte, weil er Transzendenz objektivierte. Das ist jene Gegenwart des HERRN in den Möglichkeiten der Liebe, die nicht in ihren Begriff aufgehen kann, für die umgekehrt alle Begriffe nur zu Namen und Signalen und Hinweisen werden. Ist Gardavský Atheist? Mir scheint, daß er in jener Wirklichkeit, die durch Zeit – Geschichte – Zukunft und Subjektivität – Entscheidung – Liebe bezeichnet wird, etwas entdeckt hat, das auch der traditionelle Atheismus verfehlte und das in keine atheistische Begrifflichkeit aufgeht. Dann wäre er jenseits von Theismus und Atheis-

mus, und der Streit um »Gott ist tot« und »Gott ist nicht ganz tot« ließe sich überwinden in einem neuen, radikalen Fragen von Marxisten und Christen nach der *Erfahrung* jener Wirklichkeit des HERRN und der LIEBE.

Tübingen, 20. Juli 1968 Jürgen Moltmann

Vorwort

Den deutschen Leser, der sich dieses Büchlein gekauft hat, hat wahrscheinlich die Überschrift angelockt. Ich möchte ihn, soferne er ein gläubiger Mensch ist, aber nicht täuschen: ich bin ein ungläubiger Mensch oder, wie man gemeinhin sagt, ein Atheist. Ein marxistischer Atheist. Doch gerade darin erblicke ich eine Möglichkeit, die uns verbinden könnte: die Möglichkeit eines ruhigen, aus der Entfernung geführten Dialogs zwischen einem, dem der Glaube an Gott eine tiefe Sicherheit gewährt, und einem, der diesen Glauben vollauf begreift, ohne ihn sich wünschen zu können.
Das Büchlein war in erster Linie für den Leser in der ČSSR bestimmt, den christlichen wie den atheistischen. Es sollte ein Wort an ihn richten, das verrostete Schlösser aufschließen und den Weg zu gegenseitigem Vertrauen, wohlwollender Zuneigung und gemeinsamer Bemühung um einen demokratischen Sozialismus freimachen könnte. Als mich der große und seriöse Chr. Kaiser Verlag um die Zustimmung bat, das Büchlein in deutscher Übersetzung herausgeben zu dürfen, dachte ich bei mir, daß gerade die Situation in der ČSSR für einen Leser im Westen von Interesse sein könnte, sei es wegen der Vorgänge, die sich hier abspielten und noch abspielen, sei es, um eine private Revision von Vorurteilen einzuleiten, deren es im übrigen auf beiden Seiten und auf der ganzen Welt genug gibt.
Und diese Welt ist groß und unglücklich. Unsere europäische Kultur ist alt und kostbar. Laßt uns doch darnach fragen, was es in ihr an Gutem gibt für das Glück der Menschen.
Valete! Ego valeo.

Brünn, 30. 5. 1968 Vítězslav Gardavský

Von den Wurzeln wissen

C r e d o q u i a a b s u r d u m

Ausspruch aus der Zeit
der Kirchenväter

Ich glaube nicht, wiewohl das absurd ist – so könnte vielleicht heute ein Marxist, der über seine Zeit nachsinnt, den alten Ausspruch Tertullians abwandeln. Wieso? wird der entschiedene Atheist fragen. Ist etwa der Glaube an Gott heute schon weniger absurd? Eilen wir vielleicht Zeiten entgegen, in denen wir alles vergessen und zum Glauben der Väter zurückkehren werden?

Und in solchen Fragen wird er mit einem Schlag all das erfassen, was dieser Satz in ihm aufwühlt.

Aber nur nicht so eilig! Möglich, daß dieser Satz nicht nur ein witziges Paradox beinhaltet. Möglich, daß es heute wahrhaftig leichter ist, an Gott und an Wunder zu glauben, als nicht zu glauben.

Der Ausspruch verwahrt sich dagegen, daß Glauben oder Nichtglauben etwas Leichtes sei. Er ist Ausdruck des atheistischen Standpunkts, der von den Sirenenklängen weiß, die in die Tiefen der Religion locken. Er ist auch Ausdruck des Wagemuts, der weiß, was er sagt, wenn er trotzdem den Glauben an Gott ablehnt. Der Satz, so wie wir ihn formulieren, hat seine Wurzeln in der geistigen Ausrüstung eines marxistischen Atheisten, die ihm verwehrt, vor den Drohungen der Geschichte die Waffen zu strecken, oder vor der durchschnittlichen Alltäglichkeit zu kapitulieren. Er ist ein Versuch, in dieser vorläufigen Welt, in diesen vorläufigen Zeiten, sich selbst treu zu sein.

1

Der Mensch hat sich ins Weltall gestürzt. Flüge um die Erde können wir als technisch bewältigt erachten. Jetzt steht bereits die Landung auf dem Mond bevor. Gleichzeitig leiten wir Sonden auf Bahnen zu anderen Planeten unseres Sonnensystems. Daraus erwächst eine Fülle von technischem Optimismus. Das kosmische Zeitalter hat begonnen. Wir schauen hinter die Schwelle unserer Erdenheimat in die unermeßlichen Räume. Was wird dort der Mensch sein? Wer ist er in den Abgründen des Kosmos? Er will das wissen, sonst verliert er die Hoffnung.

Der Mensch hat das Atom zertrümmert und dringt in die Geheimnisse der Mikrostruktur der Materie ein. Was er dort an Energien erschlossen hat und noch erschließen wird, übersteigt alle unsere Vorstellungen von einer möglichen Vernichtung, aber auch von einer möglichen Bereicherung. Auch hier waltet technischer Optimismus, aber der Mensch gerät durch ihn in Verlegenheit. Werde ich – als Menschheit – vernichtet, welche Folgen wird das haben? Werde ich maßlos reich, wer werde ich dann sein?

Die gleichen Fragen tauchen angesichts der hoffnungsvollen Entfaltung der Kybernetik auf. Wenn mich die automatisierten Aggregate, die Geschöpfe der wissenschaftlichen und technischen Revolution, der Notwendigkeit entheben, den Großteil meines Lebens in der Entfremdung zu verbringen, was werde ich mit den Angeboten und den Verlockungen der Freiheit anfangen? Wo beginnen und wo enden ihre menschlichen Zusammenhänge?

Ein ganz klein wenig hat sich auch das bisher verschlossene Tor zu den Geheimnissen des Lebens geöffnet. Was wir davon bisher mehr ahnen als wissen, führt uns auf einen Gipfel der Hoffnung, erweckt aber zugleich das Grauen vor möglichem Mißbrauch. Der Mensch wächst von innen heraus. Wenn man sein Wachstum ausrechnen will, bleibt immer ein ungewisser Rest. Kosmisches Zeitalter, Atomzeitalter, kybernetisches Zeitalter, Zeitalter der Biologie ...

Das sind die Wege, die im zwanzigsten Jahrhundert beschritten wurden. Den Wissenschaftlern ist nicht ganz klar, wie sie weitergehen werden. Sie wissen auch nicht, wo sie münden werden. Einander widersprechende Alternativen; Voraussagen voller Zuversicht; die gleichen Voraussagen voller Schwarzseherei; Entscheidungen von schwerster Verantwortung; Zögern vor den Risiken; Risiken infolge des Zögerns; schicksalsschwangere rote Drucktasten; unsichere Experten; Fragen, Fragen, Fragen. Und die wichtigsten von ihnen ohne Antwort. Dahin sind die Zeiten des naiven Selbstbewußtseins

der Naturwissenschaften, denen die Welt überschaubar und verhältnismäßig leicht beherrschbar erschien. Die Entwicklung der modernen Wissenschaft und Technik rollt sich immer deutlicher in die Gestalt eines Fragezeichens ein.
Je drängender die Fragen, desto drängender das Verlangen nach Antworten. Ist es möglich, sie zu finden? Man weiß es nicht. Man forscht mit großer Anstrengung. Nicht einmal das modernisierte Christentum verspricht sie. Aber es bietet doch eine Art Zentrum der Gewißheit an. Was wird der Mensch ohne Gott anzubieten haben?

2

Unsere Welt lebt inzwischen in ihrer eigenen Gegenwart. Die Reihe der Fragen, die sie stellt, ist scheinbar eine ganz andere. Sie hat keine kosmischen Ausmaße. Die Menschheit durchlebt sie eindringlicher und unmittelbarer. Politik. Glück. Konflikte; unaufhörliche internationale Spannungen; Kriege bald am einen, bald am anderen Ende der Welt.
Das Windrad der unseren Planeten überziehenden Konflikte ist auch nicht einen Augenblick in Ruhe. Es dreht sich immer schneller und reißt Millionen in seine gefährlichen Wirbel mit hinein. Konflikte entlang der Meridiane und entlang der Breitengrade. Ein Kreuz von Streitigkeiten. Dadurch hat sich die Lösung ungewöhnlich kompliziert. Die Streitfragen häufen sich an. Einige von ihnen werden kaum noch einen weiteren Aufschub zulassen. Und dennoch scheint es, als verlöre die Menschheit immer mehr die Fähigkeit, sie zu lösen. Sie schleppen sich dahin, über Jahre und Jahrzehnte, einige nehmen sich auf absehbare Zeit völlig hoffnungslos aus.
Und für den Menschen, wo immer er auch lebt, gibt es keine windgeschützte Stelle mehr. Die summierte Last der Informationen legt sich täglich auf sein Bewußtsein, kaum, daß sich irgendwo etwas zugetragen hat. Und so wird aus dem, was eigentlich ein Instrument der Politisierung und Aktivierung sein sollte, nur allzu oft ein Faktor, der das Geschehen alltäglich macht und uns ihm gegenüber gleichgültig werden läßt. Schrecknisse des Krieges, Tragödien, Katastrophen begleiten allabendlich unseren Alltag, wenn wir ausruhen oder mit den Kindern lernen.

Unsere Fähigkeit, mit den Konflikten und Ereignissen fertig zu werden, schwächt sich in dem Maß ab, in dem sie sich wiederholen. Wir können sie in ihrer drastischen Aktualität gar nicht mehr durchleben. Wir empfinden sie als »Verrücktheit einer aus den Fugen geratenen Epoche«, gegen deren Absurdität wir etwas zu setzen trachten, was normal wäre, zugeschnitten auf das einfache Maß eines gewöhnlichen, alltäglichen, glücklichen Lebens. Man schließt die Türen; man sucht Isolationsmittel gegen den Lärm der Welt.

Früher oder später aber wird es sich erweisen, daß ein solcher windstiller Winkel nur eine Fiktion ist. Und dennoch bemühen sich die Leute, ihn zu finden, immer wieder, mit einer Entschlossenheit, die einer besseren Sache würdig wäre. Aus ihrer Ecke hinter dem Wandschirm oder auf der Couch erscheint ihnen die Welt als feindlich, aufregend, gefahrvoll – und irrational. Sie wünschen ihr zu entfliehen. Sie ziehen magische Kreise aus Gegenständen um sich. Sie schwören hoch und teuer bei großen und kleinen Göttern. Sie sind entwurzelt und möchten dennoch leben. Heute ist nicht nur die Zeit der Wissenschaft, sondern auch die der Mythologien.

In einer solchen Lage Marxist und Atheist zu sein, ist unzweifelhaft schwerer als früher. Wir lehnen es ab, die Welt nur in der einzigen Dimension ihrer Absurdität zu sehen. Wir sind dafür, daß der Verstand Taten schafft, nicht Leiden[1]. Wir lehnen fiktive Auswege ab. Wir bereiten uns mit wechselndem Erfolg auf reale Auswege vor. Aber unsere Ablehnung enthebt uns nicht des Fragens. Gerade diejenigen, die wir gewinnen wollen, werden sich nicht mit einer x-beliebigen Antwort zufriedenstellen lassen. Das aber bedeutet dann für uns, bis zu den Wurzelgründen unserer Konzeption einer Welt ohne Gott, eines von Mythen freien Menschen vorzudringen. Doch was heißt das: zu den Wurzelgründen vordringen?

1 Hier enthält der tschechische Text eine Anspielung auf den Titel des zu seiner Zeit berühmten Theaterstücks des russischen Dichters A. S. Gribojedov (1795–1829) »Gore ot uma«, tschechisch »Hoře z rozumu«. Der Titel ist ins Deutsche frei, aber sinngemäß mit »Verstand schafft Leiden« übersetzt worden. Wir haben uns bemüht, dem Wortspiel unter Beibehaltung des deutschen Titels des Theaterstücks gerecht zu werden (Anm. d. Übers.).

3

Das Wort »radikal« hat in der neueren Geschichte den gefühlsbestimmten Beiklang des Extremistischen erhalten. Das landläufige Bewußtsein hat zwischen ihm als der Bezeichnung für den von weltfremden Forderungen begleiteten Protest eines einzelnen oder einer Gruppe einerseits und der Charakterisierung des Begriffs »revolutionär sein« andererseits einen Trennungsstrich gezogen.
Aber in seiner ursprünglichen Bedeutung, in der ihn auch Marx stets gebrauchte, bezeichnet der Begriff *radikal* den Weg bis zu den Wurzeln hinab. Radikal sein, das ist für Marx immer eine der entscheidenden Dimensionen revolutionärer Aktivität. Es bedeutet nicht nur, überlebte Ordnungen von Grund auf umzustoßen und den Boden für eine neue Saat zu roden. Die radikale Revolution fragt auch immer nach ihren eigenen Wurzeln: danach, wie fest sie sich im Boden der Geschichte verankern, wie sie durch den Humus hindurchwachsen, wie sie in immer tiefere historische Schichten eindringen und aus Ihnen die Nährstoffe saugen, die sich dort in Jahrtausenden aufgespeichert haben. Das Wachstum des Stammes und der Krone einer Revolution, die Feststellung, daß sie edle und nahrhafte Früchte trägt, hängt deshalb immer auch davon ab, ob ihre verborgenen Wurzeln gleichmäßig nach allen Seiten wachsen und sich verzweigen. Eine gesellschaftliche Tatsache, die sich nicht oder nur schwach im Boden der Geschichte eingewurzelt hat, ist immer der Gefahr der Vernichtung preisgegeben: sobald sie die Nährstoffe, die aus der jüngsten Vergangenheit stammen, aufgezehrt hat, beginnt sie abzusterben, mag sie auch noch lange Zeit grüne Blätter tragen.
Dieses Bild möchte eine möglichst treffende Darstellung davon geben, wie jede, also auch die sozialistische Gesellschaft, wächst. Wenn wir unter uns den Sozialismus als festen Grund und Boden der zeitgenössischen Geschichte verstehen, als eine praktische Bemühung von Millionen Menschen, die des Menschen würdige und letzten Endes allgemein akzeptable Antworten auf *Fragen* bringen will – wir fassen sie ganz allgemein unter dem Ausdruck Kommunismus zusammen –, dann muß zugleich die Pflege seiner zukünftigen Entwicklung auch die Sorge dafür in sich einschließen, wie fest sich der

Sozialismus als neuartige Erscheinung in der mehrere Jahrtausende umfassenden Geschichte eingräbt.
Wenn wir zuweilen über diese Sache nachdenken, scheint uns der Sozialismus als Erscheinung der Neuzeit identisch oder doch identifizierbar zu sein mit seiner politischen Bedeutung. Es ist allerdings ganz unbestreitbar, daß der Sozialismus, die sozialistischen Systeme der Welt, die internationale kommunistische Bewegung, bedeutsame und richtungweisende politische Tatsachen des gesellschaftlichen Fortschritts in unserem Jahrhundert sind und miteinander seine historische Achse bilden. Aber deshalb ist es noch lange nicht selbstverständlich, daß dadurch allein Sozialismus und Kommunismus auch *geschichtlich* ein gleich bedeutsames Gebilde darstellen. Wenn *uns* das so zu sein scheint, ist das begreiflich; der nichtkommunistischen Welt aber muß es nicht so scheinen und scheint es auch nicht so. Im Gegenteil, durch viele Jahrzehnte hindurch kam ihr der Kommunismus wie ein Fremdkörper in der Geschichte vor, wie ein zufällig geglücktes Experiment, das mit der Zeit wieder verschwinden oder von der Oberfläche hinweggefegt werden wird, wie viele andere auch.
Auch wenn wir das Klasseninteresse und den Klassenhaß in Erwägung ziehen, der das Verständnis für die geschichtliche Bedeutung des Sozialismus in Schranken hält, bleibt doch noch etwas Bemerkenswertes übrig: ein Gefühl, das von der Tatsache ausgelöst wird, daß 120 Jahre des Bestehens und der Kämpfe des Sozialismus nicht genügt haben, ihn tief in den Boden der europäischen und der Weltgeschichte hineinwachsen zu lassen.
Dagegen können wir als Kommunisten mancherlei vorbringen. Aber mancherlei müssen wir doch auch auf unser Schuldkonto buchen. Es scheint, daß das, was wir hier die Wurzelgründe nennen und was sonst als revolutionäre Überlieferung bezeichnet zu werden pflegt, im jüngst vergangenen Zeitabschnitt beträchtlich an Kraft verloren hat. Man hat die Elemente des geschichtlichen Prozesses in fortschrittliche und rückschrittliche eingeteilt, und zwar nach ziemlich schematischen Gesichtspunkten. Die letzteren wurden einfach verworfen, ohne daß wir imstande gewesen wären, sie auch subjektiv zu analysieren und zu bewältigen, die ersteren hat man

zu arg auszuschroten versucht; man wollte in ihnen auch solche Nährstoffe ausfindig machen, die ihnen niemals innewohnten.
Die Radikalität des Sozialismus ist, wie es scheint, etwas anderes als ein bloßes Kurzschließen revolutionärer Überlieferungen. Sie ist die Fähigkeit des Sozialismus, alles, was der geschichtliche Boden enthält, in Nährstoffe umzusetzen und so mit kraftvollem Wachstum hindurchzudringen in die Tiefe der Geschichte, aber auch nach oben in Stamm, Krone und Früchte. Auch das – und in der Dialektik eines solchen historischen Wachstumsvorgangs eigentlich *nur* das – ist schöpferische Gestaltung der Geschichte: sie sieht nichts Neues, keine Erscheinung der Wissenschaft, der Technik oder der Kunst, keine Veränderung der politischen Machtverhältnisse, keinen Fortschritt für genügend gefestigt an, solange er nicht in Beziehung gesetzt ist zu allem, was sich zum menschlichen Wert der Geschichte summiert.
Die radikale Umsetzung alles dessen, was der Boden der Geschichte in sich birgt, bedeutet natürlich nicht, daß alles gleichgültig und ohne Unterscheidung übernommen wird, sondern es muß *eingegliedert* werden gemäß dem eigenen Wesen, der inneren Gesetzmäßigkeit und der geistigen Ausrüstung des Sozialismus. Gerade diese Eingliederung unter Klassengesichtspunkten vermag ein spezifischer Beitrag zur schöpferischen Gestaltung der menschlichen Geschichte zu sein, eine Betätigung, die den Sozialismus in den Augen der Menschheit nicht weniger rechtfertigt als seine schon erreichten ökonomischen und politischen Erfolge oder seine militärische Macht. Nach dem Maß der Radikalität des Sozialismus bestimmt sich auch das Maß seiner universellen Anziehungskraft.

4

Sehen wir uns nun um, worin und wie tief wir eigentlich verwurzelt sind, dann werden wir vieles in der Arbeiterbewegung selbst finden. Eine Menge zeitgenössischer zivilisatorischer, kultureller, sozialer und politischer Tatsachen können wir uns ohne diese Bewegung kaum vorstellen.
Wir greifen aber weiter aus: nah und verständlich ist uns auch der politische und geistige Aufschwung der Bourgeoisie

in ihrem „heroischen Zeitalter“ des Kampfes gegen die feudaltheokratische Gewalt. Wir teilen – wenn auch nicht mehr so ganz vorbehaltslos – die Bewunderung, die Engels für die Renaissance hegte. Die Reformation hat speziell für uns Tschechen und Slowaken besondere Bedeutung: unsere Vorfahren gehörten zu ihren ersten Verkündern.
Aber das ist bei weitem nicht alles: da ist Europa, nicht als geographischer, sondern als geschichtlicher Begriff; Europa und seine verwickelte, oft so zwiespältige Bedeutung für die Welt. Also nicht nur die Renaissance, sondern auch die Antike; nicht nur die Reformation, sondern auch Judentum und Christentum. Bis vor kurzem erschien uns die Antike antiquiert: ein paar Ausgrabungen, ein paar Trümmer, Heinrich Schliemann, die Überbleibsel von Troja, der Mythos von Prometheus und Antaios, Ovids Liebeskünste, Cäsars dreigeteiltes Gallien, der sterbende Seneca... Und einige Überrestchen lebender Lateiner, Latein in der Kirche und im Krankenhaus und – zusammen mit dem alten Griechisch – im Fremdwörterbuch.
Europa und seinen Einfluß auf die Welt kann man nur mühsam begreifen, wenn man nicht auch die griechische und lateinische Antike mit bedenkt; ebensowenig lassen sich Sozialismus und Kommunismus – wenn wir darunter wesentlich mehr verstehen wollen als nur ein bestimmtes System ökonomischer und machtpolitischer Beziehungen – aufbauen, ohne daß wir uns bewußt und immer wieder von neuem diese für uns unerläßlichen Nährstoffe einverleiben. Gewiß – sie stellen nur mehr einen Teil der Grundstoffe dar, die wir zur Ernährung brauchen, sie können den übrigen Elementen nicht in übertriebener Art vorgezogen werden, aber sie dürfen auch nicht außer acht gelassen werden.
Ähnlich, wenn auch viel verwickelter, verhält es sich mit Judentum und Christentum. Die Antike existiert heute nur als geistige Provinz und als Ruinen für Touristen. Das Christentum dagegen ist ein lebendiger, von Ehrgeiz erfüllter Organismus, der in die Geschehnisse eingreift, heute wie vor tausend Jahren. Ist es in einer Krise? Ist es im Aufstieg? Wie dem auch sein mag, es ist da mit seiner ganzen umfangreichen Vergangenheit. Es ist da, schweigend in Bauwerken, in goldstrotzenden Schatzkammern, in Museen und Sammlungen, in Grund-

rissen von Häusern und Städten. Es ist da, eingeschmolzen und verborgen in Gewohnheiten, sittlichen Normen, in Sprichwörtern und in der Bildersprache, in den Klängen von Liedern. Es ist da – namenlos – als Grundstoff in den Strukturen, auch wenn sie aufgelöst und umgeschmolzen wurden.
Aber es ist auch da als lebendige und handelnde Gegenwart. Es ist nicht nur Geist und eine der historischen Dimensionen des europäischen Menschen; es ist gleichermaßen Leib, Institution, Kirche, Organisation, politisches Interesse; es spricht zuweilen sein Nein zu den Tatsachen, denen Millionen von Menschen ihre ganze Energie widmen, und zu anderen Malen sein Ja zu Taten, die ihnen fremd und feindlich sind.
Es ist da als tief innerlicher Glaube von Hunderttausenden in diesem Land und von Millionen in der Welt, den sie für ihr Leben und als grundlegende Motivation ihres Tuns gewählt haben. Es ist auch noch in die atheistische Verneinung mit einbezogen. Es ist da als Politikum.
Und dennoch: mag auch unser Verhältnis zum Christentum noch lange Zeit in erster Linie ein politisches sein – und es kann praktisch gar nicht anders sein –, das entläßt uns nicht aus der Frage, ob und welche historische Bedeutung das Christentum für den Sozialismus hat. Es scheint doch letztlich offenkundig, daß wir erst dann, wenn wir die epochale Erscheinung des Christentums gerecht einzuschätzen vermögen, in jeder einzelnen Situation nachweisen können, wie weit das Christentum hinter seinen eigenen inneren Möglichkeiten zurückgeblieben ist, indem es sich im Bereich der Politik und der weltweiten Auseinandersetzung zwischen den Klassen in einer Weise verhielt und oft noch verhält, daß dies unvereinbar ist mit den fortschrittlichen Bemühungen der Menschheit unserer Tage; indem es seine ganze Vergangenheit nur deshalb verteidigt, weil es um sein politisches Prestige bangt; indem es selbst nicht fähig ist, radikal bis zu den eigenen Wurzeln vorzudringen.
Die Frage, welches die radikale Beziehung von Sozialismus und Kommunismus zum Christentum ist, entspringt aber nicht nur aus dem Bedürfnis des klassenkämpferisch gefärbten politischen und ideologischen Ringens. Sie stellt sich aus dem eigenen inneren Bedürfnis der kommunistischen Bewegung, die doch für die ganze Menschheit da ist, für eine Epoche, für

den Übergang aus einem von drohenden Katastrophen erfüllten Provisorium zu einer neuen Ordnung der menschlichen Gesellschaft. Der Marxist ist überzeugt, daß das Christentum als religiöse Bewegung für den Sozialismus, seine Aufgabenstellung und seine Ziele, nicht unabdingbar ist. Aber er weiß, daß für viele, die unter dem Sozialismus leben und ihn aufbauen oder erst noch für ihn kämpfen, der Glaube an Gott noch immer unabdingbar ist. Er weiß, daß der Sozialismus nur ein Übergangsstadium ist. Daher weiß er auch, daß Gott noch nicht ganz tot ist. Was also ist Gott? Wo sind die blinden Flecken im Sozialismus, dieses Schweigen hinter Fragezeichen im Marxismus? Wo sind nach unserer Überzeugung die Tiefen, die noch abgründiger sind als die des Christentums? Welches sind die menschlichen Antriebe, die durch ihre Wahrhaftigkeit und durch ihre Tragweite für das Los der Menschheit im Kampf für den Kommunismus mitreißender wirken könnten als der Glaube an Gott?
Wenn wir uns entschließen, so zu fragen, dann hört das Christentum auf, für uns etwas Fremdes, Entferntes, Totes zu sein. Wir empfinden nicht mehr das Bedürfnis, ihm auszuweichen. Die Furcht schwindet, die uns sonderbarerweise verfolgt hat. Die antitheistische Schwäche verflüchtigt sich. Wir werden von allem erfahren, was das Christentum auch heute noch lebensvoll und für einen bestimmten Teil der Menschheit notwendig macht – und in dem Maß, in dem wir unsere eigenen Mängel erkennen, wird uns auch deutlich werden, was das Antlitz des Sozialismus und seiner geistigen Welt verstümmelt. Von diesem Augenblick an wird uns das Christentum nicht mehr gleichgültig sein, weder politisch, noch historisch. Wir werden das Verlangen spüren, es zu analysieren und in uns aufzusaugen, so wie alles Lebendige und Lebenspendende aus der Jahrtausende alten Geschichte der Menschheit.

5

Der Entschluß, bis zu den Wurzeln vorzudringen, hat dann einen Sinn, wenn wir ganz konkret und sachlich nach den Werten fragen, die das Christentum geschaffen hat, nach den Inspirationen, die es mit sich gebracht hat. Die sich herablassende und hochmütige Negation ist nicht nur unkritisch, son-

dern auch der geistigen Verfassung des Marxismus[2] unwürdig.
Was ist also für den Marxismus die Bibel? Was bedeutet für uns Jesus? Worin besteht die »Frohe Botschaft«, die ihm zugeschrieben wird? Was sind für das marxistische Denken so bedeutende christliche Denker wie zum Beispiel Augustin, Thomas von Aquin, Pascal? Was sollen wir überhaupt vom christlichen Mittelalter halten?
Diese Fragen mögen einem atheistischen Leser ein wenig absonderlich erscheinen; gehören sie doch fast schon in den Bereich der Theologie!
Allerdings; und eben deshalb sind sie ein wesentlicher Bestandteil einer selbstkritischen Betrachtung des zeitgenössischen christlichen Theismus.[3] Die gleichen Gründe nötigen aber auch den marxistischen Atheisten zum Nachdenken. Auch er muß sich selbstkritisch betrachten, wenn er etwas mehr sein will als nur ein tölpelhafter Gottesleugner.
Deshalb habe ich dieses Büchlein in drei Abschnitte eingeteilt. In den *Monumenten* sinne ich nach über das geschichtliche Erbe des Christentums und frage mich, was es für uns bedeuten kann, die wir nicht an Gott glauben. Der zweite Abschnitt, den ich *Selbstreflexion des Theismus* genannt habe, möchte versuchen, dem marxistischen Leser (aber nicht nur ihm) die Betrachtungsweise nahezubringen, in der das Chri-

2 Aus dem Blickwinkel der kommunistischen Bewegung, in der der Autor steht, ist hier und an mehreren anderen Stellen, an denen in diesem Buch von »Marxismus« die Rede ist, der Hinweis angebracht, daß der Sprachgebrauch der Kommunisten hier den Begriff »Marxismus-Leninismus« erfordern würde, um darzutun, daß der Begriff Marxismus im Verlauf seiner Geschichte die Erfahrung der verschiedenen sozialistischen Revolutionen des 20. Jahrhunderts in sich aufgenommen hat und dadurch erweitert wurde (Anm. d. Übers.).
3 Es dürfte angezeigt sein, die hier erstmals in kennzeichnendem Zusammenhang gebrachten Begriffe »Theismus« und »Atheismus«, wie der Autor sie durchweg versteht und wie sie im folgenden sehr häufig verwendet werden, kurz zu erläutern: »Theismus« ist für G. jede religiöse Haltung, die an einen Schöpfergott als Voraussetzung unseres Daseins glaubt. »Atheismus« ist demgegenüber die Leugnung dieses Schöpfergottes, eine Weltanschauung, die ohne Gott auskommt. Der in diesem Buch auch des öfteren gebrauchte Ausdruck »Antitheismus«, den wir ebenfalls wörtlich übernehmen, bezeichnet im Gegensatz zum »philosophischen« Atheismus eine ausgesprochen kämpferische Haltung, die Gott nicht nur leugnet, sondern den Gottbegriff und mit ihm alle, die an ihn glauben, ausmerzen will (Anm. d. Übers.).

stentum (insbesondere das katholische) sich selbst, seine objektive Stellung in der heutigen Welt und seine Chancen sieht. Der dritte Abschnitt schließlich ist eine Erwägung über uns selbst, über das, was wir marxistischen Atheismus nennen und was, wie uns scheint, allen unseren Auffassungen vom Menschen, von der Welt und von der Geschichte zugrundeliegt. Ich habe ihn *Selbstreflexion des Atheismus* genannt.
Ich bin mir der Schwierigkeiten dieses Stoffes bewußt. Für zahlreiche Probleme gibt es im Marxismus bislang noch keine ausgearbeiteten Stellungnahmen. Die vorliegende Arbeit kann deshalb keinen höheren Anspruch erheben, als daß sie eine Erwägung und ein Anstoß zu weiteren Erwägungen sein will. Solcher Erwägung bedarf es. Gelten doch in unserer von so viel Hoffnung und so viel Verzweiflung zugleich erfüllten Zeit die beiden Thesen, die wie die zwei Seiten einer Medaille zusammengehören:
Gott ist nicht ganz tot.
Der Mensch ist nicht ganz lebendig.

Erster Teil
MONUMENTE

Jakob

Erwählung und Subjektivität[1]

1

Über die Bibel schreiben! Ich gestehe, daß ich Angst habe. Vor uns liegt ein Buch, das einige tausend Jahre alt ist. Es erzählt von weit in der Vergangenheit zurückliegenden mythischen Vorgängen und denkwürdigen Geschehnissen. Wir lesen sie an den Abenden und lassen uns von der Schlichtheit und naiven Vertrauensseligkeit bezaubern, mit der da Leidenschaften, List, Trug, Mord, blutrünstige Raserei, Anhänglichkeit, Selbstaufopferung, Wagemut, Kampf, Feindschaft und zarte Liebe von sich selbst künden. Es fesselt uns eine tiefe menschliche Weisheit, die zuweilen bitter, zuweilen voller Hoffnung ist. Eine Fülle an Leben, das viel zu kurz und viel zu sehr von Leiden durchtränkt ist, fasziniert uns, die Poesie der Psalmen und Liebeslieder ebenso wie das Pathos der Prophetie. Aber das ist es nicht allein; wir verlieren den Mut, mit der Bibel umzugehen wie mit einer geschriebenen *Sache,* weil wir immer daran denken müssen, daß dieses Buch stillschweigend auch alles das in sich birgt, was die menschlichen Geschlechter, so wie sie kamen und gingen, aus ihren Lebenserfahrungen und Kämpfen hineingelegt haben, wenn sie bei ihm Rat, Stütze, Beweisgründe gegen ihre Feinde, Verständnis für das Geschehen, Frieden für ihr bekümmertes Gemüt, Hoffnung auf ein besseres Morgen gesucht haben. Zu ungezählten Malen wurde sie in den Jahrtausenden ihres Bestehens gelesen und immer hat sie etwas anderes für die Menschheit Bedeutsames aus jeder Epoche in sich aufgenommen und aufbewahrt: indem neue Lieder ersonnen, die Vorfälle wieder aufgefrischt, apokryphe Bearbeitungen vorgenommen, Skulpturen und kost-

1 Der Autor verwendet hier erstmalig und später noch sehr häufig den Begriff »subjektivita«. Wir haben dieses Wort konsequent mit »Subjektivität« verdeutscht, obwohl sein Sinn zuweilen schillert und manchmal besser mit »Subjekt« allein, manchmal auch mit »Subjektstellung«, »Subjektwerdung«, ja sogar mit »Personwerdung« oder »Selbst« getroffen wäre (Anm. d. Übers.).

bare Gemälde geschaffen wurden. So hat sich ihre an die Menschheit gerichtete Botschaft immer ergiebiger gestaltet. Und so wurde das Vermächtnis der vergangenen Geschlechter an die kommenden überliefert.

Aber es gibt noch andere Gründe für meine Befürchtungen. Daß sich ein Atheist bemüht, den Sinn der Bibel zu ergründen – und darum geht es mir –, kann wie ein Widerspruch in sich selbst erscheinen. Für einen gläubigen Leser wird eine solche Auslegung immer unangemessen bleiben, wie sie am Ende auch immer klingen mag. Er wird darin jenen Ton vermissen, der ihm vom Geiste des Buches nicht abtrennbar erscheint: die Anerkennung einer höheren als der menschlichen Majestät und die Demut des Herzens, ohne welche seiner Ansicht nach ihre Botschaften stumm bleiben. Unzufrieden wird auch der atheistische Leser sein, weil die Auslegung sich dem Gegenstand nicht auf die übliche kritische Weise nähert. Er wird den Verdacht schöpfen, daß hier dem Absolutheitsanspruch des Glaubens[2] zu viele Konzessionen gemacht werden. Der Historiker wird sich an den unzureichenden Sachkenntnissen stoßen. Der Religionsforscher wird herausfinden, daß diese oder jene Richtungen des kritischen Bibelstudiums nicht in Betracht gezogen werden. Wer von der Geschichte der Philosophie herkommt, wird Einflüsse bestimmter Schulen entdecken ...

Aber vielleicht kann man sich auf weit Bescheideneres einigen: die Bibel zu lesen und wiederzulesen und eine Aussage darüber zu versuchen – mag sie noch so kunstlos und vorläufig sein –, was sie für mich als Atheisten bedeuten kann, für die Beziehung zum Sozialismus, für den ich mich entschieden habe; womit sie mir helfen kann, diesen Sozialismus besser zu verstehen in der Gestalt, die er heute hat, und als Modell, an dem wir ständig arbeiten; und weiter, womit sie unsere Begriffe von der Welt, von der Geschichte, vom Menschen befruchten kann. Freilich auch eine Aussage darüber, was ich selbst – gerade als marxistischer Atheist – in dieses Buch hineinzulegen ver-

2 Der Autor verwendet hier und an einigen weiteren Stellen das Wort »Fideismus«. Es ist damit eine Anschauung gemeint, die den Absolutheitsanspruch des Glaubens entgegen rationaler Erklärung behauptet. Wir haben es entsprechend übersetzt (Anm. d. Übers.).

mag, um seinen Wert für die nächsten Generationen zu steigern. Denn dieses Buch wird schwerlich jemals ganz in Vergessenheit geraten, die Menschen werden auch kaum jemals ihm gegenüber vollkommen gleichgültig werden.
Diese bescheidene Forderung zu erfüllen, ist offenbar ein ungewöhnlich anspruchsvolles Unterfangen, besonders deshalb, weil bislang nur sehr wenig vorhanden ist, was einem solchen Versuch zur Stütze dienen könnte. Die Sache wird dadurch noch komplizierter, daß die Bibel unserem kulturellen Bewußtsein sozusagen entschwunden ist. Wie also anfangen?

2

Aus dem ersten Teil der Bibel, dem Alten Testament, könnte man leicht sechs oder sieben Taschenbücher machen; es sind mehr als tausend Seiten Text. Und es ist eine Lektüre, die sich keineswegs in dem erschöpft, was wir am besten kennen – nämlich die Schöpfungsgeschichte und die Lebensbeschreibungen unserer Ureltern. Das ist alles nur im sogenannten Ersten Buch Moses erhalten. Neben diesem werden dem Moses noch vier weitere Bücher zugeschrieben, die die Geschicke Israels nach dem Auszug aus Ägypten und vor dem Einzug in das verheißene Land am Jordan schildern. Die Landnahme durch die zwölf Stämme Jakobs, die Kämpfe mit den ansässigen Stämmen, die jüdische Expansion, innere Streitigkeiten, Siege und Niederlagen, die Stabilisierung der Macht und die Ausbildung einer nationalen Eigenständigkeit der Juden, die sich gegenüber den nichtjüdischen Stämmen abgrenzen, Aufstieg, Blütezeit und Ruhm der jüdischen Könige, zunehmende innere Zwistigkeiten, Verfall, Auflösungserscheinungen und Unterjochung durch die Babylonier – das alles ist in einer Reihe weiterer Bücher enthalten, angefangen beim Buch Josua und dem Buch der Richter über die Bücher der Könige und die beiden Chroniken bis hin zu den Büchern Nehemia und Esther und den Apokryphen der Makkabäer.
Wer diese Bücher liest, der muß kein kritischer Geschichtsforscher sein und wird die tatsächlichen Begebenheiten nicht immer von den Mythen und Sagen unterscheiden können, dennoch aber wird er sich ein Bild machen von dem Leben und dem Kampf einer menschlichen Gemeinschaft, ein Bild, das in

einem wesentlichen Punkt mit seiner Auffassung von der Geschichte übereinstimmt. Dieses zunächst gar nicht bewußt überlegte und artikulierte Gefühl einer inneren Verwandtschaft wird sich noch verstärken, wenn er miterlebt, was in jenen Büchern des Alten Testaments steht, welche von der geistigen Seite her die Ergänzung zu den geschilderten Geschehnissen bilden: im Buch Hiob, in dem er den Urtyp der existenziellen Hoffnungslosigkeit finden wird, genau so wie im Buch des Predigers, das dem berühmten und mächtigen Salomo, bzw. Schalom zugeschrieben wird, im Buch der Sprüche und im Buch der Weisheit, die die Erfahrungen einer Gesellschaft zusammenfassen, welche Jahrhunderte lang um ihre Existenz gerungen hat, im Buch der Psalmen, das voll von schönen Gedichten und Oden ist, die in Salomos Hohem Lied gipfeln. Und auch die Sammlung der sechzehn prophetischen Bücher, die die Juden während der babylonischen Gefangenschaft wachgerüttelt haben, wird ihm nichts Fremdartiges sein.
Auf einmal wird es dem Leser gar nicht mehr so sehr darauf ankommen, was in den dargestellten Geschehnissen historische Wahrheit ist, was beschönigende Legende, was Mythus und was religiöse Betrachtung. Es wird ihn auch nicht die Urheberschaft der einzelnen Bücher interessieren, oder die Frage nach dem genauen Datum ihrer Entstehung. Er wird nämlich in ihnen eine Fülle an Leben entdecken; das Individuelle wird immer von neuem in das Gesellschaftliche verwoben sein und das Gesellschaftliche wird durch das Individuelle hindurchdringen; das Ringen der großen Helden wird stets über die Grenzen ihrer Persönlichkeit hinausreichen und die kleinlichen Streitereien derer, die sich nur als Helden aufspielen, werden mit einer unehrenhaften Niederlage enden, weil sich zeigen wird, daß sie den Kreis ihrer kleinen Seele nicht zu überschreiten vermochten; das »Volk« wird nicht eine unterschiedslose Masse und ein von oben gelenktes Werkzeug sein, sondern ein Volk mit einem eigenen Namen und einem eigenen Antlitz, das Volk »Benjamin«, das Volk »Juda«, das Volk »Manasse«, das Volk »Ephraim« – ein Volk, das seine Wahl trifft für Gutes wie Böses, das sein Schicksal schmiedet und die Folgen trägt, und schließlich ein Volk, in dem sich eine Fülle von schönen und gräßlichen Vorfällen ereignet, die alle zusammenfließen in die eine umfassende Wahrheit vom Leben.

Der Leser, der von Zeit zu Zeit zu dem Buch zurückkehrt und es an beliebigen Stellen aufschlägt, liest und denkt über die Möglichkeiten seines Lebens und des Lebens der Gemeinschaft nach, für die zu wirken er sich entschlossen hat. Mir scheint, daß gerade diese Form der Lektüre – denn die Bibel wurde nach der Überlieferung stets so gelesen – von den unvergänglichen Werten dieses Buches Zeugnis ablegt, davon, daß es zu jenen Büchern zu rechnen ist, die man gelesen haben muß, wenn man nicht ärmer sein will als andere Menschen.

3

Der atheistische Leser wird mich möglicherweise an dieser Stelle mit dem Einwand unterbrechen, daß das Alte Testament eine wissenschaftlich unhaltbare Theorie von der Erschaffung der Welt und des Menschen zum Inhalt habe und daß der Kampf gegen diese Schöpfungslehre die Naturwissenschaftler und die Philosophen des Materialismus einige Jahrhunderte lang in Atem gehalten hat, ehe es gelang, sie in das Reich der Hirngespinste zu verweisen. Er wird auch anführen, daß die Theorie von der Erschaffung der Welt durch lange Zeiträume die Rechtfertigung für die These abgegeben habe, daß der Mensch von Gott und von jenen gesellschaftlichen Kräften abhänge, die im Namen Gottes die Macht in den Ordnungssystemen an sich gerissen hatten, in denen eine Klasse herrschte und die andere geknechtet war. Daß diese These stets ein ideologisches Werkzeug der Reaktion gewesen sei und zur Aufrechterhaltung ohnmächtiger Untertanenschaft beigetragen habe.

Er wird recht haben.

Recht wird auch der Leser haben, der darauf hinweist, daß der Gott des Alten Testaments, Jahve, der HERR[3], ein Stammes-

3 An dieser Stelle kommt erstmalig der Begriff »Hospodin« ins Spiel, der in den folgenden Kapiteln sehr häufig verwendet wird. Er steht in den tschechischen Bibelausgaben überall dort, wo Luther mit »der HERR« übersetzt hat. Wir haben deshalb auch folgerichtig überall dort, wo das Wort Hospodin angewandt wird, im deutschen Text »HERR« geschrieben. Dem Autor ist jedoch viel daran gelegen, daß durch diese Wortwahl nicht seine Deutung des jüdischen Gottesbegriffes verzeichnet werde, die eben gerade nicht als feste, fixierte Vorstellung eines persönlichen Gottes gedacht ist, nicht als etwas Substantivisches oder Substanzielles, sondern als etwas durchweg

gott ist, das strenge, böse, grausame, rachsüchtige, stellenweise großzügige, stellenweise kleinliche Abbild eines Stammespatriarchen, oder – sachlicher ausgedrückt – daß der jüdische Gott und die ursprüngliche jüdische Religion die Verhältnisse in einer Gesellschaft von Stämmen widerspiegelt, die im Übergang vom Nomadentum zur Seßhaftigkeit stehen. Er wird in seiner Beweisführung fortfahren und eine Menge Belege zusammentragen, er wird schildern, wie sich die Gottesvorstellung der Juden entwickelt und gewandelt hat...

Er wird recht haben.

Aber unsere hier vorgetragenen Überlegungen verfolgen ein ganz anderes Ziel: wir suchen nicht das, was uns Atheisten, Menschen, die in der modernen Wissenschaft erzogen sind, das Alte Testament entfernt erscheinen läßt, sondern genau im Gegenteil: das, wodurch es uns nahe und verständlich ist oder sein kann. Ein Interesse von solcher Art nötigt uns einerseits, die grundlegenden religiösen Entwürfe der Bibel des Alten Bundes kritisch zu betrachten, andererseits aber auch die Einwände gegen sie und das Ausmaß ihrer Gültigkeit mit gleich kritischen Augen anzusehen. Die Kritik am Schöpfungskonzept des Alten Testaments bezieht sich auf die ersten Kapitel des Ersten Buches Moses, der *Genesis.* Zwar sind die wissenschaftlichen Einwände sachlich unbestreitbar, aber sie beruhen doch auf bestimmten Voraussetzungen; deshalb können sie auch nicht zu einer ihren Gegenstand wirklich vernichtenden Kritik werden.

Die Voraussetzungen der naturwissenschaftlichen Kritik an der Genesis – gleichgültig, ob es sich dabei um die elementare oder die ausgereifte Form dieser Kritik handelt –, ist stets, daß das Buch Genesis ausschließlich zu den mythologisch-religiösen Darstellungen der Weltentstehung gehöre und deshalb vom Standpunkt der kausalen Betrachtungsweise der Naturwissenschaften unhaltbar sei. Diese nichtreligiöse Kritik tritt zugleich mit der klassischen Naturwissenschaft auf den Plan, sie knüpft an die Vorstellungen der Antike von der Ordnung des Kosmos an, in der alles ein für allemal vorgesehen ist, umschlossen von geometrisch exakten Kreisbahnen, in der somit

Dynamisches, wie das in vielen Zusätzen zur Klärung dieser Deutung, z. B. in dem Zusatz »Sammelpunkt aller seiner Möglichkeiten« deutlich werden soll (Anm. d. Übers.).

alles durchsichtig und überschaubar ist – und alles zwangsläufig eintritt. Die klassische Naturwissenschaft – von Kopernikus bis hin zu Newton – hat für diese Anschauung die rechnerischen Grundlagen geliefert, hat sie unter Beweis gestellt und einige modifizierende Überlegungen beigetragen, aber am Wesen der antiken Konzeption des Kosmos hat sie nichts geändert.

Nun überrascht es uns freilich lebhaft, daß auch das Bild der Weltordnung, welches die mittelalterliche Kirche verfocht, sich von dieser ihr scheinbar völlig zuwiderlaufenden Konzeption der klassischen Naturwissenschaft nicht wesentlich unterschied: auch dieses Bild hat seinen Ursprung im griechischen Denken, speziell in der aristotelischen Philosophie.

So spielt sich der Kampf der Kirche, die für die wörtliche Auslegung der Genesis eintritt, und der klassischen Naturwissenschaft, die sie – direkt oder indirekt – widerlegt hat, in ein und demselben Rahmen der antiken Vorstellungswelt ab. Wir wundern uns gar nicht so sehr, wenn Newton zu seinem sprichwörtlich gewordenen »Ersten Impuls« gelangt. Die mittelalterliche Theologie dachte bei der Verteidigung der Schöpfungslehre genau so »naturtheologisch«[4], wie ihre Gegnerin – die klassische Naturwissenschaft – am Ende »naturphilosophisch« dachte. Und wenn auch spätere Theorien der Evolution das Eintreten für die Schöpfungslehre ungewöhnlich erschwert haben, sie waren doch bis heute nicht imstande, sie in diesem Rahmen wirksam zu überwinden.

Das liegt, wie es scheint, daran, daß das Buch Genesis in erster Linie überhaupt nicht eine kosmogonische Theorie ist und daß das Element des Kausalen (auf welches sowohl die Naturtheologie wie auch die Naturphilosophie die biblischen Erzählungen schließlich zurückgedrängt hat) im Gedankengefüge dieses Buches nur von untergeordneter Bedeutung ist. Die gesamte geistige Orientierung des Judentums unterscheidet sich grundlegend von der der Antike.

4 Die Worte »naturtheologisch« und »naturphilosophisch«, die in den folgenden Überlegungen mehrfach sowohl adjektivisch wie auch substantivisch gebraucht werden, stehen im tschechischen Text. Wir übernehmen sie in Anführungszeichen, sie sind ganz wörtlich zu verstehen, als Kennzeichnungen einer Auffassung, die ihre Theologie bzw. Philosophie unmittelbar aus der Natur entnimmt (Anm. d. Übers.).

Für das griechische Denken stellte der Kosmos eine kausale Ordnung vor, in der es keinerlei Abweichungen gab; diese Ordnung bildete die Grundlage für seine innere Sicherheit, seine klare, optimistische, einfache Schau der Welt, die ihm das Selbstvertrauen einflößte, er werde fähig sein, die Dinge in dieser objektiven Ordnung zu beherrschen. Daher weiß auch die klassische griechische Mythologie nichts von einem Geschichtsablauf, sie hat dafür keinen Sinn, sie ist voll von kosmischen Energien. Im Bereich des Menschen, der Subjektivität, herrscht das *Schicksal,* die *Moira;* was die Menschen vollbringen, ist ihm unterworfen, und alles was der Mensch vermag, gleicht den Irrfahrten des Odysseus zwischen Scylla und Charybdis, denen er nicht ausweichen kann und die ihm mit der statischen Unveränderbarkeit von Naturgewalten vorgegeben sind.

Das jüdische Denken ist ein gänzlich anderes. Die Juden haben niemals eine Tragödie des Orest, der Medea oder der Elektra geschrieben und konnten das auch gar nicht tun.

Die Aussage des Buches Genesis gilt gar nicht in erster Linie der Entstehung oder Erschaffung der Welt; sie stellt diese Frage gar nicht im „naturwissenschaftlichen" Sinn. In ihr ist vielmehr die Rede vom Menschen in der Ordnung der *Zeit,* nicht in der des Kosmos; in jener zeitlichen Dreidimensionalität, innerhalb derer alles ins Schwanken und in die Unsicherheit gerät, und in der der Mensch ohne Unterlaß, immer von neuem, sein Dasein kämpfend verteidigen muß, sich zwischen verschiedenen Möglichkeiten entscheiden, wählen und verwerfen, fehlen und bestraft werden muß.

Der Schöpfergott des Alten Testaments ist keineswegs identisch mit der naturtheologischen Vorstellung des Ersten Bewegers, wie ihn die Antike oder das Mittelalter oder Newton erdacht haben. Der Jude hat in grauer Vorzeit, bemüht, die Dunkelheiten zu durchdringen, die ihn drohend umfingen, stets *vor* sich gefunden, was eigentlich schon längst vergangen war, woran sich nicht rütteln ließ und worin das Geheimnis seiner Zukunft eingewoben war. Das Verhältnis von Vergangenheit und Zukunft drehte sich für ihn um. Es stand in vollkommenem Gegensatz zu der Auffassung des modernen Menschen, der durch die kausale Denkweise der Naturwissenschaft erzogen ist. Daher stand der Schöpfergott stets *vor* ihm und war zugleich die

Summe seiner vom Geheimnis umhüllten künftigen Möglichkeiten, die dennoch schon bekannt sind und für einen Beobachter, der genügend hoch steht, schon längst der Vergangenheit angehören – einer Vergangenheit, die erst noch sein soll. Die Schöpfungsgeschichte erzählt uns demnach, in welcher Weise dieses menschliche Geheimnis – der Mensch – in die Zeit eingeschrieben wurde. Das Bild des Schöpfers, des HERRN, war für die Juden die Offenbarung des Menschen als eines Wesens, das sich auf eine geheimnisvolle, auf ein Ende gerichtete Weise zu entscheiden und zweckvoll zu handeln hat und der Welt und den Mitmenschen aufgeschlossen ist. Diese Aufgeschlossenheit, bar aller Sicherheit, ist das genaue Gegenteil des in sich geschlossenen und abgerundeten Menschenbildes der Antike. Bei allem, was er tatkräftig unternimmt, ist der Grieche seiner selbst sicher: die Erfahrung belehrt ihn, daß es eine Frage der *»Techne«*, des Könnens, der Gewandtheit ist. Dennoch ist seine ganze Existenz unsicher: stets lauert im Hintergrund das Schicksal. Der Jude *weiß* demgegenüber unaufhörlich und in jedem Augenblick von seiner Ungesichertheit, er *weiß*, daß seine Existenz unsicher ist. Deshalb flüchtet er sich zum HERRN als dem Sammelpunkt aller seiner Möglichkeiten. Deshalb führt er Gespräche mit Gott, trachtet ihn zu überreden, legt vor ihm Versprechungen ab und bringt ihm Opfer, versucht Verträge mit ihm zu schließen – und das alles tut er in dem Bestreben, die optimalen Möglichkeiten zu ergründen, wie er die unerläßliche Sicherheit erlangen könnte. Der HERR ist für den Juden eine Interpretation des Menschen; an ihm erkennt er, was er *sein könnte,* im Gegensatz zu dem, was er ist; er erfährt auch, was er zur Verwirklichung dieser Möglichkeit tun muß. Eine solche *Interpretation* des Menschen greift immer – mindestens um einen Schritt – über den tatsächlich vorhandenen Menschen in seiner gesellschaftlichen Bestimmung hinaus.

Der Leser, der diesen von mir gewählten Blickwinkel akzeptiert, wird nun zwar die Berechtigung der wissenschaftlichen Einwände gegen das Buch Genesis anerkennen, er wird sie aber nicht allzu wichtig nehmen. Er wird nämlich begreifen, daß nicht nur das Buch Genesis, sondern das ganze Alte Testament etwas zum Inhalt hat, was für das gesamte europäische Denken, besonders aber für das zeitgenössische sozialistische und marxistische Denken, eine außerordentliche Bedeutung hat: zum ersten Mal offenbart sich hier, wenn auch in vorwissenschaftlicher, mythologischer Form, so deutlich der Gedanke der Transzendenz, des Überschritts über alles bisher Erreichte, zum ersten Male keimt der Traum auf von der Subjektivität inmitten der Zeit.

4

Wenn wir das Alte Testament aus dieser Sicht betrachten, dann erkennen wir rasch, daß seine zentrale Gestalt nicht Adam, Abraham oder Mose ist; nicht Salomo und nicht König David. Der erstgenannte ist allzu blind und allzu passiv. Die anderen sind schon in das Geheimnis des Menschseins eingeweiht, und zwar, je nach der Größe ihres Mutes, besser oder schlechter. Derjenige aber, der im Brennpunkt der entscheidenden Erwählung und der entscheidenden Wahl steht, ist *Israel* selbst — oder wie man ihn auch weniger feierlich nennt: *Jakob.*

Ich will der Versuchung widerstehen, den ganzen weitverzweigten Hergang zu erzählen — einer der schönsten im Alten Testament, wahrhaftig ein Roman aus alten Zeiten; das hat in unwiederholbarer Art Thomas Mann getan. Wir wollen uns nur das Notwendigste ins Gedächtnis zurückrufen.

Jakob ist der zweitgeborene Sohn Isaaks. Er weiß, daß er nach allem Herkommen, wie es vom HERRN vorgeschrieben ist, keine Aussicht hat, Patriarch zu werden, einer der »Großen Anfänger des Geschehens«. Aber er will sich dennoch diesem keine Unterscheidungen zulassenden Schicksal nicht ergeben. Er nützt alle sich bietenden Gelegenheiten aus, um es zu ändern. Er lauert, er wartet. Eines Tages bietet er seinem Bruder Esau, der ausgehungert von der Jagd heimkehrt, eine Schüssel Linsen als Gegenwert für sein natürliches Erstgeburtsrecht an. Dieser Kauf bedeutet noch nicht viel. Aber vielleicht, so sagt sich Jakob, könnte er das Steinchen sein, das die Lawine auf dem Hang des Geschehens ins Rollen bringt.

Dann kommt der Augenblick, da der alte, halbblinde Isaak sich entschließt, seine Herrschaft zu übergeben. Jakob sieht eine

Gelegenheit, sich in betrügerischer Weise auf des Bruders Platz einzuschleichen, ihm sein naturgegebenes Recht zu stehlen. Das Risiko ist beachtlich groß: wie, wenn der Vater den Betrug durchschaut und einen Bannfluch ausstößt, der nicht mehr abzutun ist? Es ist alles zu gewinnen, aber auch alles zu verlieren ...

In das Zögern Jakobs greift die Mutter ein. Erst auf ihr Drängen und voller Angst geht er hin, um sich – *entgegen den Möglichkeiten, die ihm vorgegeben sind – seine Erwählung zu ertrotzen.* Er betrügt den Vater, überlistet den Bruder, aber er nimmt in seine langjährige Verbannung des Vaters Segen mit. Er hat die Blindheit ausgenützt, gewonnen hat er nicht. Davon werden ihn die Ereignisse bald überzeugen. So wie er betrogen und getäuscht hat, wird er jetzt selbst betrogen und getäuscht; und zwar in dem, woran er sein unruhiges Herz gehängt hat: in der Blindheit der Nacht und der Leidenschaft nahm er die als Frau an, die er nicht liebte und die man ihm schlau unterschoben hatte. Aber selbst jetzt gibt Jakob nicht auf, er verlangt und erringt schließlich auch die geliebte Rahel. Und als die weiteren sieben Jahre, die er um ihretwillen seinem Onkel Laban dienen mußte, abgelaufen sind, sieben Jahre, in denen er gelernt hat, reich zu werden, entschließt er sich, heimzukehren: dorthin, wo er verwurzelt ist, wohin er gehört. Er fürchtet sich vor der Auseinandersetzung mit Esau, er fürchtet sich, daß er erschlagen werde und um seine Bestimmung käme, die er so teuer bezahlt hat. Er fürchtet sich: alles steht auf dem Spiel. Als er an den Grenzfluß kommt, führt er vor Abend seine Habe und seine Familie über die Furt auf das Gebiet des Esau und bleibt allein am sicheren Ufer. Er allein unter der Nötigung, sich zu entscheiden.

Er weiß, in welcher extremen Situation er sich befindet: rechtlos, mit einem Recht, das er sich erschlichen hat, mit einer Zusage des HERRN, und dennoch voller Ehrgeiz, sich nichts schenken zu lassen. Die Jahre der Blindheit und des Ausnützens der Blindheit liegen weit hinter ihm. Hinter ihm liegen auch die Nächte voller Täuschungen und schrecklich klarer Gesichte. Er wartet längst nicht mehr kriecherisch auf günstige Zufälle. Er rafft sich zum Mut auf – der einzigen Tugend, die ihn über seine naturgegebene Bestimmung hinausheben könnte. Er weiß jetzt, zwischen welchen Möglichkeiten er zu wählen hat: ein ruhiges Beharren in glücklicher Namenlosigkeit – oder ein Name, der dem Tode die Zeit abringen könnte. Das Buch Genesis erzählt von Jakobs Wahl wie folgt:

»Noch in der Nacht stand er dann auf, nahm seine beiden Frauen und seine beiden Mägde und seine elf Söhne und ging über die Furt des Jabbok. Er nahm sie und führte sie über den Fluß; auch all seine Habe brachte er hinüber. Jakob aber blieb allein zurück. Da rang ein Mann mit ihm, bis die Morgenröte anbrach. Als er sah, daß er ihn nicht zu überwältigen vermochte, schlug er ihn auf das Hüftgelenk. Und Jakobs Hüftgelenk wurde verrenkt, als er mit ihm rang. Und er sprach: Laß mich los; die Morgenröte bricht an. Aber er antwortete: Ich lasse dich nicht, du segnest mich denn. Er sprach zu ihm: Wie heißest du? Er antwortete: Jakob. Da sprach er: Du sollst nicht mehr Jakob heißen, sondern Israel (d. i. Gottesstreiter). Denn du hast mit Gott und mit Menschen gestritten und hast obsiegt. Und Jakob fragte ihn: Sag an, wie heißt du? Er aber sprach: Warum fragst du, wie ich heiße? Und er segnete ihn daselbst« (1. Mose 32, 22–29).

Es scheint mir, daß in dieser Szene der Schlüssel zum Verständnis des Alten Testaments zu finden ist: in ihr wird erzählt, wie der *Mensch zum Subjekt* wurde. Adam, von Gott aus Lehm *geschaffen,* ist noch kein Subjekt. Adam ist noch kein eigentlicher menschlicher *Name,* es ist die Bezeichnung einer Gattung: der Mensch überhaupt. Und Eva bezeichnet nur die Unterscheidung im Geschlecht. Unter dem Gesichtspunkt der Subjektivität ist jedoch das erste Menschenpaar ein bloßes Neutrum: zwar schon etwas bestimmtes, aber noch kein Jemand.
Jakob ist gänzlich anders. Er schätzt nicht die Versprechungen, er traut nicht den Geschenken. Er weiß, daß alles Geschenkte etwas Zufälliges ist. Er setzt sich über seine natürliche Bestimmung hinweg und ist entschlossen, sie vermittels seiner eigenen Taten umzustoßen. Dadurch, daß er eine Wahl trifft, die über die ihm vorgegebenen Möglichkeiten hinausgreift, taucht er aus der nicht unterscheidbaren Allgemeinheit seiner Gattung auf und erringt sich einen eigenen Namen und ein eigenes Antlitz. Seine Tat ist die erste Tat von geschichtlichem Rang, die erste authentische menschliche Tat. Israel wird zum *Herrn der Zeit.* Wir wollen noch beachten, daß Jakobs Übergriff souverän monistisch, aus einem Guß ist. Die Wahl, die er trifft, der Tatbestand, den er setzt, war nicht schon vorher im Ratschluß des HERRN »verzeichnet«. Weder bei Jakob, noch

sonst irgendwo im Alten Testament ist es so, daß der HERR eine schon vorher bekannte Form einem noch gesichtslosen Stoff aufprägt, wie das die Welt der Antike und unter ihrem Einfluß die mittelalterliche Theologie, ebenso wie die klassische Naturwissenschaft, dualistisch aufgefaßt hat... Der Mensch »wird auserwählt«, sofern er eine Entscheidung trifft, in Freiheit wählt und diese Wahl mit seiner Tat bekräftigt.
Wenn in dieser Transzendenz noch ein Stückchen Dualismus enthalten ist, dann ist es nur mehr ein Minimum, das wir ruhig stehen lassen können als Ausdruck seiner Zeit, als Fixierung von etwas, was in unaufhörlicher Bewegung nach vorne ist, dynamisch ausgerichtet auf die Summe authentischer Möglichkeiten, die die menschliche Gemeinschaft von allem Anfang an besaß.
Aber dieser grundlegende Gedanke des Alten Testamentes – Erwählung und Subjektivität –, der von Israel mit seinen zwölf Geschlechtern in all ihrer Mannigfaltigkeit verkörpert wird, ist von Grund auf etwas anderes als die antike Vorstellung einer vorgegebenen Ordnung und einer kosmischen Harmonie. Dem »erwählten Volk« ist von vornherein nichts gegeben und nichts erlassen. Die Ordnung muß erst geschaffen, das Land der Verheißung den Feinden erst abgerungen werden. Wie ein Entschluß ausfällt, das ist immer in der Schwebe. Und wenn sich die Heerführer des Alten Testaments vor der Entscheidungsschlacht mit dem HERRN beraten, dann ist das nur eine realistische Abschätzung der eigenen Chancen, die in das Gefüge der grundlegenden Entscheidung einbezogen wird, wie das in Jakobs Ringen dargestellt ist. Israel ist sich dessen niemals ganz sicher, ob es seine Entschlüsse auch überleben wird. Immer von neuem erlebt es, wie riskant, wie dramatisch sein Beginnen ist und dessen ungeachtet, oder vielleicht gerade deshalb, handelt es, geleitet vom Bewußtsein der unendlichen verborgenen Möglichkeiten, die in ihm als Hoffnungen schlummern und die es mit seiner Tat aufbricht wie den geheimnisvollen Schoß einer Frau, aus dem eine Erstgeburt entspringen soll, etwas unwiederholbar Neues, was dennoch mit allem verbunden ist, was schon einmal da war und zugleich den Born aller künftigen Schicksale darstellt. Deshalb verlangte der HERR von Israel als Opfer ein männliches Tier und alles, was die Mutter bricht (2. Mose 34, 19). Deshalb hat

auch die Sexualität für den Juden des Alten Testaments eine solche Bedeutung und deshalb enthält die jüdische Bibel so viele schöne Liebesgeschichten. Das Geschlecht bricht den Schoß der Zukunft auf und legt darein seinen Samen, in dem die ganze Vergangenheit als Drohung, als Muster, als Warnung verzeichnet ist. So schafft der Mensch alles von neuem, was schon geschrieben steht, in der Absicht, ihm erneut die Gestalt des Menschen zu geben. Immer wieder setzt er sich selbst ganz aufs Spiel. Er ist der Demiurg seines eigenen Schicksals, und er weiß, daß er das ist.

5

Erwählung und Subjektivität...

Ist aber dieser ganze Versuch einer Interpretation nicht abenteuerlich? Wirft er nicht alle grundlegenden Maßstäbe des Marxismus über Bord? Ist er nicht eine subjektivistische Verzeichnung der Marx'schen Geschichtskonzeption? Ist er nicht eine begeisterte – ja allzu begeisterte – Apologie der Bibel? Alle diese Fragen sind durchaus am Platz. Es wird gewiß unerläßlich sein, diesen Versuch glaubhaft zu machen.

Marx war Atheist. Niemals aber war er ein primitiver Atheist, der sich nicht die Frage gestellt hätte, welche Aussage über den Menschen als gesellschaftliches Wesen in einer bestimmten Gottesvorstellung steckt.

Marx war weder ein Naturphilosoph noch ein klassischer Materialist. Er hat das Konzept einer Philosophie der Praxis entworfen, der geschichtsgestaltenden Taten, vermittels derer der Mensch, dem Schranken gesetzt sind – eine gesellschaftliche Klasse –, die eigenen Grenzen überschreitet und sein ganzes Gewicht in diese die Welt verändernde Tat hineinlegt.

Und schließlich – warum soll man dem ausweichen: Marx ist in einer jüdischen Familie geboren. Zwar ist er meilenweit entfernt von der orthodoxen jüdischen Religiosität, aber in seinem Inneren sind verborgen, in ihre Bestandteile aufgelöst, die tausendjährigen Erfahrungen dieses Volkes enthalten, das an das ihm Verheißene glaubt. Er trägt in sich die Erbanlagen, die in ihm den Sinn für die dem Menschen gegebene Zeit wachrufen. Ich bin überzeugt, daß Marx wie kaum einer vor ihm dazu fähig war, die biblischen Verkündigungen zu lesen. Sonst hätte er wohl kaum eine so souverän monistische Philosophie geschaffen.

Ja, ja – wenn man im Marxismus schematisch denkt, wie fragwürdig wird dann Marxens Materialismus.

Jesus

Mensch und Wunder

1

Das Christentum beruft sich auf Jesus Christus. Jesus, Sohn Gottes und zugleich des Menschen Sohn, ist für die Christen ein dreieiniger Gott und ein einzigartiger Mensch.
Die Theologen geraten durch ihn in Schwierigkeiten.
Was aber ist er für die Marxisten? Welche Bedeutung kann diese religiöse Vorstellung für den marxistischen Atheismus haben?
Zwischen uns und der Zeit, die als die Zeit Christi bezeichnet wird, liegt eine Distanz von zweitausend Jahren. In dieser Zeitspanne lebt Jesus im Bewußtsein der Völker, während langer Abschnitte ist er ihr uneingeschränkter Herrscher, dann umnebelt sich sein Bild, zum Teil weicht es anderen Göttern, Ideen, Fetischen und Mythen, aber niemals verliert es sich zur Gänze. Die lange Geschichte des christlichen Glaubens weist eine Unzahl von Versuchen auf, sich dieser geheimnisvollen, zwiegesichtigen Gestalt zu bemächtigen, sie zu deuten, für sich und andere.
Was hat alle diese Menschen, kleine wie große, zu einer solchen Anstrengung veranlaßt? Wodurch hat die Vision Christi ihren Sinn beflügelt? Weshalb versuchten sie dieses zerfließende Bild in das Gefüge ihrer bewußten Existenz einzugliedern?
Die Antwort der Aufklärung, die den vergangenen Jahrhunderten zur Last legt, sie hätten mit Absicht obskure Kulte und eine in jeder Hinsicht unglaubwürdige Ideologie aufrecht erhalten, kann uns ja doch nicht zufriedenstellen. Selbst wenn wir dieses Argument gelten lassen, bleibt immer noch die Frage, wie eine solche betrügerische Tätigkeit überhaupt möglich war oder auch welche Entsprechung die Idee Christi im Leben der Menschen fand, warum sie in ihrer Art einen Widerklang des menschlichen Innern auf das Leben darstellen konnte — so wie es in ganz verschiedenen Epochen und Verhältnissen konkret gelebt wurde.

Was also anfangen mit all den Deutungen, die die Historie festgehalten hat? Welche von ihnen soll man als authentisch oder wenigstens als gelungen ansehen? Und welche Maßstäbe gibt es überhaupt für eine solche Beurteilung?

Können wir diese alt-neue Legende in das Reich der unglaublichen Märchen verweisen – unglaublich, weil wir es nicht fertig bringen, sie unseren Kindern vor dem Einschlafen zu erzählen? Oder wollen wir uns lieber dafür entscheiden, den Fall Jesus in seiner vermenschlichten Gestalt zu begreifen, so wie ihn die volkstümlichen Geschichten und Gebräuche schildern, die geschnitzten Krippen von Bethlehem mit einem Staniolstern über dem Stall, das Weihnachtsspiel aus dem Riesengebirge, in dem der Teufel hinkt wie der lokale Veteran und der Scherge krumme Beine hat wie ein Feuerwehrmann vom Lande? Ist eine solche Deutung aber wirklich gut und sollen wir uns an sie halten, wenn wir gleich daneben ihre pervertierte Form erblicken, die voller Schrecknisse, voller züngelnder Flammen, voll religiösen Wahns und Fanatisierung der Massen, düsterster Einbildungen einer entflammten Phantasie, flagellantischer Verzückung und frömmlerischen Wütens ist? Oder sollen wir etwa die ganze Angelegenheit weiter den Theologen überlassen – nur um hochmütig mit den Achseln zucken zu können über die scholastischen Haarspaltereien in bezug auf Namen und Eigenschaften Gottes und über die gelehrten Dispute um die göttliche oder menschliche Natur Christi? Sollen wir uns etwa stattdessen in die wissenschaftlichen Streitigkeiten über die geschichtliche Erscheinung Jesu einlassen? Sollen wir uns den Argumenten derer anschließen, die nachweisen, daß unter streng wissenschaftlichen Aspekten nichts dagegen spricht, daß Jesus wirklich gelebt hat, oder denen der Anhänger einer positivistischen Geschichtsschreibung, die im Gegensatz dazu behaupten, daß für seine Existenz keine beweiskräftigen Belege vorhanden sind? Sollen wir in den Streit darüber eingreifen, ob bestimmte Abschnitte bei dem Geschichtsschreiber Josephus Flavius oder die Auslegung der Texte des Tacitus authentisch sind, und dabei im Schlamm niemals endender Streitereien versinken, in denen Dilettantismus und Emotionen Triumphe feiern? – Für den Marxismus ist das alles nur ein Beweis dafür, daß beides vorhanden ist: der Glaube an Jesus und der Unglaube;

zugleich ist es ein Anlaß zur Frage, welcher gesellschaftlichen und individuellen Situation das eine und das andere entspricht und welche Motivation des menschlichen Handelns dahintersteckt. Ganz abgesehen davon, ob Jesus eine historische Persönlichkeit war oder nicht, ist der Glaube an ihn eine historische Tatsache, die über die Köpfe aller Streitenden hinweg anzuerkennen ist. Er existiert als eine ganz bestimmte bedeutungsschwere Struktur des menschlichen Bewußtseins, die während ihres zweitausendjährigen Bestehens eine Reihe verschiedener Gestalten, Konstruktionen, Modelle gefunden hat. Und der Marxismus, der stets bis an die Wurzeln der Dinge gehen will, wird dann wahrscheinlich jenes Urmodell auszuforschen bemüht sein, aus dem alle anderen sich entfaltet haben. Nur so nämlich gewinnt er einen Maßstab, der nicht nur äußerlich ist, sondern der Sache selbst gemäß, ein Kriterium, das ihm die Möglichkeit gibt, abgeleitete Konstruktionen zu erkennen und zu beurteilen, um festzustellen, was die ureigentlichste christliche Motivation und der tiefste Sinn des Christentums ist: welche Verkündigung es den Zeitläuften »nach Christi Geburt« bringt, welches »Neue Gesetz«, welche »Frohe Botschaft«, welches »*Euangelion*«, verglichen mit der jüdischen und griechischen Weltauffassung.

Die Dinge so auszulegen, das bedeutet Jesus zu begreifen, ohne daß wir dadurch religiöse Menschen werden und ohne daß wir uns für oder gegen die Anerkennung seiner historischen Existenz entscheiden müssen. Er tritt dann in unser Bewußtsein ein, nicht als Objekt eines Kults oder als Zielpunkt von Gebeten, sondern als eines der Modelle des menschlichen Lebens, das im Lauf der Geschichte als neue Antwort auf die Grundfragen im Widerspiel zu den alten und überlebten Antworten aufgetaucht ist, als eine so tiefsinnige Antwort, daß sie noch heute – trotz aller Verunstaltungen, die sie in zweitausend Jahren erfahren hat und trotz aller »endgültigen« Widerlegungen – etwas zu sagen und etwas zu lehren hat.

2

Den Kanon der Bücher des Neuen Testaments bilden die vier Evangelien, die sich in ihrer schriftlichen Fassung, als die Evangelien des Matthäus, des Markus, des Lukas und des Johannes bezeichnet, voneinander unterscheiden. Sie haben verschiedene Versionen von Erzählungen über das Leben Jesu zum Inhalt, bei seiner Geburt beginnend, über seinen Tod hinaus bis hin zu seiner »Himmelfahrt«. Versucht man diese Texte miteinander in Deckung zu bringen, dann entsteht ein sogenanntes synoptisches Evangelium, in dem die Lücken in den einzelnen Berichten wechselseitig ausgefüllt werden. An die Evangelien knüpft die Apostelgeschichte an – eine Schilderung der Schicksale einzelner Jünger Jesu bei der Verbreitung seiner Lehre und der Entstehung einzelner Gemeinden. An diese sind die Episteln gerichtet, Briefe der Apostel oder anderer führender Vertreter der neuen Bewegung, die sich um ihre Ausrichtung und Entfaltung bemühten. Schließlich gehört zum Kanon auch noch die Apokalypse – eine Art prophetischer Schau, die man die »Offenbarung des Johannes« nennt.

Über dieser verhältnismäßig bescheidenen Basis baut sich eine riesenhafte theologische Literatur aller Art auf. Auf sie beziehen sich auch die historisch-kritischen Forschungen.

Es ist ganz unmöglich, auch nur einen Bruchteil der Ergebnisse dieser heute schon sozusagen unübersehbaren Arbeit wiederzugeben. Hier geht es auch gar nicht darum. Wir wollen etwas anderes: wir wollen mit unserer Erkundung bis zu den Wurzeln des Christentums vordringen, feststellen, was es zu seiner Zeit wollte und brachte, also seine Bedeutung aus ihm selbst heraus verstehen und sie unserer eigenen geistigen Orientierung gegenüberstellen.

Um dieses Ziel zu erreichen, ist das im aufklärerischen Atheismus übliche Verfahren offenbar ohne sonderliche Bedeutung; mit ihm hat man die Unglaubwürdigkeit und Doppelzüngigkeit der Evangelien dadurch nachgewiesen, daß einzelne Gedanken, Maximen oder Gleichnisse aus dem Zusammenhang gerissen und einander gegenübergestellt wurden und die Belehrung beigefügt wurde, aus der Heiligen Schrift könne sich jedermann für jede beliebige Gelegenheit alles, was ihm gerade beliebe, herausgreifen. Zwar ist das apologetische Christentum häufig auch nicht anders vorgegangen, das darf aber für uns kein Grund sein, die Heilige Schrift als eine Gattung der sophistischen Literatur anzuschauen. Solche Praktiken beweisen nur, daß das Christentum, sofern es in dieser Weise verfuhr, tief unter seinem eigenen Niveau handelte. Die Tatsache, daß in der Heiligen Schrift wirklich einander widersprechende Aussagen zu finden sind, zeugt nur davon, daß sich in den Evangelien verschiedene historische Schichten durchdringen, die man auseinanderhalten muß, um einerseits den annähernden Zeitpunkt ihrer Entstehung feststellen zu können, andererseits die Frage zu stellen, was die eigentliche, ursprüngliche christliche Sendung und was spätere Auslegung ist.

Den Grund für diese Frage hat die wissenschaftliche historische Forschung gelegt, deren Ergebnisse auch den Theologen Respekt abnötigen. Aber erst die letzten Jahrzehnte und Jahre, in denen die christliche Botschaft für den modernen Menschen immer unglaubwürdiger und zugleich immer weniger dringend klingt, hat sie gezwungen, ernsthaft über die Frage nachzusinnen, wie die eigentliche christliche Botschaft lautet. Sowohl die protestantische wie auch die katholische Theologie (die letztere weit zögernder und behutsamer) haben sich aufgemacht, um die Texte des Kanons zu entmythologisieren. Die Ergebnisse sind beachtlich und erschließen eine Reihe neuer – vor allem praktischer – Möglichkeiten. Davon wird noch die Rede sein.

Den Streit darüber, ob die Ergebnisse der theologischen Forschung dem rechten Glauben gemäß sind, überlassen wir den Theologen; er fällt nicht in unsere Zuständigkeit.

Wenn der Marxist die Geschichte studiert, kann er sie nicht in gleicher Weise verstehen wie das Naturgeschehen. Die Gesetze der Geschichte gehören einer anderen Ordnung an als die der Natur. Sie sind Gesetze der menschlichen Subjektivität, der sich vergegenständlichenden praktischen Tätigkeit des Menschen. Was in der Geschichte scheinbar ein toter (fertiger, vollendeter) Gegenstand ist, was also »vergangen« ist, ist in Wirklichkeit geladen mit Anrufen als Engrammen und wird objektiv zum Motiv für neue Betätigungen. Es ist eine treibende Kraft, die außerhalb unser verborgen liegt, hinter unseren bewußten Antrieben. Deshalb können wir, wenn wir die Geschichte ernstlich studieren, niemals unvoreingenommene Beobachter sein: wir sind immer mit einbezogen. Wir bemühen uns, unter der Oberfläche einer scheinbaren geschichtlichen Sachlichkeit den Anruf aufzudecken, den die Toten dort hineingeschrieben haben, als sie noch lebten und kämpften. Je nachdem, wie wir diesen Anruf aufnehmen (angemessen oder unangemessen), konstruieren wir dann unsere eigenen Modelle der Menschenwelt, stellen für ihre Verwirklichung unser Leben zur Verfügung und werden so selbst zur lebendigen, gelebten, schöpferischen Geschichte. Wenn wir der Vergangenheit begegnen, tritt uns stets die Frage entgegen, was wir eigentlich wollen; sie nötigt uns zu größerer Strenge gegenüber haltlosen subjektiven Wünschen, zu schärferer Kritik angesichts der Konstruktion unserer eigenen geschichtlichen Entwürfe, zu größerer Verantwortung für alles, was wir als gesellschaftliche Wesen unternehmen.

Unter diesem Aspekt mag Jesus für uns keine historisch bezeugte Persönlichkeit sein. Damit wollen wir uns freilich nicht auf die Seite derer stellen, die nachweisen, daß er niemals gelebt hat. Diese Frage interessiert uns einfach nicht. Jesus existiert für uns in einer viel nachdrücklicheren Form: als eine Person gewordene Kurzformel für eine bestimmte jüdische Anschauungsweise von der Welt und vom Menschen, die etwa zu Beginn unserer Zeitrechnung in der Welt des Judentums und der Spätantike auftaucht, sich ausbreitet und ihre nationale Begrenztheit sprengt. Wenn wir ihn so begreifen, dann werden wir frei, über ihn als eine Gestalt der Evangelien und über den Inhalt des Anrufs, den er verkörpert und trägt, nachzudenken.

Der Anruf Christi stellt Fragen an unsere Subjektivität, an unsere Projekte, an unsere Pläne, an unser praktisches Tun. Unsere Antwort kann deshalb nicht damit zu Ende sein, daß wir diese Legende »widerlegen«; sie ist auch nicht damit gegeben, daß wir einfach erklären, wir glaubten nicht, weder an Gott, noch an die Gottheit Jesu; wir seien Atheisten. Die Fragen, die das ursprüngliche Christentum stellt, sind nämlich nicht religiöser Art. Die wahre Antwort beginnt erst damit, daß wir deutlich erkennen, daß diese Fragen historisch ihre Berechtigung haben, indem sie ein Größenverhältnis auszudrükken versuchen, das aus der sich in der Geschichte vollziehenden Tätigkeit der Menschen als gesellschaftlicher Wesen entsteht. Auf diese Fragen eine zufriedenstellende Antwort zu geben, ist nicht eine Sache der Theorie, der Erwägungen, der Worte, sondern in letzter Instanz Sache der Praxis.

Welche sind nun aber diese Fragen?

3

Jesus war Jude. Er wurde von Juden getötet. Er stand von den Toten auf und fuhr gen Himmel.

Dies ist das Grundschema der Aussage der Evangelien.

Jesus war Jude: der alttestamentarische Gedanke der »Erwählung« hatte für ihn genau das gleiche Gewicht wie für jeden anderen Juden auch. Er war offensichtlich ein gebildeter Jude, der das Alte Testament gründlich studiert hatte und von seinem Geist durchdrungen war.

Er lebte jedoch in einer Zeit, in der sich das jüdische Volk, Israel, als streng abgegrenzte Gemeinschaft aufzulösen begann und zwar in dem Maß, in dem sich die Beziehungen zwischen Ländern und Völkern im Bereich des römischen Imperiums universeller gestalteten, so daß das Schicksal einer Gruppe von Unterjochten zum Schicksal aller wurde.

Jesus ist Jude nicht nur, wenn man ihn objektiv betrachtet, von Geburt aus, sondern auch bei subjektiver Betrachtung, im Hinblick auf seine Lebenseinstellung und seine Tätigkeit. Seine Botschaft und seine Verkündigung ist anfänglich keineswegs für die Welt und die Menschheit als Ganzes bestimmt; sie ist nicht als universelle Botschaft *gedacht*. Das will keineswegs besagen, daß sie diese Universalität nicht im Kern doch beinhalte. Jesus aber wendet sich ausschließlich an die Juden als an das auserwählte Volk – ganz in dem strikten Sinn, wie er bei Israel – Jakob zu finden ist. Jesus ist einer aus der langen Reihe der Propheten, die mit Unwillen, Erbitterung und später auch mit Haß und Drohungen den allmählichen Verfall des Gotteserlebnisses ihrer Zeitgenossen beobachten, das sich immer in der Spannung zwischen Wahl und Erwählung, Entschluß und befreiender Tat abspielte, die genau zu einer bestimmten Zeit gefordert war.

Das Alte Testament wandelt sich – häufig unter fremden (griechischen und orientalischen) Einflüssen – zu einer transzendentalen Theologie, der HERR hört auf, ein in die Zeit hineinsprechender Anruf zur Entscheidung zu sein, er wird zu einem *Gegenstand,* der geprüft, einer Analyse unterzogen, dann aber auch gefeiert und geehrt werden kann; die von Anfang an einheitliche Welt mit einer wechselseitigen Übereinstimmung von Subjekt und Objekt zerfällt in das eine und das andere, in Himmel und Erde; der Mensch möchte aus seiner Gespaltenheit mit Hilfe der Tat wieder zur Einheit zurückfinden, aber nun wird er zergliedert in gegensätzliche »Substanzen«, in Körper und Seele und alles wird zwiegestaltig, ohne daß es einen Übergang vom einen zum anderen gäbe.

In dieser Situation tritt Jesus auf mit seinem Anruf. Wenn wir die Evangelien aufmerksam lesen, müssen wir wahrnehmen, daß er voll Verachtung, ja sogar voller Haß gegen eine solche dogmatische Interpretation des Alten Testaments Stellung nimmt. Wiederholt gerät er mit den offiziellen Repräsentanten – den gelehrten Meistern und Gesetzesauslegern, Pharisäern und Priestern – in Streit, wiederholt prangert er sie öffentlich an. Im Gegensatz zu ihnen lehnt er die dogmatische Theologisierung des Alten Testaments ab und wendet sich mit seinem Angriff gegen das engstirnige Beharren auf Fragen zweiter und dritter Ordnung, auf allen möglichen und unmöglichen rituellen, Reinigungs- und anderen Vorschriften, in denen er nur Hemmnisse erblickt, die das Vordringen zum Kern der alttestamentlichen Inspiration verhindern. Deshalb geht es Jesus auch nicht um die Ausbildung irgendeines neuen Lehrgebäudes, einer neuen Theologie, eines religiösen oder ethischen Wertsystems. Es kann ihm gar nicht darum gehen. Die Ansicht einiger protestantischer Theologen, in der ursprünglichen Lehre Jesu wäre weder eine neue Theologie noch eine neue Anthropologie zu suchen, scheint uns völlig zutreffend. Nach ihrer Meinung predigt Jesus nicht ein neues sittliches oder humanistisches Ideal, er zählt nicht Eigenschaften auf, die ein »frommer«, d. i. ein harmonisch entfalteter Mensch haben sollte. Er macht vielmehr darauf aufmerksam, daß alle diese Vorstellungen dem jüdischen Geist vollkommen fremd sind, daß sie der Sphäre des antiken, griechisch-römischen Denkens zugehören.

Alles spricht dafür, daß es Jesus darum ging, Israel zu seinem ursprünglichen Glauben zurückzuführen, zu jener Gestimmtheit, in der Gott der HERR ohne Unterlaß zu ihm kam, als Anruf an den Auserwählten – an den, der sich zu entscheiden hat, der zu wählen hat, während er zwischen zwei Abgründen steht, und der sich mit seiner ganzen Person in diesen Akt der Wahl hineinstürzen muß. Es ging ihm darum, daß wieder jenes Israel da sei, für das die ganze Zukunft sich gerade jetzt ent-

scheidet, unbestechlich und mit allen Folgerungen; daß also jene Dynamik des Voranschreitens und des Überschreitens entstünde, die uns das, was schon von allem Anfang an da sein sollte, nahebringt – das verheißene Land, »das Reich Gottes«. Jesus mußte in den Augen der Pharisäer und Hohepriester dergestalt als einer dastehen, der einen Angriff auf das Gesetz des Mose unternimmt; der alles verschmäht, was für sie seine formale Bekräftigung ist – Riten, Vorschriften, Opferregeln. Diese Dinge liegen in ihrer Macht, ja sie *entspringen ihrer Macht.* Jesus verteidigt sich: »Ich bin nicht gekommen, das Gesetz aufzulösen, sondern es zu erfüllen.« Aber diese Verteidigung hilft ihm selbstverständlich nichts.
Man muß noch betonen – das ergibt sich übrigens aus unserer Auffassung von Jesus –, daß er nicht irgendeine plötzlich auftauchende Einzelerscheinung war. Persönlichkeiten seiner geistigen Haltung gab es damals eine ganze Reihe; sie bildeten verschiedenartige, mehr oder weniger radikale Sekten und wurden in der Regel Propheten genannt, Leute, die in der damaligen unerfreulichen Lage Israels die Keime der Genesung und die schmalen Pfade zu etwaigen Auswegen, also potentielle »Heilswege«, zu erkennen vermochten.
Jesus wendet sich in der Hauptsache an diejenigen, deren schlichter Glaube ihm die meiste Hoffnung auf eine Rückbesinnung Israels zu bieten scheint: an die einfachen Fischer, Weingärtner, Handwerker, an die armen Leute und die schlichten abgehärmten jüdischen Frauen. Das alles fiel bei den Repräsentanten der jüdischen Orthodoxie gegen ihn ins Gewicht. Jesus ist ganz deutlich ein Jude seiner Zeit. Er weiß, daß in einer Welt, die unter einer immer fester zupackenden Herrschaft der Heiden steht, nicht mehr viel Raum ist für ein auserwähltes Volk; daß die Lage sich zuspitzt auf ein Entweder-Oder. Hier finden wir wieder das Dilemma Jakobs; die entscheidende Wahl läßt sich nicht mehr aufschieben; »schon morgen« kann es zu spät sein; das verheißene Land, das »Himmelreich« ist nahe herbeigekommen. Die ganze Zukunft wird hier also in den gegenwärtigen Augenblick, in das »Heute« projiziert. *Heute* muß die Entscheidung fallen. *Heute* muß die Wahl getroffen werden. Entweder für Gott und Jesus, der sein Prophet ist, oder gegen ihn. Wer die Wahl trifft, wählt damit schlagartig die ganze Zukunft, Heil oder Verdammung. Es steht also nicht irgendeine

beliebige Entscheidung an, sondern eine ein für alle Male endgültige. Darum klingt alles, was Jesus sagt, in die Forderung einer *radikalen* Entscheidung aus, die wir in dem Bewußtsein zu treffen haben, daß alles auf dem Spiel steht. Wir müssen uns gänzlich und restlos hineinbegeben.
Deshalb ruft seine Tätigkeit ebensoviel Freunde wie Feinde auf den Plan. Aber indes seine Freunde unsicher und schwankend sind – sind es doch Leute mit gewöhnlichen Alltagssorgen und Jesus verlangt viel, ja alles von ihnen! –, stehen seine Feinde einmütig da, entschlossen und verbissen. Das Schicksal Jesu läßt sich voraussagen.
Sollen wir Jesus als einen Sozialrevolutionär ansehen? Die Antwort wird offenbar davon abhängen, wie sein Programm aussieht, was der Inhalt seiner Verkündigung ist. Jesus setzt die Massen des Judentums in Bewegung, hin auf eine radikale Entscheidung für das Reich Gottes, das nahe herbeigekommen ist.
Was aber bedeutet Reich Gottes bei Jesus? Es wäre allzu einfach, aus den Evangelien den Aufriß einer Gesellschaftsordnung abzuleiten, in der soziale Gerechtigkeit herrscht, ein gesellschaftspolitisches Projekt, für dessen Verwirklichung Jesus stritt. Aus dieser Sicht erscheinen uns die Argumente naiv, Jesus sei »eigentlich« der erste Kommunist gewesen, er habe sich um soziale Gerechtigkeit bemüht, und der Marxismus sei – folgerichtig zu Ende gedacht – »eigentlich« ein säkularisiertes Christentum. Eine solche Deutung ist unangebracht, sie verschleiert den Kern der Sache. Wenn wir uns wenigstens annäherungsweise eine Vorstellung vom Reich Gottes machen wollen, wie es Jesus gemeint hat, müssen wir von den Evangelien absehen und zur Apokalypse des Johannes greifen, die offensichtlich zur jüngsten Schicht der neutestamentlichen Texte gehört.
In sehr dunklen, kompliziert verschlüsselten Bildern und Symbolen klagt der Autor der Apokalypse darüber, daß die Lage Israels, der »Heiligen«, die dem »Raubtier« (»der Stadt«, »der Hure«) in die Hand gegeben sind, für die fernere Zukunft unhaltbar ist. Der Gegenstand seiner extremen Verurteilung, Verbitterung und haßerfüllten Ablehnung ist Rom. Allem Anschein nach wird der Protest gegen die Macht Roms aber nicht nur aus irgendwelchen politischen Nützlichkeitserwägungen erho-

ben und nicht nur, um einen unmittelbaren Druck auszuüben. Viel schlimmer ist es für den Schreiber der Apokalypse, daß, wie es scheint, »Rom«, »das Heidentum« den Kern Israels selbst bedroht, das, was als innerste Garantie seine selbständige Existenz gewährleistet, was Jesus und seine Gefolgsleute aus langer, alttestamentarischer Überlieferung herübergerettet haben als die Voraussetzung ihrer menschenwürdigen Existenz überhaupt. Der Geist der Antike, der damals übrigens schon zum Hellenismus degeneriert war, war *diesen* Juden vollkommen fremd, sie hätten in ihm nicht leben können. Das war eine Weltanschauung, in der es keinen Raum gab für eine freie Wahl, also für das, was die Würde des Menschen ausmacht (dieser Gedanke wäre für den Juden jener Zeit freilich allzu abstrakt gewesen); in ihr fehlte auch – ja sogar vor allem – die Möglichkeit, sich frei, nach eigener Bestimmung, zu entfalten. Der Jude zur Zeit Christi war von der Vorstellung der Antike, daß Gott ein Gegenstand sei, meilenweit entfernt und seine bildliche Darstellung sah er als eine widerwärtige Sinnlosigkeit, ja als „Gotteslästerung" an. Gegenstände, Bilder, Säulen zu verehren, das hieß für ihn »Unzucht treiben«.

Die Aufforderung zum Widerstand gegen Rom war also nicht getragen von irgendeiner Idee sozialer Gerechtigkeit und mündete auch nicht in das utopische Konzept einer neuen sozialen Ordnung. Wenn es so gewesen wäre, wenn das Christentum hierin seine tiefste Begründung gefunden hätte, dann hätte es seine Epoche kaum überlebt.

Nein! Wir sehen, daß viel Tieferes und Grundsätzlicheres auf dem Spiel stand: der Entwurf eines Lebens, das dem Menschen eine verantwortliche Entscheidung abverlangt, zu der er in erbarmungslosem innerem Kampf, der ihn bis zu den Wurzeln durchstoßen läßt, stehen muß, die ihm dann aber eine neue Zukunft erschließt, in der der Mensch mehr ist, als er bisher war. Für den Juden zur Zeit Christi stellt sich dies aber nicht als ein Weg der persönlichen Vervollkommnung oder »sittlichen Entfaltung« dar, den man unabhängig von anderen Menschen, unabhängig von Ort und Zeit beschreiten könnte. Die Entscheidung trifft Israel, der Mensch als Gemeinschaft. Ihr Ergebnis ist niemals nur ein persönlicher Vorteil – dieser Gedanke wäre dem Alten Testament fremd und unannehmbar –, sondern stets der Vorteil einer abgegrenzten Gemeinschaft, die dadurch weiter konkretisiert und entfaltet wird. Tod oder Unglück des Einzelnen bedeuten weder Schrecken noch Leere, sondern immer neue Bereicherung und Vertiefung der Wirklichkeit. Dem Judentum zur Zeit Jesu, das gleichzusetzen ist mit dem Urchristentum, ist der dekadente Gedanke des individuellen Heils und des tugendhaften Lebens, das sich mit Wucherermethoden sein warmes Plätzchen im Himmel sichert und einen panischen Schrecken vor dem Tode hat, ganz und gar fremd.

Die Apokalypse spricht sich demnach gegen die griechische, »heidnische« Auffassung der Welt und des Lebens aus. Sie sieht ihren Fall voraus. Sie verkündet die Unvereinbarkeit ihrer Lebensanschauung mit der jener Kulturen, die den Kosmos der menschlichen Möglichkeiten verschlossen halten. Gegen diese hurerische Welt setzt die Apokalypse das »Neue Jerusalem«, in dem »Gott abwischen wird alle Tränen . . . und der Tod nicht mehr sein wird« (Offenbarung 21, 4). Dort sieht der Schreiber keine Tempel mehr, die den Menschen von Gott trennen, sondern den Menschen, der bei sich selbst ist unter dem Anruf zur Tat und bereit zur Wahl. Die Apokalypse klingt also in eine Eschatologie aus, in die Hoffnung der Erwartung des Endes, der letzten Dinge, die zugleich die ersten sein werden. Der Gedanke des Jüngsten Gerichts und der vollendeten Gerechtigkeit hat hier noch nicht die mystische Form einer kosmischen Katastrophe, die sich in undeutlicher Zukunft abspielen wird. Das Gericht vollzieht sich in der Gegenwart, unmittelbar. Sobald man begriffen hat, daß der Fall der Hure nicht abzuwenden ist, sobald die Entscheidung gegen sie getroffen ist, ist für den Menschen alles zu Ende. Ein nicht mehr umkehrbares Urteil ist gesprochen. Der Mensch hat seine Wahl für das Neue Jerusalem getroffen und in diese Wahl sein ganzes Selbst bis ins letzte Erzittern seiner Seele hineingelegt. Was dann noch an Taten folgt, das keimt aus dieser Motivation heraus.

Dem Christentum der Apokalypse eignet das eschatologische Denken. Es wendet sich unmittelbar der Zukunft zu, in der über das Dasein des Menschen entschieden werden soll. Es erlebt diese Situation als eine Erschütterung, die dennoch voller Hoffnung ist; alles steht in ihr auf dem Spiel und der Mensch kann ihr gegenüber keine geheimen Vorbehalte machen. Denn

dies ist aller Menschen Los und, damit in ununterscheidbarer Art verknüpft, das Los der Gemeinschaft und deshalb auch sein persönliches Los.
Der Mensch entscheidet sich, und im Akt dieser Entscheidung tut er den Schritt über den Fluß der Zeit.

4

Projizieren wir die Schau der Apokalypse auf die Zeit Jesu zurück, dann wird ersichtlich, daß wir Jesus kaum als Sozialreformer oder gar als Revolutionär im üblichen Sinne des Wortes ansehen können. Wir werden in den Evangelien keinerlei Andeutungen eines sozialreformerischen Programmes finden, es sei denn, wir gingen sehr primitiv vor und wollten es aus einzelnen herausgerissenen Zitaten zusammenstellen. Es ist Sache der Theologen, sich darüber zu streiten, ob Jesus selbst sich als Sohn Gottes angesehen hat. Das Bild, das wir uns hier von seinem Charakter machen, nötigt uns, daran zu zweifeln. Andererseits ist so gut wie sicher, daß die Juden, die er durch seine Taten und seine Worte mitriß, in ihm den Messias sahen und daß in einer bestimmten Phase seines Wirkens auch recht phantastische Bemühungen angestellt wurden, ihn zum jüdischen König zu machen. Der jüdische Messianismus erwuchs aus der jahrhundertealten Überlieferung der keineswegs immer erfolgreichen Kämpfe Israels, und er verstärkte sich im gleichen Maß, in dem die Auflösung der nationalen Einheit fortschritt und schließlich zu einer Jahrzehnte währenden Unterwerfung führte. In der römischen Besatzungszeit steigerte sich die Sehnsucht und heftete sich schließlich im ersten Jahrhundert unserer Zeitrechnung, das für das jüdische Volk voller Tragik war, an die legendäre Person Jesu. Hier beginnt freilich auch bereits der religiöse Kult.
Während Jesus lebte und öffentlich auftrat, war von einem solchen Kult offensichtlich noch keine Spur vorhanden, wenigstens nicht in bezug auf seine Person. Gewiß, er wird als Prophet, als Heiland, vielleicht auch als König angesehen, als ein ganz außerordentliches, hinreißendes Wesen, aber nicht als Gott. Was er tut, gewinnt den Glorienschein von etwas Einmaligem, nie Gesehenen, Unwiederholbaren, Wunderbaren: Jesus tut »Wunder«. Was die Evangelisten von ihnen erzählen,

und die sorgsam aufrechterhaltene Überlieferung, das ist reichlich primitiv.

Und dennoch – Jesus hat Wunder getan! Wenn wir uns in die Berichte mit wirklichem Einfühlungsvermögen vertiefen und die Schilderung der Begleitumstände berücksichtigen, dann begreifen wir, daß alle ihm zugeschriebenen Wunder Modellcharakter haben und uns zur Anschauung dessen führen sollen, was das Wesentlichste ist.

Alle Wunder, die in den Evangelien erzählt werden, haben etwas gemeinsam: sie greifen in die in der Natur herrschende Kausalität, in die Verkettung von Ursachen und Wirkungen ein, die die Welt der Gegenstände beherrscht. Dabei kommt etwas Verblüffendes heraus, eben: ein Wunder! Wir sollten auch noch einen wichtigen Umstand beachten, der jede derartige Beschreibung kennzeichnet: Jesus tut seine Wunder niemals in der Absicht, die Zuschauer mit seiner übernatürlichen Macht in Schrecken zu versetzen oder seine außerordentliche göttliche Sendung zu bekräftigen. Im Gegenteil: die Wunder geschehen immer gewissermaßen nebenbei, zögernd. Fast scheint es, als täte sie Jesus ungern. Hier haben wir den Modellfall des Wunders. Was greift denn *wirklich* in den kausalen Ablauf der Natur ein? Was ändert in so verblüffender Art den langweilig starren Lauf der aus Gegenständen bestehenden Welt? Es kann keinen Zweifel geben: es ist die Tat, die Subjektivität, die den Kausalketten eine neue Ordnung, ein anderes Gesetz aufprägt, die sie zwingt, sich auf ein bestimmtes Ziel auszurichten und sich in dieser Richtung zu verwirklichen.

Aber Jesus hat vom Wunder noch einen tieferreichenden Begriff: es geht dabei nicht um irgendeine alltägliche Entscheidung, um eine beliebige nutzbringende Tat, sondern um die radikale Antwort auf einen mit Notwendigkeit erhobenen Anruf; es geht um eine Tat, für deren Verwirklichung sich die ganze Persönlichkeit im Spiel der Kräfte einsetzen muß, alles, was wir sind und haben; denn nur auf diese Weise kann jener alles entscheidende Schritt geschehen, der über bislang unüberschreitbare Grenzen hinausführt.

Über alles Alltägliche, Banale, Gewohnte, »Natürliche«, »Normale« tritt er hinaus. Was hier geschieht, ist etwas Einzigartiges und bedeutet restlose Selbstverwirklichung. Und so erfahren wir aus den Wundern Jesu mehr über das *Wesen* der ge-

schichtswirksamen Tat als aus den langweiligen Schilderungen dessen, was die Heroen der Antike geleistet haben.
Jesus zeigt mit seinen Wundern den Ungläubigen unter seinen jüdischen Zuschauern, die niemals etwas gewagt haben oder denen eine solche Möglichkeit nie in den Sinn kam, daß radikale Eingriffe in den »natürlichen Ablauf der Dinge« wirklich geschehen und Wunder in der Kraft des Menschen stehen können.
Er zeigt allerdings auch, daß diese Fähigkeit einiges voraussetzt. Bei verschiedenen Gelegenheiten zählt er eine ganze Reihe solcher Voraussetzungen auf, faßt sie aber am Schluß in eine einzige zusammen. Diese ist das »Gesetz« der *Liebe.* Wie alles, so hat auch diese goldene Regel des Christentums in späteren Jahrhunderten Mißdeutungen erfahren. Wie alles, was neu an der Verkündigung Jesu war, wurde auch sie vielfältig zum Vorteil der Macht und der Mächtigen mißbraucht. Und in dieser falschen Gestalt, als »allumfassend«, alles verzeihend, klassenfremd, abstrakt, wurde sie mit Recht kritisiert. Und dennoch ist die Liebe eines jener ewigen Themen, für welche das, was ursprünglich zur Zeit Jesu darunter verstanden wurde, eine außerordentliche Bedeutung hat. Denn in ihr ist auch nicht der geringste Hauch von Sentimentalität zu finden, es werden keine Saiten der Sinnes- oder Gefühlsverzauberung angeschlagen, sie enthält keine sittliche Weisung, die absolute Werte in einem abstrakten Moralsystem verwirklichen will, und sie verkündet auch keinen ohnmächtigen Pazifismus. Bei Jesus ist nämlich überhaupt nicht die Rede davon, daß er von den Menschen bestimmte konkrete Tugenden wie Keuschheit, Armut und Gehorsam verlange. Er schafft keinen ausdrücklichen Moralkodex. Er setzt keine Pflichten fest, ohne nicht zugleich die Umstände zu bedenken: er hält die Ehe nicht für unauflöslich, er heißt weder Reichtum noch Armut als solche gut. Und sofern er von bestimmten »Tugenden« spricht, wiederholt er nur die den Juden gut bekannten Weisungen des Mose.
Die Kernfrage liegt anderswo. Jesus ist überzeugt, daß der Mensch, um radikal entscheiden zu können, um mit seiner Tat ein »Wunder« zu bewirken, von Liebe durchdrungen sein muß: von jenem tiefen, das ganze Wesen durchwaltenden und jeweils ganz aktuell durchlebten *Wissen,* daß der Mensch nur

dann *ist*, wenn er über sich hinausgreift: sich selbst gegenüber, dem Nächsten gegenüber, Gott gegenüber. Und wenn er weiß, daß diese *Tat* seinen Geist herausfordert, seine Entschlußkraft, die Beteiligung aller seiner Sinne, seine zugleich aktive und passive Leidenschaftlichkeit. Dann aber bedarf er keiner Vorschrift mehr, was er in der gegebenen Situation konkret zu tun habe: seinen Reichtum verteilen oder ihn behalten, seine Frau verlassen oder bei ihr bleiben, den Rivalen erschlagen oder laufen lassen.

Der Begriff, den Jesus von der Liebe hat, ist, wenn man ihn radikal zu Ende denkt, immer eine Konfrontation des Menschen mit dem Tode. Ist aber die Liebe da, als Leidenschaft für ein überhöhtes Leben – und dies ist das Wesen des Anrufs Jesu –, dann kann der Tod (nicht nur der physische, sondern auch in tausenderlei alltäglichen Gestalten) nicht siegen. Deshalb ist die Liebe der am schwersten zu erreichende, aber auch der höchste Zustand des Menschen: an ihrem Gegenpol steht immer die Todesangst. Diese Grenze zu überschreiten, das heißt »Auferstehen von den Toten«, »Leben als Mensch«. Dann ist alles leicht, auch das, was gänzlich unmöglich ist. Für den, der soweit gekommen ist, ist es kein Wunder mehr, sondern etwas Naturgegebenes. Wunderbar erscheint es nur denen, die diesen entscheidenden Schritt noch nicht vollzogen haben.

Jesus predigt demnach nicht eine Liebe zu allen. Er sagt uns nicht, was wir in jedem einzelnen Fall tun sollen. Er verlangt nur, daß wir uns stets ganz in die Situation hineinbegeben. Und mit seinen eigenen Taten zeigt er uns an, daß das möglich ist: der Mensch ist fähig, Wunder zu tun. Es werden Wunder vollbracht. In dem Gespinst, aus dem Geschichte sich gestaltet, sind sie die Knotenpunkte, an denen Einzigartiges und Unwiederholbares geschieht. Und die Liebe erweist sich bei dieser Auffassung als die radikale Subjektivität der Geschichte.

Warum soll man sich vor solchen Wundern fürchten?

Warum sie nicht eher herbeiwünschen?

5

Als Jesus diese radikale Lehre von der Entscheidung, vom Reich Gottes und von der Liebe vortrug, dachte er nicht an eine »Menschheit schlechthin«. Er formulierte nicht die Grundsätze irgendeines »neuen Humanismus«. Ihm solche Absichten zuzuschreiben, wäre ein Irrtum. Der Humanismus ist ungleich späteren Datums. Jesus hatte nur die Juden seiner Zeit und Israels vor Augen. In diesem Sinn kann das ursprüngliche, das auf Jesus zurückgehende oder, wenn wir so wollen, das apokalyptische Christentum nicht als humanistisch bezeichnet werden, es sei denn, wir wollten den Begriff Humanismus unhistorisch verstehen. Es scheint mir deshalb unzutreffend, wenn man im Lager der Christen oder der Marxisten Betrachtungen über das Christentum als eine Form des Humanismus anstellt. Viel präziser wird es sein, nach der Beziehung zwischen Christentum und Humanismus zu fragen, – wobei ich beständig an das Urchristentum denke.

Im apokalyptischen Christentum waren mehrere Protesthaltungen wechselseitig miteinander verknüpft: gegen das Elend der alttestamentarischen dogmatischen Theologie, die die lebendige Seelenkraft Israels, die Entscheidung des Menschen zu einer freien über sich selbst hinausreichenden Tat, verschüttet und verraten hat; gegen das „Heidentum", sowohl in seiner orientalischen Gestalt (gegen das im besonderen die Bücher Mose und der Propheten ihren Angriff richten), als auch in seiner antiken Gestalt, in der Epoche der römischen Expansion. Besonders das letztere erwies sich zur Zeit Christi als subjektiv – das heißt vom Standpunkt Israels – extrem gefährlich, indem es Israel mit dem Verlust seiner Eigenart bedrohte, ohne die der Jude nicht mehr als Auserwählter leben, ja überhaupt nicht existieren konnte.

Aber die römische Welt mit ihren Ordnungsvorstellungen und der Praxis ihrer Machtausübung war selbst schon im Niedergang von den Gipfelhöhen der antiken Konzeption, wie sie von Homer über die Vorsokratiker und Platon bis zu Aristoteles ihren Ausdruck fand. Ihr mythischer Archetypus, den später die griechische Philosophie mit dem Verstand durchleuchtet, kennt die Vorstellung einer kosmischen Ordnung und einer allumfassenden Harmonie, in der alles seinen bestimmten Platz hat. Die Welt wird als Raum gesehen, in dem sich der Mensch verhältnismäßig leicht orientieren und die *Techné,* seine Fertigkeiten, entfalten kann, mit deren Hilfe er allmählich Macht über die Naturgewalten und Gegenstände gewinnt. Der Mensch orientiert sich von innen nach außen. Was es heißt, die

Geschichte in seine Überlegungen einzubeziehen, das ist ihm gänzlich verborgen. Er beobachtet nur das Fließen der Zeit, ihre Kreisläufe, er ist darin aber nicht auf die Zukunft hin ausgerichtet, sondern blickt auf die Vergangenheit zurück und sieht diese durchaus statisch als »goldenes Zeitalter«. Aus dieser geistigen Atmosphäre erwuchs die rationale Analyse der Wissenschaft, die auf Gegenstände gerichtete »naturwissenschaftliche« Einstellung und das Interesse an der Technik als dem Mittel, die Herrschaft über die Welt zu gewinnen.

Zur Zeit Christi war dieses glänzende Erbe der Antike schon in vollem Zerfall: seine Grundgedanken wurden durch Wiederholung deformiert und überdies von orientalischem Kult und Aberglauben überfremdet. An die Stelle des lauteren Geistes der Antike trat der hellenistische Eklektizismus und alle Fertigkeiten wurden zu ungezählten Malen mißbraucht. Rom war zwar politisch und militärisch noch mächtig; noch beherrschte es den Kosmos seines Imperiums; aber aus dessen oberen Rängen strömte bereits der Geruch der Verwesung.

Die ursprüngliche jüdische Tendenz lief der der Antike durchwegs zuwider. Zur Zeit Christi begegnen sich beide. Und wie sehr auch die neue, radikale Verkündigung Jesu, sein Gesetz der Liebe, zunächst nicht zur Ausfuhr, sondern für den Hausgebrauch Israels bestimmt war, wird sie doch zu der Lehre, die den verwesenden Leichnam bestattet. Das jüdische Volk erlitt eine Niederlage. Die radikale jüdische Konzeption – das Christentum – errang einen Sieg. Das ist ganz logisch: nachdem die ursprüngliche Anschauung der Antike ihr Debakel erlitten hatte und sich dabei ihre Schwächen enthüllten, konnte und mußte jene Anschauung siegen, die auf den Kern aller Fragen hinwies: *Wer ist der Mensch?*

Die Antwort lautete: wenn wir das nicht wissen, dann ist alle Herrschaft über die Natur ohne Sinn. Der Mensch ist ein Geschöpf, das sich im Kampf und in der freien Entscheidung, mit der es auf den Anruf der Gegenwart antwortet, gestaltet. Bringt er es dabei fertig, radikal zu lieben, dann bricht er mit seiner Tat den Schoß der Zukunft auf und wird zu einem, der mehr ist, als in seinen Möglichkeiten lag. Darin liegt sein ganzes Geheimnis, darin ist der Mensch selbst ein Wunder; etwas, was da ist und nicht wiederholt werden kann.

Hier haben wir das Gegenstück jenes Humanismus, der viele

Jahrhunderte später an die antike Vorstellung von der Welt und vom Menschen anknüpft. Hier haben wir die *Idee des Hominismus*[1].

Der Ausruf »Ecce homo – Seht, welch ein Mensch!«, der aus Jesu Zeiten herüberhallt, enthält die Definition des Urchristentums, ist ein ursprünglich christlicher.

Der Hader zwischen Humanismus und Hominismus zieht sich durch die folgenden Jahrhunderte hindurch. Er ist heute unser brennendstes Problem.

1 Mit dem Begriff »Hominismus« setzt sich der Autor ausdrücklich ab von der alten Idee des Humanismus. Brockhaus definiert Hominismus mit »Hineintragung menschl. Wesenszüge in die Betrachtung der Welt und insofern dem Anthropomorphismus und Humanismus verwandt«. Diese Definition trifft auf die vorliegende Schrift nur mit ihrem ersten Teil zu, die Verwandtschaft zum Humanismus ist jedoch zu einem Gegensatz gewandelt (Anm. d. Übers.).

Augustin

Leidenschaft und Tod

1

Augustinus Aurelius, Bischof von Hippo, lebte von 354 bis 430, kurz nachdem das Christentum zur anerkannten und staatlich geförderten Kirche geworden war, mitten in der Epoche, in der unter den Angriffen der Vandalen und anderer Freibeuter die letzten Säulen des einst so glorreichen römischen Imperiums zusammenstürzten. Die Kirchengeschichte rechnet ihn zu den größten unter den Kirchenvätern, und jede Schilderung der christlichen Philosophie sieht in ihm die Zentralfigur der Patristik. Ein Teil der modernen, existentialistisch orientierten christlichen Philosophie wendet sich zu ihm zurück als zu einer Persönlichkeit, auf die sie sich in ihrem intensiven Gotteserlebnis berufen kann. Und unsere zeitgenössische philosophische Anthropologie, die bürgerliche und bisweilen auch die marxistische, findet bei ihm die Probleme aufgeworfen und gelöst, mit denen sie selbst sich so systematisch befaßt.
Wodurch aber wird Augustin für uns wirklich interessant?

2

Seine »Bekenntnisse« schreibt Augustin bereits als bedeutender Repräsentant einer mächtigen Kirche. Das Buch ist in vieler Hinsicht außerordentlich. Es wurde oft und oft mit immer gleichbleibendem Erfolg aufgelegt. Es findet als schwungvoll geschriebene Autobiographie des Augustin und auch als Einführung in sein philosophisches und theologisches Werk dankbare Leser. Für die Absichten, die wir hier verfolgen, hat es wahrscheinlich entscheidende Bedeutung.
Die dreizehn Bücher der »Bekenntnisse« des Augustin sind alles andere als eine kritische Darstellung seines eigenen Lebens; auch ihre unmittelbare Zielsetzung, nämlich den Autor gegen schadenfrohe Feinde der Kirche zu verteidigen, mußte zu stark ichbezogenen Formulierungen führen: er stellt den

Lesern an seiner eigenen Person den Vorgang der Konversion dar, des Übergangs vom Unglauben zum Glauben, vom gottfernen zum gotterfüllten Leben; einen Schicksalskonflikt mit schließlicher Katharsis.

Diese literarische Umformung aber hat für uns größere Bedeutung als die nüchternen biographischen Daten.

Wir wollen den Konflikt darstellen.

Die »Bekenntnisse« stellen auf dramatische Weise dar, wie der Mensch als Individuum die Schwelle des eigenen Todes überschreiten kann. Das Gegensatzpaar »Ich – Tod« stellt Augustin gleich in der Exposition auf die Bühne: als Erlebnis anläßlich einer Kinderkrankheit. Dieses wird freilich rasch verdrängt durch das temperamentvolle Auftreten des jungen Nordafrikaners im lebensfrohen Karthago. Freunde, Theater, Schule, Frauen, Erfolge – die bunte Mannigfaltigkeit dieses Lebens nimmt ihn ganz gefangen. Der Tod des Vaters gibt nur einen äußeren Anstoß: er zwingt ihn zu einem bescheideneren, weniger fröhlichen Lebenswandel und zu intensiverem Studium. Da gerät ihm Ciceros »Hortensius« in die Hände. Das Buch hat einen umstürzenden Einfluß: »Es schwand mir mit einem Schlag alle Hoffnung auf Nichtiges, mit ungemeiner Bewegung des Herzens verlangte ich nach dem Unvergänglichen der Weisheit.«[1] Von da an verlassen den Aurelius Langeweile, Enttäuschung und zunehmende Bitterkeit bei keinem Schritt mehr. Augustin weiß, daß das noch ein unklarer Zustand ist, der von sich aus noch nicht zu jenem Erlebnis führt, das wir Heutigen existentiell nennen würden. Es bedarf vielmehr einer Erschütterung, die den Konflikt radikalisieren und auf drastische Weise enthüllen müßte, was Aurelius vorerst nur als Lebensüberdruß empfindet. Augustin läßt den intimsten Freund des Aurelius in der Fülle der Jugend und des Lebens sterben. Der Konflikt spitzt sich für Aurelius augenblicklich zu:

». . . nicht im lauschigen Hain, nicht bei Spiel und Gesang; weder im salbenduftenden Bad, noch beim wohlbereiteten Mahl –, noch in Lager und Bett mit ihrer Lust; und auch nicht über Buch und Gedicht (kam meine Seele zur Ruhe). Alles war mir zum Überdruß, selbst das Licht . . . der Überdruß am Leben lastete schwer auf mir, aber gleichschwer auch die Furcht vor dem Sterben. Ich glaube, je

1 Augustinus, Bekenntnisse, übersetzt von J. Bernhart, Fischer-Bücherei, 1955, Buch III, S. 39.

tiefer ich den Freund geliebt hatte, um so tiefer haßte und fürchtete ich als den wütendsten Feind den Tod, der ihn mir entrissen hatte, und ich meinte schon, er werde jählings alle Menschen verschlingen, da er ihn hatte verschlingen können . . . Vom Schmerz darüber ward es finster in meinem Herzen und was ich ansah, war alles nur Tod . . . meine Seele fiel ins Leere und stürzte auf mich zurück, und nach wie vor blieb eben ich mir die unselige Stätte, an der ich nicht sein und von der ich doch nicht weichen konnte . . . Ich war mir selbst zur großen Frage geworden . . .«[2]

Der Mensch als eine »unselige Stätte«: gezwungen zu leben, gezwungen zu sterben; er hat das Leben nicht selbst gewählt, er weist den Tod von sich, und doch wird dieser nicht an ihm vorübergehen. Hier ist vielleicht zum erstenmal mit solcher Eindringlichkeit von den hinterhältigen Felsklippen die Rede, auf die ein jeder wenigstens einmal im Leben, mindestens andeutungsweise, stößt, der sich nicht mit einem billigen, nur auf den persönlichen Nutzen ausgerichteten Glück begnügen will; dieser weiß dann aber unwiderruflich, daß es irgendwo in jedem Menschen eine Grenzlinie des Todes gibt. Ein solches existentielles Erlebnis kann man weder als unsinnig noch als ungehörig hinwegleugnen; man kann ihm auch nicht aus dem Wege gehen oder entfliehen; man kann aber auch nicht bei ihm stehen bleiben, ohne den Versuch zu machen, darüber hinauszuschreiten. Erst an diesem Punkt beginnt die Lösung des Problems, das eine überindividuelle, der ganzen Menschheit dienende Bedeutung gewinnen, ebenso aber auch in Verzweiflung und Ödnis führen kann.
Augustin erzählt, wie sich in späteren Jahren dieses Gefühl der Grenzenlosigkeit, das Aurelius bei der ersten Begegnung mit dem Tod empfunden hatte, allmählich verflüchtigte; er war ja zur Zeit des Hinscheidens seines Freundes erst 22 Jahre alt. Über die Beschreibung seiner weiteren Geschicke stellt Augustin die Worte Flatterhaftigkeit, Wandelbarkeit, Suchen. Er bemüht sich, den Leser nachempfinden zu lassen, wie unbeständig alles Zeitgebundene ist, wie hinfällig das Leben auf dem Meer menschlicher Lebensbahnen, wie nahe dem Tode die Abschiedstränen. Das konkrete Geschehen, die Begebenheiten des Alltags – überall ist der Tod in Reichweite und kann jeden Augenblick eintreten. Dann verläßt er Kartha-

2 Augustinus, Bekenntnisse, Buch IV, S. 55 ff.

go, flieht heimlich vor der Mutter, macht eine gefahrvolle Seereise, wird in Rom schwer lungenkrank, erlebt Enttäuschungen in seinem Ehrgeiz, reist nach Mailand ab, – dies alles kennzeichnet Augustin als die Flucht des Aurelius vor sich selbst und vor dem Tode, der in ihm am Werke ist. Alles relativiert sich für Aurelius. Die Probleme häufen sich: die Frage nach der Zeit, nach Gut und Böse, nach dem Geist im Gegensatz zur Vergänglichkeit der Sinnesempfindungen. Und der Verstand schweigt. Je unerfüllbarer die Ansprüche des Verstandes werden, desto mehr vertieft sich die Skepsis:

»Denn ich wollte über Dinge, die ich nicht sehen konnte, so gewiß werden, als ich gewiß war, daß sieben und drei zehn sind.«[3]

Augustin rekonstruiert einen Monolog des Aurelius aus dieser Epoche seines Lebens und schildert dabei, wie sich die Skepsis gegenüber dem Verstand allmählich verschiebt und das Vertrauen in den Un-Verstand wachsen läßt und die Irrationalität kräftigt:

»O ihr großen Männer von der Akademie: ja, es läßt sich nichts Gewisses greifen, wonach das Leben einzurichten wäre! – Aber nein, laßt uns beherzt noch weiter suchen und nicht verzweifeln! – Ja, wirklich, es ist da in den Büchern der Kirche gar nicht so unsinnig, was sich wie Unsinn ausnahm . . . Und genau das war es, dies vor allem, was Sache des Glaubens war.«[4]

Aber doch! Hier ist doch eine Lösung, ruft Augustins Aurelius aus: Christus, das fleischgewordene Wort, ist als Mensch gestorben und hat dennoch den Tod überwunden. Also ist so etwas möglich, auch wenn es aus der Sicht des Verstandes unannehmbar ist. Darum wollen wir nicht weiter fragen, was und wie und warum.

Durch das irrationale religiöse Erlebnis des Glaubens an Christus überwindet Aurelius die Schranke seines Bewußtseins, die zu überschreiten er sonst nicht vermocht hätte.

Es folgt der letzte Aufzug: die Verleugnung des Lebens; die Umwertung aller Werte. Die Verleugnung des Willens zum Leben, zu den täglich geforderten Akten der Wahl und zur Tat, das ist der Schlußakt der Verleugnung des Verstandes.

3 Augustinus, Bekenntnisse, Buch VI, S. 91.
4 Augustinus, Bekenntnisse, Buch VI, S. 101 und 93.

Hier hebt die Theologie des Augustin an, eine subjektivistische Theologie des rein persönlichen Gotteserlebnisses, mit dessen Hilfe sich der Mensch aus dem Abgrund der eigenen diskontinuierlichen Existenz herausrettet. In ihrer extremen Form ist diese Theologie ein Spiritualismus von großer Empfindsamkeit für alles, was einfältig und seelenlos außerhalb seiner abläuft, für die vergänglichen Dinge. Und als solcher Spiritualismus wird die Theologie des Augustin in der Entwicklung des Christentums immer dann von neuem belebt, wenn in der institutionalisierten Frömmigkeit die Tendenz überwiegt, den Glauben zu rationalisieren. Dagegen wird dieser Spiritualismus protestieren und sich zum Ziel setzen, einen Glauben an Gott hervorzurufen, der eine große Narrheit ist.

Was ist sie denn anderes, diese Lebensverachtung, die Augustin in seinen »Selbstgesprächen« aufgezeichnet hat?

»O ich Armseliger! Wann ließe sich je meine schiefe Haltung mit Deiner geraden vergleichen! Du, Herr, liebst die Einsamkeit, ich die Masse; Du die Stille, ich den Lärm; Du das Wahre, ich das Nichtige; Du das Saubere, ich das Unsaubere. Was noch, o Herr? Du bist wahrhaft gut, ich bin böse; Du fromm, ich unfromm; Du heilig, ich elend; Du gerecht, ich ungerecht; Du bist Licht, ich blinde Finsternis; Du bist lebendig, ich bin tot; Du bist Arznei, ich bin krank; Du bist Freude, ich Trauer; Du erhabenste Wahrheit, ich gänzliche Nichtigkeit, so wie ein jeder, der als Mensch lebt.«[5]

Hier ist das Christentum aufgefaßt als Leidenschaft zum absoluten Leben, die eben darum den Tod wählt.

3

Der Leser darf aber der suggestiven Kraft der Augustinischen »Bekenntnisse« nicht erliegen. Es gibt nämlich noch einen anderen Augustin, den Bischof und Autor vieler polemischer und apologetischer Werke, unter denen einen bedeutenden, wenn nicht den wichtigsten Platz die Schrift einnimmt »De civitate dei« – vom Gottesstaat.

In deren 22 Büchern ist die politisch-theologische Ideologie der Kirche niedergelegt, die genau hundert Jahre zuvor in der Zeit der Konstantinischen Wende zur kaiserlich-römischen Kirche geworden war. Daher ist das Problem, mit dem sich Augustin hier auseinandersetzt, ein gänzlich anderes. Es ist

5 Soliloquia animae ad Deum, MPL XL, Sp. 866.

das Problem der Ordnung und damit gleichzeitig der »Anti-Ordnung«, der Autorität und des Gehorsams, der Gerechtigkeit und der Gewalt, des Kriegs und des Friedens, der Kirche und des Staates, der in die Geschichte eingegangenen Taten und des Jüngsten Gerichts.

Es genügt, die Grundgedanken kurz aufzuzählen: wie das Licht der Finsternis, so steht der Gottesstaat dem weltlichen Staat gegenüber. Diese Gegenüberstellung fällt aber nicht mit dem Gegensatz von Himmel und Erde, von Ewigem und Zeitlichem zusammen. Das Gottesreich – das ist die Gemeinschaft der in Christus Auserwählten, wie sie in der Vergangenheit, in der Gegenwart und in der Zukunft mitten unter denen leben, die den weltlichen Staat bilden und die erst das Jüngste Gericht endgültig in Erlöste und Verdammte scheiden wird. Die Gesellschaft der Menschen ist also nur scheinbar einheitlich; faktisch durchzieht sie die Grenzlinie der Sünde, die zugleich der Trennungsstrich zwischen Leben und Tod ist. Darum ist auch das Dasein dieser Gesellschaft ein Kampf, ein unablässiger Krieg zwischen zwei Prinzipien, und es ist unmöglich, einen dauernden Frieden sicherzustellen. Die Feinde sind die Angehörigen des irdischen Staates, und der Kampf gegen sie – wenn nötig mit der Waffe in der Hand – ist ein gerechter, wenn ihn eine von Gott gebilligte Autorität befiehlt, ja er ist dann sogar eine Pflicht für den Christen.

Das Ziel des Kampfes ist die Aufrichtung einer gerechten Ordnung, die jedem gibt, was ihm gebührt, und darauf achtet, daß er sich zu Gott erhebe. Die Kirche fordert den Christen zum Gehorsam gegen diese Ordnung und zu ihrer Unterstützung auf, damit beides gewährleistet werde, die Güter, die für das sterbliche Dasein nötig sind, und diejenigen, welche dem Menschen auf dem Wege zu Gott weiterhelfen. Ein Staat, der keine solchen Ziele verfolgt, ist ein ungerechter, eine große Räuberbande, magnum latrocinium, und muß vernichtet werden. In dem politisch-theologischen Werk Augustins erreicht das Bemühen der römischen Kirche seinen Höhepunkt, die Gläubigen zur Unterstützung einer Institution anzuhalten, welcher sie bis vor kurzem noch mit passiver Resistenz begegnete.

Was ist in den 300 Jahren mit dem von Jesus verkündeten apokalyptischen Christentum geschehen, und wer war eigentlich Augustin?

4

Der radikale Gedanke Jesu von Entscheidung und Tat führt in der historischen Praxis nicht zum Protest. Zwar führen die Juden einen Krieg gegen Rom, aber dieser hat nur lokale Bedeutung und endet tragisch für Israel. Das Reich Gottes, das Jesus »schon morgen« erwartete, rückt den ersten Christen und Christengemeinden in Raum und Zeit immer ferner. Im gleichen Maße verliert sich die menschliche Gestalt des erschlagenen Propheten aus ihrem Blickfeld und schwingt sich in ihrer Himmelfahrt immer höher zum Firmament empor.
Was faktisch ein Akt der Wahl aus Liebe war, wird zum Glauben an die LIEBE, die von uns gegangen ist. Es beginnt ein dauerndes Suchen, eine unaufhörliche Bemühung, mit ihr in Fühlung zu bleiben. Gott ist nicht mehr unmittelbarer Anruf, sondern Gegenstand einer sich entflammenden Sehnsucht; ebenso auch religiöser Erwägungen. Auf diese Erwägungen wirken vor allem die verschiedenartigsten Einflüsse der späthellenistischen Welt, und zwar heidnisch-antiker ebenso wie orientalischer Herkunft. Diese Einflüsse nimmt namentlich das Evangelium des Johannes auf, in welches die literarische und organisatorische Tätigkeit des Paulus von Tarsus und seine Auseinandersetzungen mit dem Apostel Petrus zurückstrahlen.
Dennoch faßt das Christentum in der römischen Welt Fuß, ja es nimmt an Umfang zu, obwohl es verfolgt wird: es fasziniert durch die Tiefe und Entschiedenheit seines Protestes und durch seinen hoministischen Geist. Aber seine innere Entwicklung läuft während der ersten zwei Jahrhunderte in der Richtung einer immer nachhaltigeren irrationalen Glaubenshaltung, mit deren Hilfe sie sich gegen die Gefahren der Antike abschirmen will. In dem Ringen, welches das Christentum der ersten Zeit mit solcher Entschiedenheit führt, spürt es gar nicht, wie es die ursprüngliche Verkündigung Jesu vernebelt, zerbröckelt und ins Mystische umdeutet, wie es genau in die Schlingen gerät, denen es mit so großem Eifer ausweichen will.
Hören wir einen der Kirchenväter, Tertullian (150–220 n. Chr.):

»Unser armer Aristoteles! Du hast sie die Dialektik gelehrt, die Meisterin im Aufbauen und Zerstören, die so verschmitzt ist in ihren Sätzen, so gezwungen in ihren angeblichen Schlüssen, so hart in ihren Beweisen, so geschäftig im Wortstreit, die, sogar sich selbst zur Last fallend, alles behandelt, um schließlich gar nichts behandelt zu haben ... Was hat also Athen mit Jerusalem zu schaffen, was die Akademie mit der Kirche, was die Häretiker mit den Christen? ... Wir indes bedürfen seit Jesus Christus des Forschens nicht mehr, auch nicht des Untersuchens, seitdem das Evangelium verkündet worden.«[6]

Diese Zurückweisung des griechischen Verstandesdenkens, die eine bewußte Zurückweisung der Rationalität überhaupt ist, führt den gleichen Autor am Ende zu folgendem Schluß:

»Gottes Sohn ist gekreuzigt worden – ich schäme mich dessen nicht, gerade weil es etwas Schmähliches ist; Gottes Sohn ist auch gestorben – es ist erst recht glaubwürdig, weil es abgeschmackt ist; er ist auch gestorben und wieder auferstanden – es ist ganz sicher, eben weil es unmöglich ist.«[7]

Die Spannung, die mit der Jesus zugeschriebenen Verkündigung aus dem inneren Ringen um eine Tat der Liebe entstand, die die Zukunft aufbrechen soll, wird hier zu einem Zweikampf zwischen Verstand und Gefühl, der zu keiner befreienden Verständigung führt. Für diese Auffassung kann sich ein Wunder nur im Innern des Menschen abspielen und bleibt ihm unbegreiflich und verschlossen; es verdient dann um so mehr Vertrauen, je unbegreiflicher es ist. Gott ist nicht unmittelbarer Anruf, sondern der Logos des Plotin, der auf ebenso unbegreifliche Weise Fleisch geworden ist. Alles wird entzweit, alles zerfällt, alles löst sich in eine dualistische Vorstellung auf: hier der Mensch – dort Gott; hier der Leib – dort die Seele; hier Böse – dort Gut; hier Tod – dort Leben; hier das irdische Reich – dort das himmlische. Wie überschreitet man das Unüberschreitbare?

Auf den ersten Blick scheint es, als sei die einzig mögliche Lösung die von Augustin in seinen »Bekenntnissen« angebotene. Diese aber kann nur dann eine bestimmte Bedeutung erlangen, wenn der Christ als Individuum begriffen wird, das nicht mit seiner Gemeinschaft verbunden ist. In Wirklichkeit ist er aber stets konfrontiert mit der Tatsache, daß er zur Kirche gehört, zu einer Gemeinschaft, die mitten in der Welt und der Zeit steht.

Je mehr sich nun das Christentum als Kirche ausbreitete, desto

6 Tertullian, De praescriptione haereticorum, VII, in: Tertullians ausgewählte Schriften Bd. II, übersetzt von H. Keller, 1916, S. 313 f.
7 Tertullian, De carne Christi, Kap. 5, in: Ausgewählte Schriften des Septimius Tertullianus Bd. II, übersetzt von H. Keller, 1872, S. 171 f.

mehr mußte es sich, ob es wollte oder nicht, mit der politischen Ideologie Roms in den ersten Jahrhunderten unserer Zeitrechnung auseinandersetzen und einen Ausgleich mit ihr suchen. Erinnern wir uns, wie von Anfang an die antike Konzeption des Kosmos und seiner kristallklaren Ordnung für Israel und seine monistische Religiosität von Wahl und Tat etwas Fremdartiges war. Das war für Israel »Heidentum«. Die Verkündigung Jesu und das apokalyptische Christentum, welche die alte israelitische Dynamik wieder aufleben ließen, treten diesem antiken Geist (der bereits hellenistisch deformiert war) nicht mehr nur als etwas Fremdartigem entgegen, sondern als einem gefährlichen Feind, dem entschlossener Kampf angesagt wird. Der Kampf mit einem Feind enthält in sich aber auch immer das stillschweigende Eingeständnis, daß dieser Feind in unsere eigenen Reihen eingedrungen ist. Die ersten Christengemeinden sind genötigt, einen Ausgleich mit der römischen Politik und mit ihrem Begriff des Gemeinwesens, der *Polis,* zu suchen. Der altgriechische Gedanke der Polis bedeutete soviel wie »gemeinsame Heimat« oder »gemeinsames Wohnen« (synoikismos) in dem bewegungs- und zeitlosen kosmischen Raum. Ihr Dasein war gelenkt von einem Gesetz (nomos), das eine mythisch-kosmische Gestalt hatte; es kam auf das Gemeinwesen ebenso von außen zu wie die Polis der Götter. Das war eine objektive Orientierung und aus ihr entsprang zum einen der Polytheismus, zum andern die technische Fertigkeit. Was im Leben des Gemeinwesens praktisch geschieht, nötigt es nach und nach zu einer Rationalisierung des mythischen Gesetzes. Daran versuchen sich Solon und später Platon und Aristoteles, und diese Versuche finden ihr Ende in der Krise der attischen Demokratie. Unter Alexander dem Großen wird der Umfang des Begriffs Polis wesentlich erweitert. Jetzt ist es schon nicht mehr nur ein mythisch-kosmischer Gedanke, sondern ein *kosmopolitisches* Konzept, über welches militärisch und politisch sehr real nachgedacht wird: das Gemeinwesen, wie es Alexander in seinen Weltherrschaftsplänen verstanden wissen wollte, sollte eine Art Zentrum sein zwischen der Großwelt des Kosmos, in die der Mensch auf unabänderliche Weise hineingestellt ist, und der Kleinwelt des Menschlichen. Es sollte die leeren Räume ausfüllen, in denen sich der Mensch ohne Vermittlung der Politik verlieren würde.

Alexander ist gescheitert. Und auch Griechenland wurde schließlich geschlagen. Der Sieger übernimmt die Ideen des Besiegten und wandelt sie nach seinen eigenen Bedürfnissen und unter dem Druck der Tatsachen um. Im römischen Imperium sieht man im ganzen Kosmos nur noch eine Analogie für das römische Gemeinwesen. Dessen Gesetze sind auch seine Gesetze oder sollen es doch sein. Ein Gleichnis für die Gesetze des Kosmos aber finden wir im Bilde des harmonisch funktionierenden menschlichen Organismus.
Aber die Macht Roms in der hellenistischen Welt verfällt, die kosmopolitische Idee entfernt sich immer mehr von der politischen Wirklichkeit. Und im gleichen Maß erweist sich die Idee als unsinnig, die Wirklichkeit aber als durchaus irdisch. Der Abgrund der Geschichte tut sich auf.
Das Christentum, das sich auf derselben politischen und sozialen Grundlage ausweitet, macht nun aber eine genau gegenläufige Entwicklung durch: es schreitet über die engen Grenzen Israels hinaus, es gewinnt nicht nur unter den Juden an Boden, sondern auch unter den Heiden, es schlägt Wurzeln im ganzen Imperium und vor allem in dessen Zentrum. Mag es davon wissen oder nicht, mag es dies wollen oder nicht, es wird kosmopolitisch. Die Geschicke des Christentums fallen mehr und mehr mit denen des Imperiums zusammen und umgekehrt. Der Christ der ersten Jahrhunderte besitzt irgendwo im Grunde seines Wesens noch das tiefe Verständnis Israels für die Geschichte und für die aus Liebe zu vollziehenden Entscheidungen. Aber die Tat, die dort entspringt, muß sich auseinandersetzen mit dem realen Kosmos der Politik und der jeweiligen politischen Machtverhältnisse. Der Christ sieht sich genötigt, über die Folgen seines Tuns nachzudenken und über die Verantwortung, die er damit auf sich nimmt. Die Idee der Geschichte als der Zeit; die Idee des Kosmos als des Raumes; der Konflikt zwischen Liebe und Macht: *das sind die Probleme der Kirche.*
Das Mailänder Edikt von 313 schafft für die Lösung dieses Konflikts eine neue Lage. Das Christentum tritt in die Konstantinische Ära ein.
Das Ereignis hat Folgen, die unausweichlich sind: die bisher verfolgte Kirche wird zur Reichskirche; das Konzil von Nicäa formuliert 325 den verbindlichen Kanon der Dogmen und kon-

stituiert so von Rechts wegen die Theologie. Und 413 beginnt Augustin das erste seiner 22 Bücher vom Gottesstaat zu schreiben.

5

Wer war nun Augustin?
War er ein vom Erlebnis des Todes durch und durch erschütterter Mensch oder ein Realpolitiker der römischen Kirche? Hatte er eine Seele, die nach Gott schmachtete – oder war er eine Autorität als Kirchenvater, der eine Rechtfertigung für die Machtausübung des Staates und für militärische Gewalttaten sucht? Sollen wir ihn als einen der Begründer der philosophischen Anthropologie ansehen, der mit einem leidenschaftlichen Herzen und unvergleichlichem Pathos einen Aufriß des Dramas der menschlichen Existenz liefert? Oder ist er nicht eher der erste politische Ideologe der Kirche? Was von alledem ist er eigentlich?
In Augustins Persönlichkeit treffen, ja prallen mit ungewöhnlicher Heftigkeit und Schärfe zwei extreme Positionen des nachkonstantinischen Christentums aufeinander, deren jede ihre eigene Prägung hat und sich auf ganz verschiedene geistige und kulturelle Überlieferungen beruft: auf die antike und auf die jüdische. Zwar ist deren konkrete historische Gestalt im Vergleich zu dem ursprünglichen Muster beachtlich verändert: an die Stelle des statischen antiken Konzepts vom Raum ist jetzt die hellenistische kosmopolitische Idee getreten; die dynamische jüdische Konzeption von der Zeit als Anruf zur Entscheidung für eine geschichtliche Tat hat sich zu der den Glaubensanspruch absolut setzenden Transzendenz entwikkelt, so daß das erschütterte Individuum nur mit Hilfe seines Glaubens über den Horizont des Todes hinausschreiten kann. Es gibt keinen Übergang von einer Position zur anderen: gibt man der einen den Vorzug, so verstümmelt man die zweite; hebt man die zweite hervor, so verkümmert die erste. Ein Christentum mit politischem Ehrgeiz, das sich mit der weltlichen Macht verbündet, versündigt sich, ob es will oder nicht, am Glauben und ruft dessen Protest hervor. Wer aber in die Welt des Glaubens und der subjektiven religiösen Transzendenz flüchtet, der entfremdet sich der Welt und zählt nicht

mehr in ihr. Das ist das Dilemma des nachkonstantinischen Christentums.

Augustins Versuch, dieses Dilemma zu überwinden, ist vergeblich. Er wird vom Gedanken an den Tod erschüttert, weil er ein Realpolitiker ist. Er ist Realpolitiker, weil er vom Gedanken an den Tod erschüttert ist. Er ist dieses und jenes zugleich: er ist eine »unselige Stätte«. Er zerreißt, was ursprünglich eine Einheit bildete: der aus leidenschaftlicher Liebe gefaßte Entschluß zur Tat wird reduziert zum leidenschaftlichen Glauben an die LIEBE; der HERR als in die Gegenwart hineinsprechender Anruf verwandelt sich in Christus, der zum Himmel aufgefahren ist, in einen transzendenten Gott, in einen geheimnisvollen Gegenstand. Vom Risiko der Tat bleibt nur die Erschütterung durch den Tod. Der gelebte und lebendige monistische Glaube wandelt sich zur dualistischen Theologie vom Menschen und von Gott, von Seele und Körper, Leben und Tod. Die gefährliche Dynamik der Geschichte wird ausgetauscht gegen die Wiederherstellung der kosmischen Ordnung durch das Christentum; der Mensch freilich muß hier wie da sterben.

Augustin ist *ein Porträt der Kirche in Zeit und Raum;* er ist ein Kirchenvater.

Gibt es einen Ausweg aus diesem Dilemma? Einen Ausweg, den man christlich nennen könnte? Es steht mir nicht zu, darüber zu befinden. Dennoch scheint mir, daß es einen solchen Ausweg gibt. Er bestünde darin, erneut zurückzukehren zu dem Anruf, den Jesus und die Apokalypse aussprechen. *Erneut* zurückzukehren: das hieße, daß sowohl die kosmopolitische Orientierung des Christentums als auch die den Glaubensanspruch absolut setzende Erschütterung durch den Tod *überwunden* werden müßte; das hieße, daß dem Christen jene entschiedene Leidenschaft zur Tat aus Liebe wiedergegeben werden müßte, die den Menschen den Schoß der Zukunft aufbricht und, wenn nicht den Tod, so doch die Todesfurcht überwindet.

Irgendwo hier, an dieser nicht mehr unseligen Stätte, können wir, Atheisten und Christen, einander begegnen.

Thomas

Intellekt und Glaube

1

»Zu Beginn des Jahres 1225 (dies ist wohl die zutreffendste Datierung) wurde nahe von Neapel auf der Burg Roccasecca dem Grafen Landolf von Aquin und seiner Gattin Theodora von Theat der siebente und letzte Sohn Thomas geboren. Sein Vater entstammte dem hohen lombardischen Adel, seine Großmutter väterlicherseits, Franziska von Schwaben, war eine Schwester des Kaisers Friedrich Barbarossa; seine Mutter war Angehörige eines Geschlechts normannischer Heerführer. In diesem Kinde begegneten und ergänzten einander die Gaben des Nordens und des Südens, das Erbe einer langen Reihe erhabener Vorfahren, und schufen einen Körper von bewundernswerter Harmonie, ausersehen zum Werkzeug einer Intelligenz, die alle anderen Intelligenzen überragte, und zugleich einer Weisheit, die Einheit zu schaffen vermochte. Er kam zur Welt zu Anfang eines Jahrhunderts, in dem die bereits bedrohte und – was nicht zu verwundern war – ins Wanken geratene christliche Bildung sich wieder aufrichten und ihre kostbarsten Früchte tragen sollte. Zwar wüten unermeßliche Stürme, aber sie sind trotz allem von der Zucht des Geistes in Botmäßigkeit gehalten, Krieg, Politik, Poesie, Religion, der Zweikampf von Kaiser und Papst, die Macht der Feudalherren und die Macht der Kirche, der Stolz der Burgen, die Tugendhaftigkeit der Heiligen, das alles kommt zusammen, so daß Thomas im machtvollsten und zugleich widrigsten Augenblick der mittelalterlichen Menschheit auftaucht. Seine Mutter tut alles, um zu verhüten, daß er dem Willen Gottes gehorche; aber sie ist selbst eine Frau von höchster Tugend und Enthaltsamkeit; seine Brüder würden ihn lieber zu einer Todsünde verleiten, als daß sie ihn als Bettelmönch herumlaufen sähen, seine Schwester Theodora, die Gräfin von Sanseverin, vollbringt ihr ganzes Leben lang Taten der Barmherzigkeit und Buße und hinterläßt die Erinnerung an eine Heilige. Einmal, als die Amme den kleinen Tommaso baden will, hält das Kind ein Stück Pergament ganz fest in der Hand und will es um keinen Preis loslassen. Der Kleine fängt so sehr zu weinen an, daß nichts übrig bleibt, als ihn mit seiner geballten Faust zu baden. Da kommt die Mutter herbei. Trotz seines Schreiens und Brüllens öffnet sie seine Hand mit Gewalt und findet, daß auf dem Pergament der Englische Gruß aufgezeichnet ist.«[1]

1 J. Maritain, zitiert nach der tschechischen Ausgabe »Vybrané stati filosofické«, Prag 1931.

Der moderne katholische Autor läßt uns in dem Stil seiner Erzählung auf raffinierte Art die eindrucksvolle Schlichtheit naiver Heiligenlegenden nachempfinden. Thomas ist jedoch weit über solche Legenden erhaben: was wir vom Leben dieses gelehrten Scholastikers wissen, ist recht farblos. Sicher ist nur, daß er Theologie an der Universität von Neapel studiert hat. In den Vierzigerjahren des dreizehnten Jahrhunderts tritt er trotz des Widerstands seiner Eltern, die ihn eine geraume Zeit von der Umwelt abgeschlossen halten, in den Dominikanerorden ein. Es gelingt ihm zu fliehen, zuerst nach Neapel, dann nach Paris und schließlich nach Köln, wo er unter der Anleitung des Albert von Bolstedt seine Studien beendet. Sein weiteres Leben verläuft zwischen der Pariser Universität und Rom. Es ist angefüllt mit theologischer Arbeit und Zwistigkeiten. Die Werke, die in dieser fruchtbaren Zeit seines Lebens entstehen, haben »das Gewicht eines Pferdes«; sie sind streitbar und werden heftig angegriffen. Thomas stirbt noch nicht ganz fünfzig Jahre alt.
Die Philosophie und Theologie, die er hinterläßt, wird bald nach seinem Tod zur offiziellen Doktrin der Kirche. Sie erlebt Jahre eines leuchtenden Aufschwungs und eines akademischen Niedergangs. Selber eine der Früchte der scholastischen Gelehrsamkeit, gerät sie zwischen deren Mahlsteine und wird von diesen so zermahlen, daß sie ganz unverdaulich wird. Schon scheint es, daß sie am Ende sei.
Und dennoch nimmt ihr Einfluß noch jahrzehntelang sowohl innerhalb wie außerhalb der römisch-katholischen Kirche zu. Sie wird mit dem hehren Namen »philosophia perennis« geehrt, einer Philosophie, die die Zeiten überdauert und geeignet ist, zum geistigen Rückhalt für alles und alle zu werden. Ihr streng in sich geschlossenes gotisches System beinhaltet mehr, als die späteren nach allen Seiten auseinanderfließenden Philosophen wahrhaben wollen; aber doch wiederum nicht so viel, daß die Erdbeben der Zeitläufe nicht auch ihr Gewölbe bedrohen. Für die Humanisten des vergangenen Jahrhunderts gehörte Thomas restlos zu jener Zeit »ehe es hell wurde«; sie betrachteten seine Philosophie als eine Leiche mit geschminkten Wangen, auf denen man die Spuren des Todes verwischt hatte, so daß sie gleichsam lebendig erschien, obwohl sie schon stank.

Auch die Marxisten, sofern sie nicht schon die Grenze der nur von der Aufklärung diktierten Gegnerschaft hinter sich gelassen hatten, sahen und empfanden die Gestalt und das Werk des Thomas nicht anders. Seine »Summa« kam ihnen ausgeklügelt und abstrus vor. Hunderte von Fragen, die in Unterfragen aufgegliedert werden, die ihrerseits wiederum in Tausende von Abschnitten und Unterabschnitten zerfallen; ein wirres, schwerfälliges System, überfrachtet mit terminologischen Umschreibungen und einem kasuistischen Für und Wider in den Begründungen; ungezählte Rückverweise auf die »Heilige Schrift« und »andere Autoritäten«; ein Gemisch von magischen Phantasien und sinnwidrigen Märchen. Dennoch aber begegneten sie ihr wieder und wieder im Leben und in den Kämpfen und lernten sie als eine Lehre kennen, welche sich wandelt und dadurch lebendig bleibt.
Wie kann es geschehen, daß der Geist des Mittelalters sich in die Auseinandersetzungen unserer Tage einmengt?

2

Mittelalter? Wer es an den Ergebnissen der allgemeinen Bildung mißt, meint hier in der Geschichte einen dunklen Schlund zu sehen, ein stehendes, sumpfiges Gewässer, über welchem Nebelstreifen wallen, die nur ganz schwach von dem aufblitzenden Leuchten kleiner Irrlichter inmitten giftiger Schwefeldämpfe erhellt werden. Aus diesem mittelalterlichen »Smog« ragen aber die Türme der romanischen Basiliken und die Spitzhelme gotischer Dome heraus. Ist das nur eine längst schon ausgekühlte Architektur? Oder sind etwa die Kathedralen die architektonische Idealisierung jener Ordnung, die man, damit sie die Zeiten überdauere, in Stein gehauen hat? Ihre komplizierte Schrift vermag derjenige mit Sicherheit zu lesen, der den Begriff des Feudalismus nicht nur auf die zugrundeliegenden sozialen und ökonomischen Verhältnisse einengt; er wird dann gerade aus der Einsicht in diese Verhältnisse Verständnis dafür gewinnen, in welch bemerkenswerter Weise sich der mittelalterliche Theologe darum bemüht hat, die allgemeinen Normen und Baugesetze einer menschlichen Gemeinschaft aufzufinden, die für alle Ewigkeit Bestand haben könnte.
Anders als die gotischen Kathedralen, deren erhabene Schönheit wir auch heute nach Jahrhunderten noch immer bestau-

nen, hat der Theologe Mißerfolg geerntet. Es konnte nicht gelingen. Doch das setzt weder seinen Wagemut, noch seine Absicht in ihrem Wert herab. An Thomas kann uns die Anordnung der von ihm gestellten Fragen interessieren, keineswegs die Richtung, in die seine Antworten zielen. Aber schon das genügt, um die stereotypen Vorstellungen über ihn zu revidieren. Vor allem: Die Kirche war die einzige Institution, die der anonymen mittelalterlichen Menschheit dazu verhelfen konnte, zu einer Einsicht in Sinn und Geist ihrer allgemein menschlichen Bedeutung zu gelangen. Katholik, das bedeutet ursprünglich »der allgemeine Mensch«. Der Begriff der Allgemeinheit war freilich nicht bloß eine Idee. Er wurde konkretisiert und institutionell abgegrenzt: Katholik, das war der Mensch, der »auf die römische Formel der Heiligkeit eingeschworen«[2] war. Erst auf der Ebene der Kirche und der christlichen Religion, und zwar nur dort, wo sie in allgemeinsten Definitionen spricht, wird die Kluft zwischen dem Feudalherrn und seinem Leibeigenen überwunden. Vor die letzten und tiefsten religiösen Prinzipien treten weder der eine noch der andere als verselbständigte Individuen hin, sondern zunächst ganz allgemein menschlich und hoministisch: als Zugehörige zur Gattung Mensch. Damit ist die instrumentale Auffassung des Sklaventums überwunden, die den Sklaven nur als sprechendes Werkzeug ansieht und mitten durch die Menschheit eine Grenze zwischen menschlicher und nicht-menschlicher Welt zieht. Der Christ weiß, daß ihm ein Los zugeteilt ist. *Sumus homines.* Aber diese Zuteilung hat sich nur auf die Ebene der grundlegenden Fakten seiner Gattung erstreckt: auf Zeugung und Tod. Der Mensch tritt ins Leben als Mensch, nicht aber als ein beliebiges Werkzeug. Und er stirbt als Mensch. Das drückt die christliche Theologie durch die Lehre von der Seele, von der Erbsünde, von der Vergebung der Sünden und vom Jüngsten Gericht aus.

Aber schon das Zurweltkommen war ein Ereignis von gesellschaftlicher Bedeutung, das den Menschen für sein ganzes Leben zeichnete: war einer als Unfreier geboren, dann starb er in der Regel auch als Unfreier. Wer aber in einem adeligen Himmelbett das Licht der Welt erblickte, der errang damit un-

2 Die offizielle lateinische Formel lautet: Homo catholicus – romanae sacrorum formulae addictus.

austauschbare gesellschaftliche Vorrechte. Der Unterschied beruhte in etwas, was dem Augenschein nach gleichartig war: im Geheimnis des Blutes. Das, was hier auf geheimnisvolle Weise band und trennte, war gleichzeitig eine juristische Realität der mittelalterlichen Gesellschaft. Sie wurzelt in der Wirtschaftsverfassung. Denn die auf viele kleine Einheiten verteilte, noch nicht durch einen Markt zusammengeschlossene Naturalwirtschaft hatte bislang die Möglichkeit ausgeschlossen, von der Sachwelt her ein allgemeines menschliches Band zu schaffen. Das Arbeitserzeugnis der Unfreien geriet nicht in den Kreislauf der Tauschbeziehungen, in denen der Hersteller zunächst sich selbst hätte objektiver bewerten und dann auch sein eigenes Interesse und seine eigene Bedeutung enthüllen können. Der Mensch, ob Unfreier oder Majoratsherr, ist eine bloße Zutat zum Grund und Boden, er gehört zu ihm und wird mit ihm »weitervererbt«. Hier ist noch kein Sacheigentum erkennbar, sondern ein geheimnisvoller, geheiligter Verband, etwas Sakrales. Des Menschen Los erscheint den Unfreien genauso wie den Herren als ein Mysterium. Schauen wir uns die darstellende Kunst jener Zeit an, dann sehen wir, daß das unfreie Volk »objektiv« abgebildet wird, nicht als Subjekt eines Werkes oder der Geschichte, sondern als Gegenstand seines Herrn, der es mit Wohlwollen und Zuneigung betrachtet. Aber auch umgekehrt gilt: für den Unfreien ist sein Herr oder andere Herren keine ausgeprägte Persönlichkeit mit individuellen Gesichtszügen. Sie sind ihm begreifbar und nahe nur als Träger zugeteilter Funktionen und Würden. Für den Unfreien hat wesentliche Bedeutung die Farbe des Herrn, sein Wappen, die Ehrenbezeugungen, die ihm gebühren und die seine gesellschaftliche Stellung bestimmen. Die Bindungen sind hier unmittelbarer, einsinnig in Brutalität und Freundlichkeit; eine organische Beziehung, Ergebenheit, Gemüt. Deshalb gibt es hier auch noch kein politisches Regiment im späteren modernen Sinn.

»Im Mittelalter ist Volksleben und Staatsleben identisch. Der Mensch ist das wirkliche Prinzip des Staats, aber der *unfreie* Mensch. Es ist also die Demokratie der Unfreiheit, die durchgeführte Entfremdung.«[3] Die Katholizität und ihre Personifika-

3 K. Marx, Kritik der Hegelschen Staatsphilosophie, in: Die Frühschriften, herausgegeben von S. Landshut, S. 50.

tion – die Kirche – ist ein Reflex dieser Sachverhalte, innerhalb deren das Profane sicher im Sakralen geborgen ist. Die christliche Religion ist die einzige damals gegebene Sphäre einer allgemein menschlichen Verständigungsmöglichkeit. Die wirklichen Bezüge, noch nicht zur Sichtbarkeit erweckt, sind Chiffren für Geheimnisse, die das Gemüt in Unruhe versetzen. Die sinnenhaft anschaulichen Symbole des Bluts, das zur Erlösung der Menschheit vergossen wurde, und des Leibes, der, obwohl getötet, dennoch wieder zum Leben erwachte und zum Himmel auffuhr, ließen den Menschen undeutlich ahnen, wer er eigentlich sei. Sie waren eine Form seiner hominististischen Selbstbesinnung. Es war also eine Entfremdung, aber keine gewaltsame, sie wurde hingenommen als ein Geheimnis des Verbundenseins von Natur und Mensch, einer inneren Ordnung, durch die sich das erschöpfte Leben erneuert, das so wie Christus immer wieder aus modrigen Grüften aufersteht. Noch ist die Welt heilig. Gewiß, sie hat schon Risse, aber sie ist noch nicht von ihnen bedroht. Ihr Gefüge steht noch fest und ist überschaubar. Es ist ein logisches und zugleich ein »schönes« Gebäude.
Sein Chefkonstrukteur ist Thomas. Er begreift zu seiner Zeit, was not tut.

3

In dem Augenblick, da vierhundert Jahre nach dem Fall des römischen Reiches das Christentum ins Gesichtsfeld der Menschheit tritt, liegen hinter ihm die Trümmer der alten Welt, durch die es die Vorstellung von der »civitas humana« hindurchgetragen hat. Was vor ihm liegt, davon ahnt es noch nichts.
Die Mönche und die Kirchenmänner sind inmitten der allgemeinen Barbarei nahezu die einzigen, die lesen und schreiben können und ein bestimmtes Wissen von der Kultivierung des Bodens und von der Politik haben. Ihr Wirken spielt sich in der Abgeschiedenheit der Klöster und auf den Königshöfen ab. Sie kopieren alte Texte und unterrichten vornehme Jünglinge. Sie grübeln darüber nach, wie man Mission unter Barbaren treiben solle, sie hecken hinter den Kulissen herrschaftlicher Gemächer frappierende Winkelzüge aus, die zu Erfolgen füh-

ren, sie segnen die Schwerter. Was eine weit entfernte Zukunft ihnen dermaleinst vorwerfen wird, das ficht sie nicht an. Schottland, Frankreich, Deutschland. Auxerre, Cluny, Paris, Chartres, Fulda, St. Gallen – überall sind hier Zentren der christlichen Aktivität.

Zwei oder drei Jahrhunderte später konsolidieren sich die wirtschaftlichen und politischen Verhältnisse ein wenig und es kommt zu Auseinandersetzungen zwischen den beiden Partnern, die an der Macht sind: der Kirche und dem Kaiser. Noch ist es weit bis zu jener Zeit, da Petri Stuhl in seinen Grundfesten erschüttert wird; die römische Kirche verfügt über eine Idee, welche die rohen Vorstellungen der ungebärdigen weltlichen Herrscher himmelweit überragt. Ihre Kreuzesfahne lodert über Europa, unter ihrem Zeichen ziehen die bewaffneten Massen aus, um den Glauben an Christus zu verbreiten, ihn gegen die unchristlichen Hunde zu verteidigen; es ziehen sie freilich auch Beutemacherei und Raub an. Der Geschichtsschreiber wird über die Ströme von Blut berichten, die in den Kreuzzügen flossen, über die teuflischen Hintergründe der Parteizwistigkeiten zwischen Guelfen und Ghibellinen, über Königsmorde, Mätressen der Bischöfe, Folterkammern der Klöster. Doch die Wahrheit läßt sich nicht aus historischen Anekdoten zusammensetzen. Sofern der Geschichtsschreiber darüber nicht hinausgeht, wird der Gedanke, dessen Reichweite er nicht begriffen hat, ihm fremd bleiben.

Als die Schergen des Fulbert in grauer mittelalterlicher Vorzeit sich nächtlicherweile des Abälard bemächtigten und ihn beim Schein von Kienholzfackeln entmannten, vollbrachten sie damit eine durchaus symbolische Tat: sie stießen den empörerischen Menschen, der als Individuum für sich ganz allein, *ein* Mann für *eine einzige* Frau sein wollte, zurück in die nicht unterscheidbare Gleichgesichtigkeit, auf der die mittelalterliche Ordnung beruhte und mit der sie fiel.

Sich abzuheben, über die Oberfläche der Katholizität aufzutauchen, das bedeutete den Versuch, sich dem gemeinschaftlichen Schicksal zu entwinden und ihm den Rücken zu kehren. Der Streit um die sogenannten Universalien – darum, ob wir in der Person Adams deshalb gesündigt haben, weil wir den allgemeinen Namen Mensch tragen, oder deshalb, weil wir in ihm bereits realiter enthalten waren – war nicht eine bloße

Überheblichkeit der scholastischen Disputationen. Er hatte für das Wohlergehen der damaligen Gesellschaft lebenswichtige Bedeutung. Man führte ihn um die Frage, ob die Autorität der Kirche weiter fortdauern werde, die allein weiß, wessen die Welt bedarf – oder ob der noch in den Kinderschuhen stekkende Verstand sich alles dessen bemächtigen und seine Herrschaft ausrufen würde wie ein noch nicht erwachsener Tyrann, der im Grunde nicht weiß, was er will, und die Dinge zur Katastrophe treibt. Diese Welt, die eben erst bösen Verwirrungen entronnen war, brauchte unbedingt eine Ordnung. Das Christentum ist zu jener Zeit die einzige Macht, die jahrhundertelang an dem Modell dieser Ordnung arbeitet: am Reich Gottes. Was hat der Verstand dagegen zu bieten? Wir brauchen uns nur in die Problematik jener Epoche hineinzudenken, um zu begreifen, daß damals nur sehr wenige Unterlagen vorhanden waren, um seine Ansprüche zu stützen. In diese Arena der Auseinandersetzungen schreitet Thomas.

Anfänglich ohne allen Erfolg. Die bisherige Scholastik war nämlich auf seine anspruchsvolle Lösung theoretisch gar nicht genügend vorbereitet. Das von Jesus angekündigte »Reich Gottes« als Frucht einer Entscheidung, einer radikalen Wahl und Tat, hatte sich in Raum und Zeit entfernt und war in zwei Teile zerfallen, in dieses und jenes Reich, in die diesseitige und die jenseitige Welt. Jesus Christus personifizierte das Bindeglied zwischen diesen beiden Reichen und die Sehnsucht des gespaltenen Menschen nach Einheit. Eine Theologie, die in diesem Augenblick aufkommt, kann nichts anderes tun, als auszuprobieren, welche Wege gangbar sind. Für die Kirchenväter der ersten christlichen Jahrhunderte, die noch gegen das klassische Heidentum auf der Hut sein mußten und zugleich den Einflüssen des Hellenismus preisgegeben waren, hatte es nur eine Möglichkeit gegeben: Glauben, Glauben ungeachtet aller Einwände und Überlegungen des Verstandes ... da hören wir, wie aus weiter Ferne, einen letzten verklingenden Widerhall des großen Geistes von Israel. Nicht anders steht es bei Augustin. Bei ihm kommt die Nötigung hinzu, die Kirche, diese Einrichtung für irdisches und jenseitiges Heil, zu festigen; er erklärt: »Nicht einmal dem Evangelium würde ich glauben, wenn mich nicht die Autorität der katholischen Kirche dazu anhielte.«

Später schwächt sich der erste von Stimmungen gespeiste Widerstand gegen die antike Bildung ab und in verhältnismäßig ruhigen Zeitabschnitten haben die Theologen Muße, die Werke zu studieren, die dem Verstand und der Bildung der Antike entsprungen waren. So gelangen sie gleich dem »letzten Römer« Boethius über Plotin zu Platon und Aristoteles und fangen an, ihren ursprünglich negativen Standpunkt zu überprüfen. Die stille Gedankenarbeit in den Klöstern trägt gleichfalls ihre Früchte. Die Kirchenmänner ahnen etwas davon, daß in den komplizierten Verhältnissen der Welt, die erst langsam ihr Gesicht findet, der schlichte Glaube der Väter nicht mehr genügt, wenn er auch als Grundlage und Voraussetzung der Ordnung, die aufgerichtet werden muß, unerläßlich ist. *Anselm* von Canterbury (11. Jhdt.) weiß, daß der katholische, d. h. der allen gemeinsame Glaube an das Reich Gottes der Ausgangspunkt für jegliche fruchtbare Verstandesarbeit ist und die geistige Sphäre darstellt, in die jede Einzelheit sinnvoll eingeordnet und mit allem anderen in Beziehung gebracht werden kann. Versteht man die Beziehung zwischen Verstand und Glauben so, dann hat sie nur sehr wenig Gemeinsames mit jenem Verhältnis, auf welches die spätere Epoche des Individualismus und Rationalismus so empfindlich und gereizt reagiert. Hier würde wohl noch niemandem der Gedanke kommen, daß der Verstand in der Botmäßigkeit des Glaubens und in der Ausweglosigkeit dieses Konfliktes zusammenbrechen könnte. Ein kirchlicher Theologe des christlichen Mittelalters ist als Mensch gesellschaftlich engagiert; ihm steht die Kirche als eine Macht vor Augen, die fähig ist, die Menschenwelt universell zu gestalten und mit ihrer Ordnungskraft eine Gesellschaft zu prägen, die immer noch unter den Folgen der Erschütterungen leidet und nur mühselig zusammengehalten wird. Er sieht in der Kirche die geistige Kraft, die »weiß« – vom Glauben her weiß – und sich zur Verantwortung berufen fühlt. Zwar wird sein praktisches Wirken von Interessen und Betätigungen begleitet, die mit seiner Sendung nur den Namen gemeinsam haben, wie das immer der Fall ist, wenn sich irgendeine abgegrenzte Gemeinschaft engagiert. Aber das sollte uns nicht verführen, das Wesen der Sache zu verzeichnen. Wenn wir nicht spätere Probleme in diese Zeit hineinprojizieren wollen, dann werden wir uns nicht damit begnügen dürfen, sie nur in ironischer Weise zu bewerten und davon zu sprechen, daß das Mittelalter den Verstand dem Glauben unterworfen und die Philosophie als Magd der Theologie betrachtet habe. Das war zu jener Zeit ein fortschrittlicher Vorgang, wenn das auch für einen rationalistischen Kritiker ganz unglaublich klingt. Thomas aber war zugleich Gipfelpunkt und äußerste Grenzlinie dieses Vorgangs.

Im Unterschied zu seinen theologischen Zeitgenossen aus der Schule der Augustiner und Franziskaner, die hin und her schwankten zwischen einer sehr unvollkommenen Kenntnis Platons und Aristoteles' auf der einen Seite und der Evangelien auf der anderen, ist Thomas der erste wirkliche Aristoteliker der Christenheit. Im Unterschied zu denen, die aus der Sackgasse der scholastischen Philosophie einen rein rationalen oder einen rein mystischen Ausweg suchten – ein solcher Ausweg konnte in der gegebenen Situation nichts anderes als die Schneise in einem undurchsichtigen Dickicht von Beziehungen sein, von der niemand sagen konnte, wohin sie führen werde –, ist Thomas ein Denker und Theologe, der weiß, was der Verstand vermag und was er im Rahmen der Glaubenslehren zu vollbringen hat. Das Verhältnis zwischen den beiden ist für ihn eindeutig bestimmt: er fordert einen Glauben, der intellektuell so viel zu leisten imstande ist, um durch die Ordnung der Wirklichkeit hindurchzudringen und für diese Ordnung ein verbindliches Modell abzuleiten.

In Aristoteles trifft er auf den Philosophen, der als erster einen Blick dafür hatte, daß die kosmische Ordnung vertikal angelegt ist, der ihre kausalen Bindeglieder, Nahtstellen und Übergänge fand und einen Hinweis darauf gab, daß im Kosmos alles harmonisch ausgewogen ist, vom reinen Stoff, der eine bloße Möglichkeit darstellt, bis zur reinen Form, die lautere Wirklichkeit ist. Das Studium des Aristoteles, der damals schon fast vollständig übersetzt war, führte Thomas zu dem Schluß, daß den Kern seiner Philosophie ein einzigartiger kosmo*logischer* Gedanke bildet, der imstande ist, jenen angsteinflößenden Raum der Geschichte auszufüllen und zu gliedern, mit dessen Vorstellung sich der christliche Glaube innerlich herumschlägt und unter dessen Wucht er in seiner Einsamkeit zusammenbricht.

Thomas ist von Aristoteles hingerissen. Gleichzeitig empfindet er allerdings, daß ihm etwas fehlt, was dem mittelalterlichen Menschen der religiöse Glaube, bzw. dem Theologen die Theologie vermittelt – die »Schönheit«[4], das Geworfensein in die Zeit, der Fluch über allem Irdischen, die Disharmonie, die der Mensch allem zum Trotz in sich trägt und die in dem harmonisierenden Bemühen des Aristoteles keinen Platz fand. Der Thomismus ist einer der ersten großen Versuche, die beiden Grunddimensionen des Menschen zu verbinden und miteinander in Einklang zu bringen: die kosmische und die geschichtliche, und aus ihnen ein Modell zu schaffen für eine Ordnung, die man als endgültige Lösung ansehen könnte. Dem Versuch war kein Erfolg beschieden.

Aristoteles ist außerstande, den ganzen Bereich des Glaubens auszufüllen. Mag sein, daß er uns dabei helfen kann, den Raum durch Hierarchien von Gefügen zu gliedern, von unten nach oben, von der Erde bis zu den Thronen der Himmel. Immer aber bleibt für den gläubigen Menschen eine Stelle übrig, auf den er in dieser allzu gefestigten Ordnung an seinem Posten wiederum allein bleibt und seine Verlassenheit in den Kosmos hinausruft. Dann stürzt der kunstvolle Bau wie ein Kartenhaus zusammen und alle Verstandesbeweise, daß er Dauer besitze, verlieren ihren Sinn. Der Mensch wendet sich in sein Inneres zurück, an die Stellen, wo es am abgründigsten ist, und findet dort nur sich selbst, ausgeliefert, elend und – bar allen Glaubens.

Der Thomismus weiß das; deshalb verläßt er sich so sehr auf die äußere Macht einer unwandelbaren Hierarchie. Er will ein sozialpolitisches Gefüge konstruieren, das die Zeiten überdauert, obgleich diese Konstruktion stets nur für die jetzt gegebene Zeit gelten kann. Ganz ausgerichtet auf objektive Ordnung und darauf, diese mit dem Intellekt zu durchdringen, verliert der Thomismus schließlich das Fingerspitzengefühl dafür, was der Mensch in seinem Inneren wirklich braucht. Der

4 Im Gegensatz zu der kurz zuvor gekennzeichneten »Schönheit« des antiken heidnischen Kosmos, die sich dem Autor als kühle, äußerlich geordnete und überschaubare Logik darstellt (s. S. 82), ist das, was das Christentum unter »Schönheit« versteht, im Sinn des Autors etwas durchaus anderes: Das Ringen mit der Zeit, das vom Menschen unter eigenem Risiko zu Erschaffende, das Engagiertsein, der entflammte Eifer – und eben dafür hat Aristoteles kein Organ (Anm. d. Übers.).

Seele, welche Fragen stellt oder sich in Verzweiflung verlassen fühlt, will er die verlorene Helle dadurch wiederbringen, daß er ihr mit Worten Zuspruch gibt, die im besten Fall den Sinn für architektonische Kunstfertigkeit ansprechen. Als ob den verkümmerten Glauben die erstorbene Hoffnung und Liebe Beweise zufriedenstellen könnten, daß Gott außerhalb sei, entfernt, gegenständlich wie ein Stein oder wie die Nacht!
Der Glaube des Christen ist doch, wenn wir zu den Wurzeln hinabsteigen, ursprünglich vielmehr ein Akt der Wahl und der Entscheidung, hier und jetzt, einer Entscheidung, in der das ganze Wesen des Menschen durch die Tat den Schoß des Morgen und einen neuen Raum aufbricht. In diesem Augenblick ist der Widerstreit zwischen dem, was verstandesgemäß und logisch ist, und dem, was der Verstand nicht erfaßt, nur sehr klein: er ist ein Moment der praktischen Dynamik. Das Gemüt ist im Raum nicht verloren, der Verstand ruft nicht umsonst. Dem Thomismus fehlt die Aufgeschlossenheit. Er wird stets ein Hindernis für die Art von Glauben sein, der einen lebendigen Sinn für das Los des Menschen hat.

4

Thomas so anzusehen, das bedeutet keinesfalls, ihn irgendwohin an den Rand der Geschichte des menschlichen Denkens und Geisteslebens abzuschieben. Für den Marxisten ist Marxens philosophischer Materialismus kein Selbstzweck und noch weniger ein oberster Schiedsrichter, der das, was der Geist in der Geschichte hervorgebracht hat, nur an sich selbst mäße. Der marxistische Materialismus ist daran interessiert, die historische Berechtigung jeder einzelnen in der Entwicklung erreichten Stufe und damit selbstverständlich auch die Grenzen dieser Berechtigung festzustellen. Er erforscht angelegentlich alles, was unter den geschichtlich unausweichlichen Bedingungen eine Ordnung aufzurichten versuchte, die dem Dasein des Menschen auf dieser Erde festen Grund gäbe. Er meint nämlich – und, wie es scheint, mit gutem Recht –, daß man in jedem solchen Versuch etwas entdecken kann, was der Aufmerksamkeit wert ist und was man weder übersehen noch vergessen sollte.
An der Grenzscheide zweier Epochen, wenn die alten Ordnun-

gen zerfallen und neue sich noch nicht gebildet haben, kommt offenbar alles darauf an, in der Dimension von Jahrtausenden zu denken. Dies scheint mir in bezug auf den Kommunismus keineswegs eine übertriebene Forderung zu sein.
Thomas hat sich darum in seiner Zeit bemüht. Schon deshalb sollte er uns fesseln. Der Aquinate hat freilich nicht alle Fragen gestellt, auf die wir eine Antwort suchen. Und dennoch – manchmal scheint es, als flimmerten sie alle bereits im Farbenspiel der Lichtbrechung an den Kanten dieses allzu rational in Hunderte von Fragen, Tausende von Unterfragen, in »pro« und »contra« durchkonstruierten Systems.
Wir lehnen den Thomismus ab, weil er ein kosmisches und theistisches Ordnungskonzept besitzt. Wir sind aber dafür, daß er verantwortungsbewußt studiert werde – eben wegen dieses Konzepts. Dies ist unser »pro« und unser »contra«.

Pascal

Das »Unendlich« der Mathematik und des Menschen

1

Wenn die Schulkinder eintreten in die rätselvolle Welt der Physis, der Natur, dann lernen sie gleich am Anfang den folgenden Lehrsatz:

Der Druck, der in einer Flüssigkeit oder in einem Gas übertragen wird, ist an allen Stellen der Flüssigkeit oder des Gases der gleiche, ist von der Richtung unabhängig und breitet sich gleichförmig nach allen Richtungen aus.

Das ist das Druckgesetz Pascals.
Später, bereits als Studenten, eignen sie sich in der darstellenden Geometrie die Einsichten Pascals über das Sechseck und über die Geraden an. Der große Mathematiker und Physiker hat sie mit sechzehn Jahren formuliert.
Noch später begegnen sie ihm erneut beim Studium der Wahrscheinlichkeits- und Infinitesimalrechnung. Sie gewinnen so gewissermaßen einen Begriff des Zufalls und des Unendlichen.
In die Geheimnisse der Natur vertieft und voll leidenschaftlicher Begierde, ihr aus Gegenständen zusammengesetztes System zu beherrschen, schaffen sie die künstliche Welt der Technik. Wahrscheinlich werden sie niemals mehr erfahren, daß Pascal auch das folgende geschrieben hat:

»Seht, wohin uns die natürlichen Erkenntnisse führen: Wenn sie nicht wahr sind, gibt es keine Wahrheit im Menschen; wenn sie es sind, findet er darin einen ernsten Anlaß zur Demütigung: So ist er in beiden Fällen gezwungen, sich zu demütigen . . .
Der Mensch betrachte also die ganze Natur in ihrer Größe und vollen Majestät; er wende seinen Blick ab von den niedrigen Gegenständen, die ihn umgeben. Er betrachte jenes strahlende Licht, das aufgehängt ist wie eine ewige Lampe, das Weltall zu erleuchten; die Erde soll ihm wie ein Punkt erscheinen, verglichen mit der weiten Bahn, die dieser Stern zurücklegt, und er soll darüber staunen, daß selbst diese weite Bahn nur eine sehr feine Spitze ist, verglichen mit der Bahn (anderer) Sterne, die das Firmament durchziehen.

Wenn aber unser Blick da stehenbleibt, soll unsere Vorstellung noch weiter vordringen . . . Diese ganze sichtbare Welt ist nur ein kaum wahrnehmbarer Strich im weiten Schoß der Natur. Keine Vorstellung kommt ihr nahe. Wir mögen unsere Fassungskraft noch so sehr über die Grenzen dieser vorstellbaren Räume hinaus aufblasen, wir werden nur Atome hervorbringen im Vergleich zur Wirklichkeit. Diese ist eine Kugel, deren Mittelpunkt überall, deren Umfang nirgends liegt . . .
Wenn dann der Mensch zu sich selbst zurückgekehrt ist, soll er bedenken, was er selbst ist, verglichen mit dem, was sonst noch ist; er soll sich betrachten, als wäre er verirrt in diesen entlegenen Winkel der Natur; und von diesem kleinen Kerker aus, in den er sich gestellt findet – ich meine das Universum –, lerne er die Erde, die Königreiche, die Städte und sich selbst richtig bewerten. Was ist ein Mensch im Unendlichen?
Aber ich will ihm noch ein anderes, ebenso erstaunliches Wunder vor Augen stellen: Er dehne seine Forschungen auf die kleinsten Dinge aus, die er kennt . . . und er soll diese letzteren Dinge noch einmal teilen und seine Kraft in diesen Vorstellungen erschöpfen, und das letzte Objekt, das er zu erreichen vermag, soll jetzt der Gegenstand unserer Abhandlung sein: er wird vielleicht denken, er habe die äußerste Kleinheit der Natur erreicht. Ich will ihm darin einen neuen Abgrund zeigen. Ich will ihm im Inneren dieses Bruchstückes von einem Atom nicht nur das sichtbare Weltall ausmalen, sondern die Unermeßlichkeit der Natur, soweit man sie überhaupt fassen kann. Er soll darin eine Unendlichkeit von Weltallen sehen, deren jedes sein Firmament hat, seine Planeten, seine Erde . . . und wenn er immer wieder ohne Ende und ohne Ruhe das gleiche findet, soll er sich in diesen Wundern verlieren, die in ihrer Kleinheit ebenso erstaunlich sind wie jene anderen durch ihre Ausdehnung; denn wer wird nicht darüber staunen, daß unser Leib, der noch eben im Weltall nicht wahrzunehmen war, der unsichtbar war im Schoße des All, jetzt selbst ein Koloß ist, eine Welt, oder vielmehr ein All, verglichen mit dem Nichts, zu dem wir nicht vordringen können?
Wer sich so betrachtet, wird vor sich selbst erschrecken, und wenn er bedenkt, wie er in der Stoffmasse, welche die Natur ihm gegeben hat, zwischen diesen beiden Abgründen des Unendlichen und des Nichts existiert, wird er beim Anblick solcher Wunder erzittern; denn wenn seine Neugierde sich in Bewunderung verwandelt, wird er, glaube ich, geneigter sein, diese Wunder schweigend zu betrachten, als ihnen mit Anmaßung nachzuspüren.
Was ist denn schließlich der Mensch in der Natur? Ein Nichts im Hinblick auf das Unendliche, ein All im Hinblick auf das Nichts, eine Mitte zwischen dem Nichts und dem All, unendlich weit davon entfernt, die Extreme zu begreifen. Das Ende der Dinge und ihr Anfang sind in einem undurchdringlichen Geheimnis unüberwindlich für ihn verborgen. Er ist ebenso unfähig, das Nichts zu sehen, aus dem er gezogen ist, wie die Unendlichkeit, von der er verschlungen ist.
Was bleibt ihm also anderes übrig, als daß er einen Schein von der Mitte der Dinge wahrnimmt, in ewiger Verzweiflung . . . Wer kann die-

sen erstaunlichen Schritten folgen? Der Urheber dieser Wunder begreift sie. Kein anderer vermag es.«[1]

2

Ist Pascal nun ein genialer Naturwissenschaftler?
Oder ist er nur ein unsystematisch ausgebildeter Philosoph, der die Bedeutung der Skepsis begriffen hat, sie aber ablehnt?
Oder ist er ein exaltierter Theologe, der seine ausweglosen Meditationen hart am Rande der kirchlichen Orthodoxie zu Ende führt?
Er ist offensichtlich dies alles zusammen und darüber hinaus ein Mensch, der sein kurzes, glühendes Leben unter nie endenden physischen Leiden zugebracht hat, in einer Krankheit, von der ihn ein frühzeitiger Tod erlöste. Das Experiment, das ihn verzehrte, hatte das Ziel, den Abgrund der Natur, den er erkannt und erlebt hatte, von Gott ausfüllen zu lassen.
Für einen rationalistischen Kritiker der Religion ist Pascal damit abgetan. Er wird das Paradoxon, daß ein Naturwissenschaftler zugleich tiefgläubig ist, unter die unergründbaren Verkehrtheiten des menschlichen Charakters einordnen.
Wenn aber ein Marxist sich mit ihm beschäftigt, dann wird er zu Fragen geführt werden, die weit über das hinausgreifen, was jene Interpreten meinen, die in Pascal einen der Vorläufer des Existentialismus sehen. Vor seinen Augen wird ein Vertreter des Siebengestirns von Begründern der neuzeitlichen Naturwissenschaft stehen, der über die Schwelle ihrer nur gegenstandsbezogenen Fragen hinausgeschritten ist und nach dem Sinn dieses Entdeckungseifers des Menschen zu fragen begonnen hat.
Mag sein, daß ein moderner Mensch an dieser Stelle verwundert einhält: ist es überhaupt möglich, so zu fragen? Macht zu erlangen über die Natur, Herr der Natur zu werden – kann dieses Ziel, das den Kern aller naturwissenschaftlichen Bemühungen darstellt, irgendwelche Zweifel hervorrufen? Ist dieser Ehrgeiz des Menschen nicht eine seiner naturgegebenen Eigenheiten und bedroht es nicht schon seine Existenz, wenn man dahinter ein Fragezeichen setzt? Oder gibt es etwa

1 Blaise Pascal, Gedanken, übersetzt von W. Rüttenauer, 1947, Fragment 313, S. 146 ff.

auch in dieser Sphäre, in der sich der Mensch zur Geltung bringen will, Schranken, die nicht überschritten werden dürfen? Derlei Fragen führen in zweierlei Richtung. Zum einen wird uns daran gelegen sein, zu erfahren, wie der Naturwissenschaftler Pascal Gott sieht. Zum andern wird die Beschäftigung mit Pascal sich allmählich wandeln zum Studium eines Grenzfalls der Odyssee der klassischen Naturwissenschaft, wo mit ungewöhnlicher Schärfe Probleme angeschnitten werden, die sonst unter der Oberfläche verborgen bleiben.

3

Doch hören wir zuvor einen kurzen Bericht über Pascals Leben. Er wird nicht in allen Punkten endgültig sein. Schon seine ersten Biographen nutzten seine Lebensbeschreibung zur Abwehr irgendwelcher Gegner.

Aber auch spätere Forschungen, die sich von jeglicher Parteinahme freihalten, erbringen keine eindeutige Klarheit über diese maßlos leidenschaftliche Persönlichkeit. Einige Autoren zeichnen das Bild eines abgründig dämonischen Wesens, das ebenso heftig andere quälte wie sich selbst, und das wegen seiner unbestreitbaren Genialität Aufmerksamkeit auf sich lenkte, zugleich aber abstoßend wirkte durch seinen unversöhnlichen Haß gegen alles, was seinen aus Überzeugung kommenden Widerspruch hervorrief; sie zeichnen ihn als einen brutalen und explosiven Charakter.

Andere fanden bei ihm schon eine Vorahnung jener Kämpfe, die dann Kierkegaard mit so großer Heftigkeit ausficht, von denen Nietzsche geschüttelt wird, die Dostojevskijs Iwan Karamasow durchleidet. Sie fühlen sich an das existentielle Drama des Augustin erinnert, wenngleich dieses hier in andere Seelenlagen übertragen ist.

Noch andere erblicken in ihm einen entflammten Eiferer für den christlichen Glauben, ein feuriges Herz, das vom Augenblick seiner endgültigen Bekehrung an für nichts anderes mehr Sinn hat als für Christus und für das Absolute. Die offizielle katholische Kirche hält sich ihm gegenüber zurück – er war nicht in allem rechtgläubig. Für die Protestanten aber war er wiederum zu sehr Katholik.

Ein marxistischer Leser wird kaum bereit sein hinzunehmen,

daß die Geschichte eines Lebens auf ein beliebiges Moment dieses Daseins reduziert wird. In dem Gesamtbild eines Menschen, der nicht abseits steht, sondern sich aktiv an allem beteiligt, was seine Epoche bestimmt, spiegelt sich immer – in einer einzigartigen Metamorphose – die Gesamtheit der gesellschaftlichen Beziehungen, die freilich in ihren Dimensionen von anderer Art sind als das, was der Einzelne in der kurzen Spanne seiner Lebensjahre zu erleben und worauf einzuwirken er imstande ist. Pascals Leben wird deshalb für einen so eingestellten Leser eher wie ein Kristall wirken, an dessen geschliffenen Kanten und Flächen die geschichtliche Welt ihr konkretes Abbild findet, *als ein Gebilde, das gerade in dieser Art gesehen wird und nicht anders.*

Deshalb können wir einfach nicht übersehen oder mit Bemerkungen minderen Ranges darüber hinweggehen, daß Pascal seit seinen Kinderjahren, in denen er sich so eindeutig als mathematische Begabung erwies, sein ganzes Leben lang nicht aufhörte, wissenschaftlich zu arbeiten. In seinem Vaterhaus steht er unter dem Einfluß der großen Mathematiker jener Zeit, Fermat, Mersenne, Roberval; dieser Einfluß verstärkt sich, als er selbständig zu arbeiten beginnt. Schriftliche und persönliche Fühlungnahmen weiten sich aus: Desargues, Huyghens, Descartes – ob er nun von den wissenschaftlichen Ergebnissen dieser Männer begeistert ist, oder ihnen widerspricht, immer können wir sein lebhaftes Verständnis für naturwissenschaftliche Errungenschaften beobachten, sein systematisches Interesse für die wissenschaftliche Methodenlehre, sein Bemühen um eine genaue Argumentation, der man mit Recht die Bezeichnung wissenschaftliche Exaktheit geben dürfte. Von seiner ersten Arbeit zur Theorie der Kegelschnitte bis hin zu seinem Traktat über das Roulette aus dem Jahre 1658 ist ständig eine klare naturwissenschaftliche Orientierung bei ihm zu erkennen, die immer von neuem mitten aus den tiefsten Zweifeln die Hoffnung emporquellen läßt, ihm werde vielleicht doch ein Brückenschlag über den Abgrund der Leere, der *vanité,* gelingen.

Mag auch Pascals Leben unter den wiederholten Anstürmen der Krankheit, die ihn seit seinem 24. Lebensjahr nicht mehr losläßt, in noch so arge Tiefen sinken, es hört nicht auf, das Leben eines Mathematikers, Physikers, Technikers, eines theo-

retisch und praktisch unternehmungslustigen Menschen zu sein. Denken wir nur an sein Projekt einer Rechenmaschine, das er bis zur Verwirklichung vorantrieb, oder an seinen Vorschlag, im Paris zur Zeit Mazarins ein Massenbeförderungsmittel zu schaffen, wobei er sogar die ökonomische Seite der Angelegenheit genau beachtete. Ohne Berücksichtigung dieser Tatsachen ist Pascals Leben nicht begreifbar; auch Pascal selbst ist nicht begreifbar – dieser tiefgläubige Christ, ja er zumal. Andererseits darf man auch seine gesellschaftlichen Ambitionen, die in einer bestimmten Phase seines Lebens besonders stark waren, nicht stillschweigend übergehen; es ist kein Zufall, daß seine Schwester, Mme. Perier, in ihrer Lebensbeschreibung taktvoll einen Bogen darum macht. Dem zu großen Hoffnungen berechtigenden Wissenschaftler, dem der Ruf der Genialität vorausgeht, stehen nach seiner Ankunft in Paris die führenden Salons des Landes offen. Die mondäne Gesellschaft der Freidenker, die sich bei der Marquise de Sablé und bei Frau von Saintot versammelt, lockt diesen jungen ehrgeizigen Mann aus der mittleren Bürgerschicht. Es wirken anziehend auf ihn der Ritter de Méré, der Herr von Barreaux, Herr Mitton und besonders der junge Herzog von Roannez und seine Schwester, mit welcher Pascal einen ausgedehnten Briefwechsel beginnt. Offenbar für sie hat er aus seinem Sommerasyl eine witzige, galante, aber auch tief ergebene und fröhliche Betrachtung über die Leidenschaft der Liebe geschrieben. Er glaubte an eine Heirat mit ihr, an die Kraft dieser Liebesbeziehung und daran, daß ihm der Weg zum gesellschaftlichen Aufstieg offen stehe.
Wahrscheinlich werden wir niemals mehr erfahren, was diese Absicht vereitelte. Es scheint aber, daß das Ende seiner gesellschaftlichen Ambitionen ziemlich plötzlich kam und daß Pascal den Zusammenbruch dieser Ambitionen wie den Absturz auf den Grund einer Schlucht empfand. Davon gibt der vernichtende Ekel Kunde, unter dem seither Pascal leidet, und sein heftiger Abscheu vor allem, was auch nur von ferne an die Leere der mondänen Lebensführung gemahnt.
Dennoch aber bringt diese Phase seines Lebens ihm einen Ertrag von beachtlichem Wert: den geschliffenen Sinn für die Feinheit, für das, was er später *honnête homme* nennt. Schon liegt der brutale, primitive Fanatismus des jungen Mannes aus

der Provinz weit hinter ihm, der ihn seinerzeit, noch in Rouen, bis zum Denunziantentum getrieben hatte.

So oder so: der Verlust seiner gesellschaftlichen Hoffnungen nötigt Pascal dazu, seine Leidenschaft in eine andere Richtung zu lenken. Den entscheidenden Anstoß dazu gibt ihm die dramatische Begebenheit in Neuilly Anfang November 1654, bei der er unter den Hufen scheu gewordener Pferde beinahe ums Leben gekommen wäre. In der Aufwallung seiner Gefühle schreibt Pascal damals auf ein abgerissenes Stück Pergament einige Sätze – sehr erregte Sätze –, in die die Krise der letzten Monate mündet und die das Vorzeichen für eine Umkehr seines leidenschaftlichen Innenlebens in eine neue Richtung sind: in Richtung auf die Liebe zu Jesus Christus.

Dieser Akt der Bekehrung ist jedoch für Pascal nicht eine Hinwendung zum konventionellen Glauben. Wie bei allem, was Pascal unternimmt, spielt auch für seine neue und von da an dauerhafte religiöse Einstellung zugleich der *Widerstreit* eine Rolle; sein Glauben steht in ständiger Auseinandersetzung. Pascal gehört zu den eifrigsten Anhängern des Jansenismus und macht an exponierter Stelle die erste Welle eines erbitterten politisch-religiösen Kampfes mit.

Die Lehre des holländischen Bischofs Cornelius Jansen (1585 bis 1638) war eine eigenständige, gemäßigte Variante des Protestantismus vornehmlich kalvinistischer Prägung innerhalb der katholischen Kirche. Ihre Gedankenwelt stand im Gegensatz zur offiziellen thomistischen Scholastik und berief sich auf Augustin, indem sie die Bedeutung der Gnade hervorhob, die Gott den Menschen nach seinem geheimen Ratschluß zuteil werden läßt. Dadurch untergrub sie freilich ganz unzweideutig die Autorität der Kirche als eines Heilsinstituts. Diese aber war mit ihren führenden Vertretern keineswegs bereit, in ihrem gegenreformatorischen Anlauf weitere Zersetzungsvorgänge zu dulden.

Pascals Familie steht mit dem Jansenismus schon seit der Mitte der vierziger Jahre des 17. Jahrhunderts im Kontakt. Pascal fühlt sich von ihm angelockt, vor allem durch seine sittliche und religiöse Wahrhaftigkeit. Die wechselseitigen Bindungen befestigen sich zu Beginn der fünfziger Jahre, als Pascals Schwester Jacqueline in das Kloster Port-Royal eintritt, welches der Mittelpunkt der jansenistischen Bewegung ist. Es ist zugleich die Periode der heftigsten öffentlichen Auseinandersetzungen um die Lehre von Jansen und Arnauld, welche von der Pariser Sorbonne unter dem Druck des Papstes und des Königs verurteilt wird. Ein Zusammentreffen verschiedener Umstände bewirkt, daß Pascal sich gerade in diesen Streitigkeiten mit Nachdruck persönlich einsetzt. Seine Seele schmachtet nach radikalen Taten von absolutem Wert und findet in der Verteidigung dieser subjektiven Theologie und ihres abgründigen religiösen Erlebnisses einen Gegenstand, an den sie ihre ganze ungestillte Energie heften kann, zugleich aber auch Gegner, die von gleicher Entschlußkraft sind wie er selbst: die Jesuiten.

Der Zusammenprall, in welchem Pascal die letzten Reste seiner Lebenskraft verbraucht, kann für ihn nicht gut enden. In den letzten Monaten seines Lebens verstummt er, versenkt sich ganz in sich selbst und stirbt, mit der Kirche versöhnt, im Jahre 1662 im Alter von 39 Jahren.

Es ist ein unglückseliges Leben mit einem unglückseligen Ende; kurz, fieberhaft, angefüllt mit Kämpfen nach innen und nach außen. Die Relativität, die er sowohl in der Natur als auch in der Gesellschaft zu erkennen bekommt, ruft in ihm immer von neuem das Grauen vor dem Nichts und die Sehnsucht nach dem Absoluten hervor. Er kennt den Kosmos, welcher den Menschen verschlingt. Er spürt, daß es ein »Unendlich« gibt, mittels dessen der Mensch über den Kosmos hinausgreift.

Diese Grenzscheide zwischen dem »Unendlich« der Mathematik und des Menschen ist für Pascal die Achse des christlichen Glaubens.

4

Kehren wir zu unserer ursprünglichen Frage zurück:
Was bedeutet für Pascal Gott?

Eine wahrheitsgemäße Antwort ist dann möglich, wenn wir wissen, was die Wissenschaft für ihn bedeutet. Pascal zählt nicht zu den – übrigens nicht zahlreichen – Naturwissenschaftlern der klassischen Ära, die sich von der Arbeit, mit welcher sie objektive Naturerkenntnisse anstreben, voll ausgefüllt und ganz befriedigt fühlen. Die Einstellung, die nur den Gegenständen gilt, wird immer von einer Erwägung begleitet, die die gangbarsten Wege der Erkenntnis glaubhaft machen, Maßstäbe für die Genauigkeit des Vorgehens und der errungenen Ergebnisse prüfen und sich gegen alle aus Voreingenommenheiten stammende Behinderungen verwahren will. Wie die Mehrzahl seiner Zeitgenossen ist auch Pascal hingerissen von den einzigartigen Möglichkeiten der Mathematik, insbesondere der Geometrie. Ein Geometer zu sein, den Geist der Geometrie zu besitzen (esprit de géométrie) – das ist für ihn das Kennzeichen der analytischen Fähigkeiten des Verstandes und zugleich die Bedingung dafür, daß neue, bisher unbekannte Erkenntnisse gewonnen werden können, die nicht von irgendwelchen Autoritäten abzuleiten sind. Der Geist der Geometrie stützt sich auf einige wenige Grundprinzipien, die so klar sind, daß sie keiner Beweise bedürfen; er ist deshalb in seinem Bereich vollkommen autonom und frei.

Pascal weiß freilich, und darin unterscheidet er sich wesentlich von den Naturwissenschaftlern und Denkern seiner Epoche, daß sich die Möglichkeiten des Geistes der Geometrie nicht absolut setzen lassen: er beweist nicht alles; aber was er beweist, ist eindeutig. Die Erhabenheit dieser Art zu denken beruht vor allem darauf, daß sie den Menschen heranführt an das Begreifen des unendlich Großen und des unendlich Kleinen: wir mögen uns was immer für eine Bewegung, Zahl, Ausdehnung, Zeit ausdenken, immer läßt sich eine noch größere oder eine noch kleinere vorstellen, so daß sie eigentlich stets zwischen Null und Unendlich liegen, von beiden gleich unendlich weit entfernt.

Diese Überlegung bewegt sich noch ganz in der objektiven Zielrichtung des esprit de géométrie; sie endet mit der Feststellung, daß die menschlichen Wesen zwischen das Nichts und die Unendlichkeit gestellt sind, und zwar unter den Gesichtspunkten der räumlichen Ausdehnung, der Zahl, der Bewegung und der Zeit. »Woraus man lernen kann«, so schreibt Pascal im Schlußkapitel seiner Betrachtung über die Methode und Psychologie des Gelehrten, »seinen wahren Preis zu schätzen und Überlegungen anzustellen, die wertvoller sind als alles übrige in der eigentlichen Geometrie«[2].

An dieser Stelle überschreitet Pascal jedoch bereits die Gren-

2 Blaise Pascal, Vom geometrischen Geist, in: Pascal, ausgewählt und eingeleitet von R. Schneider, Taschenbuchausgabe 1954, S. 109.

zen einer objektiven naturwissenschaftlichen Einstellung. Sobald der Mensch erkennt, daß, was für die gegenständliche Welt gilt, auch voll und restlos auf ihn selbst Bezug hat, verliert jedwede objektive Erwägung, jedwede objektive Forschung solange ihren Sinn, bis nicht offenbar wird, was eine solche durchaus relativierte Position des Menschen für ihn selbst bedeutet, oder im Grunde, *wer der Mensch eigentlich ist,* wenn er den Extremen von Null und Unendlich so unabänderlich preisgegeben ist.

Der objektiv analytische Geist der Geometrie stößt hier an die Grenze der Subjektivität, weist über sich selbst hinaus, aber er schweigt.

Das Novum bei dem Naturwissenschaftler Pascal ist, daß er den Mut hat, diese Grenze zu überschreiten und sich radikal dem Problem zu stellen, was der Mensch als Subjektivität bedeutet. In dem Lande jedoch, in welches er eintritt, verirrt er sich.

Wie soll man sich dieses Landes bemächtigen? Pascal weiß, daß dies eine qualitativ andere Aufgabe ist als die, vor der der Landvermesser steht. Er bildet hier den Begriff ésprit de finesse, Geist der Feinheit. Zum Unterschied vom geometrischen, analytischen Geist, der von einigen wenigen Axiomen seinen Ausgang nimmt und Genauigkeit und Klarheit zum Maßstab hat, ist finesse die Zusammenfassung einer Menge von sehr fein unterschiedenen, hochempfindlichen Fähigkeiten, die man nicht mit der Steifheit der Geometrie anpacken darf. Sie sind vorhanden, sie ermöglichen einen raschen Einblick in die Situation und ein differenziertes Auffassen.

Pascal weiß freilich auch von der Gefahr des Subjektivismus; er begreift, daß der esprit de finesse ebenso sehr etwas Einseitiges ist wie der esprit de géométrie. Was die Einseitigkeiten ausschließt, was nach Pascals Verständnis den Ausgleich schafft zwischen objektivem und subjektivem Vorgehen, das ist das Herz, *coeur.* Darunter versteht er nicht nur ein bloßes sentiment, ein Gefühl, sondern jene innere Spannung, die die Gegensätze in einer Einheit zusammenfaßt, die bewirkt, daß im Wesen des Menschen ein Zusammenhang erhalten bleibt: ein großer und dramatischer Gedanke, daß der Mensch, obgleich nur ein bloßes Schilfrohr, dennoch mehr ist als das Weltall.

Pascal hört also nicht auf, die Naturwissenschaft zu schätzen. Sie bleibt ihm unentbehrlich: ohne sie kann sich der Mensch seine wirkliche Stellung nicht bewußt machen. Aber sie ist für ihn als praktische und geistige Einstellung ungenügend: sie läßt den Menschen in dem Augenblick im Stich, da sie ihn den eisigen Stürmen des Kosmos preisgegeben hat. Sie ist im Menschlichen schwach: sie schweigt dort, wo der Mensch zu fragen beginnt.

Was ist nun aber seine Subjektivität?

Pascal prüft zunächst ihr atheistisches Konzept:

»Ich weiß nicht, wer mich in die Welt gesetzt hat, noch was die Welt ist, noch was ich selbst bin; ich bin in einer furchtbaren Unwissenheit über alle Dinge; ich weiß nicht, was mein Leben ist, was meine Sinne sind, was meine Seele ist, ja selbst jener Teil von mir, der das denkt, was ich sage, der über alles und über sich selbst nachdenkt und sich nicht besser erkennt als das Übrige.

Ich sehe diese furchtbaren Räume des Weltalls, die mich umschließen, und ich finde mich an einem Winkel dieser unermeßlichen Ausdehnung gebunden, ohne zu wissen, warum ich gerade an diesen Ort gestellt bin und nicht an einen anderen, noch warum mir die kleine Zeitspanne, die mir zum Leben gegeben ist, gerade an diesem und nicht an einem anderen Punkt der ganzen Ewigkeit zugeordnet ist . . . Ich sehe auf allen Seiten nur Unendlichkeiten, die mich umschließen wie ein Atom und wie einen Schatten, der nur einen Augenblick dauert und nicht wiederkehrt. Alles, was ich weiß, ist, daß ich bald sterben muß, aber was ich am allerwenigsten kenne, ist dieser Tod selbst, dem ich nicht entgehen kann.

Wie ich nicht weiß, woher ich komme, so weiß ich auch nicht, wohin ich gehe; und ich weiß nur, daß ich beim Verlassen dieser Welt für immer entweder in das Nichts oder in die Hände eines erzürnten Gottes falle, ohne zu wissen, welche von diesen beiden Bedingungen für ewig mein Los sein muß. Das ist mein Zustand: voll der Schwachheit und Ungewißheit. Und aus alledem schließe ich, daß ich alle Tage meines Lebens verbringen darf, ohne einen Gedanken daran, mein zukünftiges Schicksal zu erforschen. Vielleicht könnte ich einige Aufklärung in meinen Zweifeln finden; aber ich will mir keine Mühe machen, will nicht einen Schritt tun, sie zu suchen, und später will ich, indem ich die mit Verachtung behandle, die sich mit dieser Sorge abmühen, ohne Voraussicht und ohne Furcht ein so großes Ereignis auf mich nehmen und mich in aller Bequemlichkeit dem Tode entgegenführen lassen – in der Ungewißheit über die Ewigkeit meines künftigen Zustandes.«[3]

Pascal erkennt also an, daß der Atheismus wirklich eine Theo-

3 Blaise Pascal, Gedanken, Fragment 1, S. 5 f.

rie der Subjektivität *ist.* Für ihn ist jedoch diese Theorie durchaus unbefriedigend: einmal deshalb, weil sie der objektiven Einstellung der Naturwissenschaften einen zu großen Tribut zollt und bei der bloßen Negation stehenbleibt; deshalb, weil die Naturwissenschaft, wenn sie Gott abgeschafft hat (radikal oder in der Form eines Kompromisses), dem Menschen buchstäblich nichts übrig läßt, was ihm die Chance gäbe, seiner selbst Herr zu werden. Das Prinzip Gott ist für Pascal ein positives menschliches Prinzip der Natur, das dem Menschen überhaupt erst die Möglichkeit gibt, sich als Subjektivität zur Geltung zu bringen und zu entfalten; also die Natur nicht nur technisch in Besitz zu nehmen, sondern eben gerade als Mensch, das ist als einer, der über die Natur hinausgreift. Zum andern ist für Pascal der Atheismus belastet durch den feigen Versuch, den entscheidenden Fragen auszuweichen. Damit aber gefährdet er menschliche Grundwerte. Für Pascal bedeutet das ein Leben unterhalb des menschlichen Niveaus.

Ein gangbarer Weg ist für ihn nur der Theismus.

Er kann aber das offizielle Christentum und seine thomistisch-scholastische Deutung nicht akzeptieren. Diese sind für ihn genauso relativiert wie alles übrige. Renaissance und klassische Naturwissenschaft, Reformation und Kampf gegen die unfreimachenden Fesseln der katholischen Orthodoxie haben das Ihre geleistet. Pascal bleibt zwar innerhalb der Grenzen der katholischen Kirche, aber seine Auffassung vom Christengott kann nicht mehr die konventionelle sein: ihm fehlt darin ein Raum für die Subjektivität.

Dieser aber widmet er den größten Teil seiner Betrachtungen. Sie bilden die stärksten Abschnitte seiner »Gedanken«.

Das Ergebnis ist düster und erschütternd: der Mensch ist ein Geschöpf, das über den Abgründen des unendlich Kleinen und des unendlich Großen aufgehängt schwebt, zwischen dem All und dem Nichts. Er greift unendlich weit über das Nichts hinaus, selbst aber wird er vom »Unendlich« verschlungen. Im Hinblick auf den Kosmos ist er ein armseliges Staubkorn, dennoch aber ist er mehr als dieser, denn er *weiß* von seiner Nichtigkeit. Seine Interessen, sein Elend, seine Langeweile, seine Freuden, Genüsse und Anstrengungen – alles ist nicht von Dauer. Am Ende steht überall Enttäuschung. Seine Geschichte ist eine Geschichte der Vergeblichkeit und des Zunichtewerdens. Sein Leben ist vom ersten Atemzug an zum Tode verurteilt.

»Man stelle sich eine Anzahl von Menschen vor, in Ketten geschlagen, die alle zum Tode verurteilt sind, von denen alle Tage einige vor den Augen der anderen erdrosselt werden: die übrigbleiben, erkennen ihre eigene Lage in der ihrer Schicksalgenossen, sie betrachten einander mit Schmerz und ohne Hoffnung, wartend, bis die Reihe an ihnen ist. Das ist ein Gleichnis vom Zustand der Menschen.«[4]

Doch wir wollen uns mit unserem Urteil über Pascal nicht übereilen. Dieses so düstere Bild des menschlichen Schicksals ist bei ihm nicht als Predigt eines das ganze Weltall umgreifenden Pessimismus gemeint, sondern als Herausforderung zum Protest, als ein Aufruf, sich mit einem solchen Zustand nicht abzufinden, vielmehr Möglichkeiten für den Menschen zu suchen. Es drückt die Überzeugung des Naturwissenschaftlers aus, daß eine Naturwissenschaft, die sich selbst überlassen bleibt, in der Verzweiflung endet und daß die Naturwissenschaft nur optimistisch sein kann, wenn sie blind ist. Dies ist der Ausgangspunkt für Pascals christliches Konzept der Subjektivität. Diese ist in einem Fragment der »Gedanken« wie folgt skizziert:

»Die Stoiker sagen: ›Haltet Einkehr bei euch selbst, dort werdet ihr eure Ruhe finden.‹ Und das ist nicht wahr. Die Anderen sagen: ›Wendet euch nach außen, suchet das Glück, indem ihr euch zerstreut.‹ Und das ist nicht wahr. Es kommen die Krankheiten. Das Glück ist weder außer uns, noch in uns; es ist in Gott, und sowohl außer uns als auch in uns.«[5]

Pascal meint, daß beide Beziehungen, sowohl die nach außen auf die gegenständliche Welt gerichtete, wie auch die nach innen auf das einzelne Subjekt weisende, für sich allein genommen, eine Entfremdung des Menschen von sich selbst bewirken. Er sucht das dialektische Band, das beide verbindet, und er findet es – wie könnte er anders! – im Glauben an Gott.

Der Gott, so wie ihn die Scholastik und Thomas von Aquin aufgefaßt haben, ist für ihn nicht nachvollziehbar: ein Gott außerhalb des Menschen, in den Himmeln, ein Gott als Objekt des nach Bestätigung suchenden Verstandes, ein Gott der ontologischen Beweise. Ein Gott, der nur im Himmel ist, ist für Pascal

4 Blaise Pascal, Gedanken, Fragment 6, S. 13 f.
5 Blaise Pascal, Gedanken, Fragment 207, S. 89.

kein Gott. Aber ebensowenig kann er mit einem Gott anfangen, der nur ein dauerndes subjektives Erlebnis ist, »mein ganz privater Gott«.

Gott ist für ihn der im Menschen verborgene Gott, der Jesus der Evangelien und die Gottesgestalten, die vor ihm waren: der Gott Abrahams, Isaaks und Jakobs. In ihm findet Pascal das Problem der Subjektivität existentiell gelöst, dennoch aber für unsere Erkenntnis verborgen. Jesus ist der Mensch, der Gott in sich birgt. Jesus ist Gott, der hier als Mensch vor uns steht: er ist ein naher und zugleich ferner Gott.

Pascal weiß sehr wohl, wie labil ein solcher Glaube ist. Verstandesbeweise besagen ihm nichts; Gefühlsbeweise können einen Ungläubigen nicht überzeugen und sind unübertragbar. Womit dann argumentieren? Womit andere gewinnen? Pascal wählt ein existentielles Vorgehen: wenn wir einen Einsatz auf Gott wagen, können wir nichts verlieren, aber alles gewinnen. Das *Argument der Wette* scheint ihm so überzeugend! Und doch wird daraus das allerarmseligste Argument des religiösen Schachers des Spießbürgertums.

Pascal hat verhältnismäßig wenig Sinn für die spekulative Theologie. Sein Christenglaube stützt sich auf die historische Existenz Christi und somit auf die wortwörtliche Wahrheit der Evangelien. So wird Christus für ihn zu einem ganz persönlichen, wesenhaften Geheimnis, zum Geheimnis des Menschen überhaupt, zu einem Synonym für die Subjektivität. Der Glaube an ihn ist für Pascal eine Rettung in seiner Überzeugung, daß der Mensch sein eigenes Geheimnis durchstoßen kann und erst dann den Sinn seines Tuns versteht, wenn er das Zwischenglied zwischen seinem leidenschaftlichen Herzen und der eiskalt teilnahmslosen Natur findet, in deren unendlichem Raum er schwebt. Es ist der Glaube, daß alles Menschenwerk nicht in abgrundtiefe Schluchten fallen, sondern diese Schluchten ausfüllen wird.

5

Ist Pascals Urteil über die klassische Naturwissenschaft gerecht? Wenn wir mit ja antworten, dann räumen wir zugleich ein, daß er sie gedanklich überwindet.

Aber sein Schritt über die Grenze der Naturwissenschaft hinaus ist theistisch, er wird vom Christentum geformt; gewiß, es ist ein unorthodoxes Christentum, aber eben ein Christentum, dessen Fesseln doch gerade die klassische Naturwissenschaft und die mit ihr verknüpfte Philosophie so wirkungsvoll gesprengt haben.
Hier aber meldet sich der erste Zweifel: haben sie sie wirklich gesprengt? Haben sie nicht vielmehr nur eine Ahnung der Freiheit erweckt? Eine Ahnung, die zwar praktisch sehr wirksam ist, weil sie die Naturkräfte beherrscht, aber eben doch nur eine Ahnung ist, deren Kern erst viel später enthüllt werden wird.
Derlei Zweifel beirren einen traditionell ausgebildeten Marxisten in seiner Selbstsicherheit. Bis dahin hatte er die Wissenschaft der Renaissance, die im 17. Jahrhundert zu so überzeugenden Errungenschaften geführt hatte, für einen unanzweifelbaren und *eindeutigen* Fortschritt gehalten. Sie stellte für ihn das faktische Ende des Mittelalters dar. Von da ab datiert doch das freie Wirken der Vernunft, das alle Vorurteile in den Staub tritt. Hier wird nicht nur der Grund gelegt für ein neues Bild des Weltalls, hier werden auch die Anfänge der exakten Verfahrensweisen ausgearbeitet, ohne die die moderne Welt der Technik und die moderne Großindustrie nicht vorstellbar sind. Bis jetzt hielt er dafür, er sei mit seiner Anschauung von der Welt und von einer sinnvollen Tätigkeit, mit seinem gesunden Menschenverstand nach Art des Galilei und mit seiner rationalen, von der Naturwissenschaft bestimmten Überzeugung in der Renaissance elementar verwurzelt. Bisher war er überzeugt, daß die Aufdeckung einer Ursache oder eines Naturgesetzes Millionen eintragen würde und daß Michelangelo und Leonardo da Vinci leuchtende und unübertroffene Vorbilder für die Kunst aller Zeiten seien; daß bei dem selbstbewußten Pico della Mirandola zum erstenmal in jugendlicher Blüte das wirkliche Antlitz des Menschen erscheine und daß der Geist des Humanismus, zu dem er sich bekennt, in gleicher Weise aufgezeichnet sei in den verfressenen, lächerlichen und verschwenderischen Riesengestalten von Gargantua und Pantagruel wie in den robusten, tragischen, subtilen, clownhaften, aber immer weisen Figuren Shakespeares...

Jetzt aber – was kann der verzweifelte, christliche Visionär Pascal daran ändern?
Nichts; nur dies, daß er alle Selbstverständlichkeiten in Frage stellt.
Denn: *was* hat die Renaissance, die von ihr hervorgebrachte Naturwissenschaft, Kunst und Philosophie, überwunden? Und *wodurch* hat sie es überwunden?
Eine Erklärung dafür, warum die mittelalterliche feudale Ordnung in Trümmer ging, eine Analyse der ökonomischen und sozialen Triebkräfte, die das bewirkten, finden wir in jedem beliebigen Handbuch. Auch scheint es klar, daß beginnend mit Kopernikus, über Galilei, Bruno, Bacon und bei Newton endend der scholastische Geist des Mittelalters in allen seinen Erscheinungsformen endgültig zu Boden geworfen ist, und daß er seither nurmehr kümmerlich irgendwo an der entferntesten Peripherie vegetiert, indes die fruchtbare wissenschaftliche Verstandesarbeit damit beschäftigt ist, Fabriken statt Kathedralen zu bauen.
Doch gerade hier müssen wir erneut fragen – und zwar im Interesse der Fabriken: greift diese neue, mitreißende naturwissenschaftliche und philosophische Einstellung *wirklich* über den Umkreis des mittelalterlichen, feudalen Denkens hinaus, oder führt sie ihren Kampf nur *in seinem Rahmen* und erringt so über ihre Gegner nur einen Teilsieg? Wodurch unterscheidet sich eigentlich die neue naturwissenschaftliche Einstellung so grundlegend von der mittelalterlich-christlichen und thomistischen?
Thomas hatte einen christlichen Aristotelismus konzipiert als eine das ganze Weltall umgreifende Ordnung, die vertikal, hierarchisch aufgebaut ist von der untersten bis zur obersten Stufe. Ein statisches, in sich geschlossenes Modell, dem die antike Vorstellung des Kosmos zugrunde lag.
Die Renaissance und ihr Geist zertrümmert diesen starren Bau, indem sie vor allem seine Stützbögen – die Autoritäten – zertrümmert. Sie bringt das fertig, weil sie bereits davon überzeugt ist, daß ihre dogmenfreie Vernunft sich der Dinge auch ohne Vermittlung der Religion bemächtigen kann. Solch eine unvermittelte Aneignung der gegenständlichen Welt zeigt uns *auf den ersten Blick* ein Bild der Welt, das sich diametral von der Ordnung unterscheidet, die die aristotelisch-thomisti-

sche Philosophie in ihr zu entdecken glaubte. Kein Wunder also, daß die Vernunft sich als einen Gegenpol des Glaubens anzusehen beginnt und daß sie sich unter Ausnützung aller taktischen Winkelzüge, wie sie in einer theokratischen Gesellschaft unerläßlich sind, Unabhängigkeit und Autonomie erzwingt. Aber steht dieses Selbstvertrauen der Vernunft, das sich namentlich in der klassischen Naturwissenschaft zeigt, wirklich in einem solchen unüberbrückbaren Gegensatz zum mittelalterlichen Glauben? Ist das neue Weltall, das uns Galilei erschlossen hat, so vollkommen anders als das des Ptolemäus? Wenn wir nur einen äußerlichen Vergleich anstellen, dann freilich ja. Überlegen wir aber gründlicher, dann beginnen wir einzusehen, daß *dieser* Unterschied gar nicht so wesentlich ist.

Wir wollen beachten, daß in den Zentren der italienischen Renaissance als Philosophenschulen, an denen die neue geistige Einstellung gelehrt wird, platonische Akademien entstehen; die berühmteste unter ihnen leitet Marsilio Ficino (1433–1499). Neue Strömungen des Denkens setzen sich stets in der Form einer Kritik an den Voraussetzungen der von der Gesellschaft anerkannten Ansichten durch und knüpfen in schöpferischer Weise bei den Denküberlieferungen an, deren Aktualität und anregende Kraft man plötzlich wieder neu empfindet.

Was aber kann der nach Wissen und nach Macht dürstende Mensch der Renaissance an Platon fesselnd finden? Hier ist doch nicht nur der Widerstand gegen den »getauften Philosophen von Stagira« ausschlaggebend, oder dagegen, daß zur Beurteilung der Frage, wieviel Zähne ein Pferd hat, die Ansicht des Aristoteles wichtiger sei als ein sachlicher Blick in das Maul des Tieres. Das allein spräche noch nicht für Platon.

Das Interesse für diesen voraristotelischen Philosophen rührte von zwei seiner Gedanken, die für die geistige Atmosphäre der Renaissance und für den Bereich, in dem die klassische Naturwissenschaft entsprang, wesentlich sind.

Der erste dieser Gedanken ist der von der Möglichkeit des persönlichen Aufstiegs des Menschen über immer höhere Stufen zu den Gipfeln der Vollkommenheit, des Guten und Schönen, wie er z. B. in Platons Symposion oder im Phaidon enthalten ist; dieser Gedanke ist im allgemeinen nicht abweichend von der christlichen Vorstellung (und konnte gegebenenfalls

als geeignete Tarnung für etwas anderes dienen); er stand aber in scharfem Kontrast zu der christlich-aristotelischen Auffassung, die den Menschen als objektives Glied in einer zusammenhängenden Ordnungshierarchie sieht. Dem von der Ratio und von der Wissenschaft entflammten Denker der Renaissance diente der Gedanke Platons als Werkzeug, um die christlich-feudale Hierarchie zum Einsturz zu bringen, und zugleich als Begründung für die Selbständigkeit und das eigene Recht des Menschen als eines vernünftigen Wesens.
Der zweite Grundgedanke Platons schien dem Denker der Renaissance sogar einen Weg zu diesem Ziel anzuzeigen. Das waren die Verfahrensweisen, die Platon unter dem Einfluß namentlich der pythagoreischen Schule in seinem Alterswerk, dem Timaios empfiehlt: er läßt nicht ab von seiner ursprünglichen Unterscheidung zwischen der Welt des Scheins und der wirklichen Welt der Wesenheiten; aber jetzt bemüht er sich, diesen Unterschied mathematisch zu fassen. Er weiß bereits, daß Ideen keine einfachen Urgestalten sind, sondern daß sie eine feststellbare *Zahl* von Elementen besitzen. Auf dieser Grundlage versucht er sich an der Konstruktion eines bestimmten mathematischen Urmodells des Weltalls. Indem er vom Sichtbaren zum Unsichtbaren voranschreitet, versucht er, die Mannigfaltigkeit der Wirklichkeit auf ihre wesentlichen Bestandteile zurückzuführen und diese exakt auszudrücken. Für den Naturwissenschaftler der Renaissance war nun die Mathematik der Gipfel wissenschaftlicher Genauigkeit, und deshalb findet er im Timaios des Platon einerseits eine Rechtfertigung für sein Verfahren und Argumente gegen die christlichen Aristoteliker; andererseits bildet dieser für ihn den gedanklichen Hintergrund, vor dem er seine Forderung nach Exaktheit und zusammen mit ihr auch die Vorstellung sachlich entwickeln kann, was Wissenschaft sei und was nicht.
Es mag paradox erscheinen – aber der klassische Naturwissenschaftler, der sich selbst für einen Materialisten hält oder für einen solchen (und damit auch schon fast für einen Atheisten) gehalten wird, stellt die gleichen Überlegungen an wie der Idealist Platon. Sein Denken zielt auf Gegenstände hin, auf etwas, was außerhalb seiner liegt und in diesem Sinne objektiv ist. Er ist aber nicht nur nach außen gewandt, er steht auch auf der entgegengesetzten Seite als Theoretiker, als

Mensch, der *schaut,* beobachtet, einen Gegenstand von verschiedenen Seiten betrachtet; seine Bedeutung und die Wirkung seiner Bemühungen ergibt sich aus eben dieser Einengung des Menschlichen auf das Theoretische. Naturwissenschaftler im klassischen Sinn zu sein, das bedeutet, die Wirklichkeit zweizuteilen in den mit den Sinnen erfaßbaren Gegenstand und in seine Idee. Zur Wirklichkeit der Gegenstände gehört alles: die Natur als Gegenstand, die künstlichen Gebilde des Menschen als Gegenstand, sogar der Mensch selbst als Gegenstand unter Gegenständen. Der Naturwissenschaftler nimmt sie in Besitz, wenn er selbst nur als Theoretiker auftritt, das heißt, wenn er sein Subjektsein so weit als möglich ausschließt und als Mensch anonym wird. Aber diese Einengung führt zugleich dazu, daß die unendlich vielgestaltige und dynamisch wandelbare Sachwelt der Gegenstände auf eine verhältnismäßig kleine Zahl von kennzeichnenden Merkmalen und dauerhaften Bezügen reduziert wird. Diese drückt der Theoretiker dann mit Strenge und Sorgfalt – am besten mathematisch – aus und findet so ihre rational reproduzierbare Idee. Dadurch wird die gegenständliche Wirklichkeit stark vereinfacht, sie wird leicht beherrschbar, und zwar um so sicherer, je präziser die Abstraktion der wesentlichen, wiederholbaren und reproduzierbaren Merkmale und ihr eindeutiger Ausdruck gelingt. Auf diese Weise wird die Reproduktion der Gegenstände nicht nur gedanklich, sondern auch technisch ermöglicht. Das ist dann aber nur noch eine mechanische Angelegenheit, eine Frage der richtigen Ausnützung in der Praxis durch geschickte Applikatoren und handfertige Techniker. Der eigentliche Konstrukteur, der dem Menschen den Schlüssel zur Macht über die äußere Welt aushändigt und die Idee dieser Macht formuliert, ist jedoch der Theoretiker. – Diese theoretische Idee ist aber ihrem Wesen nach platonisch: sie ist der dynamischen, sich überstürzenden Wirklichkeit enthoben (ex actu), auf ein »Gesetz«, auf »Stoff«, »Kraft«, »Impuls« usw. zurückgeführt.

Zugleich wird aber aus der gegenständlichen Welt auf diese Weise das Subjekt herausgehoben als »etwas ganz anderes« – und Unverläßliches. Von der totalen Subjektivität bleibt nur die Vernunft übrig, ihrer selbst nur allzu sicher oder auch mit sich selbst allzu uneins. Wie ungesichert sie ist, wie sehr ihre angeblich unerschütterlichen Voraussetzungen in Wirklichkeit Vorurteile waren, das erweist sich später, als sie in den Subjektivismus und Irrationalismus verfällt und den Bankrott des sogenannten gesunden Menschenverstandes verkündet. Die klassische Naturwissenschaft erzielt zwar mit ihrem die ganze gegenständliche Welt erfassenden Streben nach Vereinfachung hervorragende Ergebnisse; Galilei und Newton konstruieren ein neues Modell des Kosmos, dessen Gesetze ein für allemal vorgegeben sind und legen damit in die Hände des Menschen die Macht, diesen Kosmos technisch zu beherrschen. Aus einer radikalen historischen Sicht aber hat diese Wissenschaft nichts anderes getan, als daß sie – auf höherer Ebene, mit vollkommeneren rationalen Mitteln und Methoden und mit genaueren Meßwerkzeugen – das nochmals wiederholt hat, was die Antike schon vor Platon erreicht hatte. Alle Errungenschaften des Aristoteles, sein Bemühen um ein gemeinsames Maß für Mensch und Kosmos, also gerade das, was, wenn auch in einer ungeschlachten Bemühung, die mittelalterliche Konzeption vom göttlichen Ordo kennt, bleiben ihr fremd. Und meilenweit entfernt ist sie auch von der auf das Judentum und Jesus zurückgehenden hominististischen Vorstellung, daß der Mensch ein Wirkungszentrum sei, als Subjektivität inmitten der Dinge stehe. Nach der Auffassung der Renaissance wird der Mensch unmittelbar in einen vorberechneten kosmischen Raum hineingestellt, wobei man soeben in dessen irdischem Sektor mit Erfolg die unerträgliche mittelalterliche Ordnung zertrümmert hat. Man sieht den Menschen in einer geometrischen Perspektive, als gesunden Leib mit einem gesunden Verstand, nicht mehr in der gotischen antlitzlosen Verkrümmung, die sich ohne erkennbare Ursache bald nach oben, bald nach unten schwingt, ohne Proportionen ihres Körpers und dunkel im Geist. Dieser als Gegenstand eingeordnete Mensch hat nur einen Mangel: es fehlt ihm die geheimnisvolle Herausforderung der Zeit.

Sieht man aufmerksamer hin und läßt man sich nicht von den großen Errungenschaften der klassischen Naturwissenschaft mitreißen, betrachtet sie vielmehr kritisch, dann erkennt man, daß das Menschenbild der Renaissance auf den bloßen Einzelnen reduziert ist, auf das Individuum, welches aus der mittelalterlichen Ordnungsvorstellung herausgerissen und in die eisige Kälte des Kosmos gestellt wird; dort geschieht mit dem Menschen in Wirklichkeit nichts; er ist nur dem Schicksal unterworfen und jeder Versuch, an einen anderen Platz zu gelangen und dort Herrschaft auszuüben, führt schließlich zu einem Absturz in unabsehbare Tiefen. Der klassische Humanismus, *insoweit er diese Schranken nicht durchbricht,* ist ein tragischer.

Genau hier liegt, so scheint es, die Rechtfertigung für das kritische Verhältnis, das Pascal zur Naturwissenschaft und zum »Geist der Geometrie« hatte. Er sieht, in welche unermeßliche Verlassenheit den Menschen die Wissenschaft von der Natur willentlich oder unwillentlich hineinführt, er hört sein verzweifeltes Rufen, das ohne Antwort durch den Kosmos hallt. Er sieht aber auch, daß die offizielle mittelalterliche Ordnungsvorstellung sich von der geometrischen gar nicht so sehr abhebt. Sie ist auch ein Kind der Antike, weil sie aus Gott einen Gegenstand macht: etwas, was außerhalb des Kosmos liegt und dem der Mensch endlos weit entfernt und fremd ist. Das Konzept des Platon ist ebenso antik wie das des Aristoteles; er hat kein Verständnis für die menschliche Subjektivität, wenn wir darunter eine schöpferische Gestaltung der menschlichen Geschichte verstehen, mit deren Hilfe der Mensch über sich nicht nur im Raum, sondern auch *in der Zeit* hinausschreitet. Deshalb sind wir nicht der Meinung, daß die naturwissenschaftliche Einstellung der Renaissance, die von außen her gesehen der mittelalterlichen, aristotelisch-thomistischen so sehr entgegengesetzt ist, auch innerlich wesentlich von ihr abweicht. Wenn die Renaissance und die klassische Naturwissenschaft für die um ihre Machtstellung kämpfende Kirche des Mittelalters weniger gefährlich war als die Reformation, dann nicht nur deshalb, weil sie, Waffen des Geistes und der Vernunft gebrauchend, außerhalb der Kirche stand, während die Reformation echte Waffen und andere materielle Machtmittel innerhalb der Kirche verwendete. Die Reformation, die sich auf das Evangelium berief, auf den »rechten Glauben« und auf Christus, war in *diesem* historischen Ringen einfach von größerer Gedankentiefe, denn ihre beispielgebenden Sprecher standen dem Modell der von Jesus geforderten Entscheidung, dem apokalyptischen Protest, näher und sie wurde von der Überzeugung getragen, daß Taten nötig sind, eine geschichts-

mächtige Aktivität, die der Zeit Rechnung trägt und der zeitlichen Abwandlung alles dessen, was die antik-christliche Raumvorstellung der theokratischen Kirche in sich verschließen und abtöten wollte.
Pascal ist ein Protestant innerhalb des Katholizismus; ein Protestant, der frei ist von aller Einseitigkeit, denn er ist gleichzeitig Naturwissenschaftler.
Die Erkenntnis der Natur hat ihn weggeführt von der mittelalterlichen christlichen Auffassung vom Menschen und dem unendlich weit entfernten Gott; dies geschah aber nicht durch ihre rationalen Beweisführungen, die gegen die religiösen Autoritäten gerichtet waren, sondern dadurch, daß sie ihre eigenen Einsichten folgerichtig verwirklichte: der Mensch sah sich vereinsamt im leeren Kosmos stehend. Pascals Denken bewegt sich nicht in den Visionen der Reformation, es klingt nicht aus in utopischen Vorstellungen einer gerechteren Ordnung, es bemüht sich nicht um eine »wohlfeilere Kirche«. Ihm geht es darum festzustellen, wer der Mensch ist, wer er werden kann, wenn seine Stellung im Kosmos wirklich so hoffnungslos ist, was er tun soll, um Hoffnung zu schöpfen, daß er überlebe – nicht als Individuum, – sondern als Gattungswesen Mensch, auch wenn er weiß, daß ihn persönlich die Natur vernichten wird.
Bewahrung und Entfaltung des Menschlichen im Kosmos, – das ist Pascals Problem, seine Formel für das Problem der Subjektivität.
Für Jesus bestand die Antwort auf diese Frage in der radikalen Entscheidung zu einer Heilstat, die dem Menschen von neuem den morgigen Tag erschließt; nicht in dem Sinn, daß es einfach weitergeht, daß alles in konventioneller Form reproduziert wird, sondern in dem Sinn, daß die Welt auf *menschliche Weise* beherrscht und dadurch des Menschen würdig wird.
Für Pascal bestand die Antwort nicht mehr darin, daß er von einer Tat sprach, sondern daß er von Jesus sprach. Darin liegt die Tragödie: seine persönliche und die derjenigen, die eine mit ihm übereinstimmende Antwort finden.

Der Weg, auf den wir uns begeben haben, hat uns in der Hauptsache zu zwei Quellen geführt, aus denen unsere heutige Zeit gespeist wird: zu der antiken und der jüdisch-christlichen

(bzw. sich um die Gestalt Jesu bewegenden). Wir haben miterlebt, wie diese Quellen sich miteinander vermischt und dabei gewandelt haben.
Der Mensch unserer Zeit, der die zweitausendjährige Geschichte des Christentums und die vierhundertjährige Geschichte der Naturwissenschaft hinter sich hat, ist seiner Überzeugung nach ein Humanist.
Er wohnt auf einem Berggrat der Geschichte: die gesellschaftlichen Umstürze und die wissenschaftlich-technische Revolution eröffnen ihm den Ausblick in eine neue Zukunft. Wir schauen voller Unsicherheit hinüber. Wenn unser Humanismus nicht ein abstraktes Postulat oder eine konventionelle Redensart werden soll, wenn er nicht in einer Krise hinweggefegt werden soll, dann sollten wir auf keinen Fall übersehen, daß wir ihn nicht nur auf die Macht (über die Natur und über die Menschen) stützen dürfen, die uns trunken werden läßt, oder nur auf die Idee des Christentums. Für sich allein führen diese nur zur Leere und Verzweiflung. Der Humanismus Marxscher Prägung umfaßt sie beide: das Vertrauen der Antike in die Rationalität und in die Fertigkeit des Menschen, mit den Gegenständen umzugehen, ebenso wie den hominististischen Anruf, der aus dem Judentum der Zeit Jesu herüberklingt: wozu, welcher Art von Zukunft der Menschheit zuliebe werden wir die Macht gebrauchen, die wir über den Raum gewonnen haben? Welcher Zeit zuliebe? Auf wie lange Zeit?
Das ist nun bereits ein nichtreligiöser Anruf. Er ist von Hochachtung erfüllt für eine wahrhaftige religiöse Überzeugung, weil er ja deren Ursprünge und Wurzeln kennt. Er ist aber zugleich dieser Überzeugung gegenüber kritisch, sobald er feststellt, daß die Christenheit diese Wurzeln bewußt, aus einer konservativen Haltung, um engbegrenzter Klasseninteressen willen, wegen reaktionärer politischer Ambitionen, oder auch nur aus gedanklichem Kleinmut und aus primitiver Gesinnung verschleiert.
Der Marxismus ist bereit mitzumachen, sofern er in der Christenheit Bemühungen antrifft, die radikale Fragen stellen und bis zu den Wurzeln der Dinge vordringen wollen. Darin erblickt er eine Hoffnung auf gemeinsame Taten.
Die Monumente der Christenheit sind für den Marxisten keine stummen Sphinxe.

Zweiter Teil

SELBSTREFLEXION DES THEISMUS

Die religiöse Krise – eine Tragödie der Geschichte?

1

Daß wir uns so ausführlich auf die Monumente der Christenheit eingelassen haben, war kein Selbstzweck.
Es wird nicht sehr erhebend klingen, aber das Leitmotiv eines solchen Interesses ist ein *politisches;* einerseits wollen wir damit bekunden, daß es uns ernst ist mit der demokratischen Gleichberechtigung aller Konfessionen und Weltanschauungen im sozialistischen Staat, und zwar ganz im Sinne der Erwägungen, die Marx darüber bei seiner Auseinandersetzung mit Bruno Bauer in der Schrift »Zur Judenfrage« anstellt; andererseits stehen wir vor sehr realen Vorgängen im Leben der Kirchen, die unsere Interessen anders als früher betreffen. Wir müssen darauf reagieren. Nun wollen wir aber angemessen reagieren, so wie sich das für eine in der Reifung begriffene sozialistische Gesellschaft gehört. Deshalb haben wir den Entschluß gefaßt, bis zu den Wurzeln des Christentums vorzudringen. Es scheint, daß wir erst dort in sachlicher und unvoreingenommener Weise Maßstäbe gewinnen können, um wirklich eine politische Unterscheidung zu treffen. Eine solche Art von Politik kann dann auch nicht mehr als menschenunwürdig abgewertet werden: sie wird nicht zu einem taktischen Manöver, das letzten Endes davon abhängt, ob die Kommunisten an der Macht sind oder nicht. Sie wird vielmehr eine Politik sein, die auf einer umfassenden philosophischen Konzeption beruht, sich auf Marx beruft und dabei ehrlich alles in Erwägung zieht, was auch nur von ferne mit ihren eigenen Bemühungen in Einklang stehen könnte.
Um welche Vorgänge handelt es sich? Was spielt sich in den Kirchen ab? Welche politische und geistige Atmosphäre herrscht in ihnen? Welche Aktivitäten gedanklicher oder praktischer Art gelangen da zur Entfaltung?
Die Antworten werden uns leichter fallen, wenn wir versuchen festzustellen, wie sich die Christenheit heute selbst sieht: wie sie ihre verborgenen inneren Kräfte einschätzt; wo sie etwaige

Reserven sieht, die sie ausschöpfen könnte; welchen Standpunkt sie zu den strittigen Sachverhalten in der Welt einnimmt, die auch in ihr einen Widerhall finden; wie sie ihre eigenen Chancen als Institution unter anderen Institutionen dieser Welt beurteilt.

Dies alles und gewiß noch mancherlei mehr können wir zusammenfassen in den Begriff *Selbstreflexion.* Ohne eine solche gegliederte und prinzipielle Selbstbetrachtung bleibt jede Bewegung mit gesellschaftlichen Ambitionen ihrer eigenen Vergangenheit verhaftet. Sie verliert das lebendige Empfinden für die menschlichen und politischen Notwendigkeiten. Im gleichen Maße aber hört sie selbst auf, für lebendige Menschen und die Welt der Politik notwendig zu sein.

Bis vor kurzem schien es, als sei die Christenheit unserer Zeit zu einer solchen Selbstreflexion nicht mehr fähig. Nach außen hin hatte alles diesen Anschein: die Kirchen unterstützten bis in peinliche Einzelheiten hinein die Politik der mächtigsten kapitalistischen Staaten. Sie verhehlten nicht ihren entschlossenen und kämpferischen Antikommunismus. Sie hatten keine Lust, auch nur irgend etwas aus ihrer Vergangenheit zu revidieren, nicht einmal das, was schon allgemein diskreditiert war. Im Geistigen klebten sie an Grundsätzen, die unter solchen Umständen um so kleinlicher wirkten, je altehrwürdiger sie waren.

Heute ist unbestritten, daß die Kirchen eine solche umfassende Selbstreflexion betreiben; daß demnach in ihnen immer noch kräftige Quellen am Werke sind, die ihnen eine Regenerierung ermöglichen. Wirklich: Gott ist nicht ganz tot. Zu den grundlegenden Betrachtungen gehört wohl die Einsicht und das allgemeine Empfinden, daß die Welt und die Religion in einer kritischen Lage sind. Bei der weitaus größten Zahl der Christen besteht diese Einsicht immer noch in der Form eines kausalen Abhängigkeitsdenkens: die Welt ist in einer Krise, *weil* die Religiosität in einer Krise ist.

Von da her tauchen dann weitere neue Probleme auf, welche die Christen zur Selbstreflexion nötigen: ist diese Krise nicht vielleicht durch die Rückständigkeit des heutigen Christentums ausgelöst? Warum vermochte das Christentum nicht rechtzeitig und wirksam die Herausforderung des Kommunismus zu bestehen? Warum scheint es so, als hätte es die Fähigkeit zu einer dauernden Regeneration verloren? Warum ließ es sich der Werte berauben, die es seiner Sendung gemäß hätte verteidigen sollen? Was ist überhaupt diese Sendung? Welchen Standpunkt soll der Christ gegenüber anderen als christlichen Konzeptionen und Entwürfen einnehmen? Was kann für ihn die moderne bürgerliche Philosophie und Soziologie bedeuten? Was namentlich der Marxismus? Was die nichtchristlichen religiösen Systeme, die im Bereich der dritten Welt verbreitet sind? Welche von den kulturellen, geistigen, materiellen Wertsystemen, die die moderne Welt geschaffen hat, sind aus christlicher Sicht annehmbar, welche nicht?

Wir begegnen all diesen und noch manchen anderen Fragen in der zeitgenössischen christlichen Literatur. Die Antworten auf sie sind keineswegs eindeutig oder autoritativ entschieden. Im Gegenteil, sie sind voller Auseinandersetzungen und Widersprüche, voller Unruhe, Polemik und konservativer Angst vor dem Neuen, sowie voll tiefgreifender Befürchtungen, die vom Alten herrühren, sie verteidigen hartnäckig längst verlorene Positionen und trachten ebenso hartnäckig neue Positionen im Niemandsland zu besetzen, sie schwanken zwischen beiden Extremen, zögern vor jedem Schritt, weil er unabsehbare Folgen haben könnte.

Die Selbstreflexion des Christentums ist ein hochpolitischer Vorgang, sie stellt eine Anstrengung dar, die Kräfte und die Machtfülle des Christentums neu zu beleben. Sie schafft Unruhe und Bewegung nach Jahren des Stillstands.

Ist sie ein Ausdruck des Christentums in der Krise? Gibt es eine religiöse Krise? Was hat dieser Begriff überhaupt für eine Bedeutung?

2

Die religiöse Krise – wir wollen uns für einen Augenblick dieses allzu vieldeutigen Begriffs bedienen – ist ein weitgespanntes historisches Phänomen. Die innere Aufspaltung des ursprünglich einheitlichen Christentums seit der Reformation hat eine Reihe von konfessionellen Denominationen entstehen lassen, die evangelische, die kalvinistische, die Böhmische Brüderunität, die Lutheraner und die Anglikaner. Diese unterteilen sich im Laufe der nachfolgenden Jahrzehnte noch weiter, bis der ganze Prozeß sein Ende findet bei einer beachtlichen Zahl bedeutender und unbedeutender Kirchen, Gemeinschaften und Sekten. Diese fortschreitende Desintegration ist historisch als das äußere Anzeichen dafür anzusehen, daß das Christentum in diesem Zeitabschnitt seine universalisierende Fähigkeit einbüßt, daß es aufhört, eine Sphäre zwischenmenschlicher Kommunikation zu sein, wie das im Mittelalter der Fall war.

Wesentliches Merkmal dieser Krise ist, daß, beginnend mit der Renaissance, ein sich ständig erweiternder Kreis von Menschen die christliche Religion als etwas *Heteronomes* erlebt, ungeachtet der Formen und Inhalte, mit deren Hilfe sie ihnen Gott nahezubringen sucht. Etwas Wesentliches hat sich geändert. Der Mensch ist nicht mehr bereit, in schlichter Vertrauensseligkeit die offenbarten Wahrheiten als Bestimmungsfaktoren für die Normen seines Daseins und des Lebens der Gesellschaft hinzunehmen. Im Gegenteil: er fängt an zu empfinden, daß sie nicht ein *Gesetz* sind, das der Schöpfer in sein Herz und in die Ordnung des Natürlichen eingeprägt hat, sondern vielmehr etwas, was dieser Natürlichkeit nicht zugehört, ihr fremd ist. Und er tritt – hier entschiedener, dort zögernd und mutlos – den gesellschaftlichen Kräften entgegen, die sich das Recht anmaßen, sein alltägliches Leben ebenso wie das der Gemeinschaft, in die er eingeordnet ist, mit Vorschriften zu lenken, die aus dieser fremden Gesetzlichkeit abgeleitet sind.

Wenn sich ein solches Empfinden oder fast schon das Bewußtsein der Heteronomie der christlichen Offenbarung und der sie vermittelnden Institution ausbreitet, so ist das nicht eine Folge des Verfalls der Sitten oder der Verderbtheit der menschlichen Natur, wie das vielleicht ein hingebungsvoller Pietist in seinem kindlichen Gemüt vermeint. Es ist aber auch nicht in erster Linie die Folge einer rationalen Überlegung oder ein Akt der Emanzipation der ausgereiften Vernunft, wie ein nachdenklicher Liberaler urteilen würde. Die Sache ist verwickelter. Ursprünglich kommt der erste Antrieb weder aus moralischer Entrüstung, noch aus dem Pathos des kühl kritisierenden Geistes.

Was ist anders geworden, daß Mensch und Christentum sich gegenseitig fremd wurden?

Die mittelalterliche Naturalwirtschaft, die in voneinander getrennten und autarken Einheiten vonstatten geht und die gesellschaftlichen Beziehungen dem Zufall anheimgibt, ist nicht imstande, ein anderes universelles Interesse wachzurufen als das religiöse. Sobald sich aber das Handwerk in sie einfügt und damit der Markt entsteht, wird dieser Ort der alltäglichen Begegnungen zu dem Milieu, in dem einfache Fragen gestellt und beantwortet werden, wo es Angebot und Nachfrage, Kauf und Verkauf, Gewinn und Verlust gibt – jene elementaren ökonomischen Beziehungen, in denen der wirkliche, durch nichts idealisierte Wert der einzelnen Menschen offenbar wird. Die Selbsterkenntnis, zu der die Leute hier finden, ist bar allen verwirrenden Glanzes von Geheimnissen und Symbolen. Statt dessen führt sie zur Einsicht in die eigenen und fremden Interessen und in die Übereinstimmung oder Gegensätzlichkeit dieser Interessen. So wird das gesellschaftliche Bewußtsein ins Leben gerufen und es kommt zu einer autonomen Verallgemeinerung[1]: man gewinnt den Blick dafür, welch ungeheuere Bedeutung eine gemeinsame Sprache hat, deren sich alle rundum innerhalb der Grenzen eines Landes bedienen; auch die bindende Kraft gemeinsamer Bräuche, altehrwürdiger Erinnerungen, Überlieferungen und Kulturgüter wird deutlich.

»Er ist nur ein Franzose, Mylord.«
»Ein Franzose – wo habt ihr diesen Ausdruck aufgelesen? Fangen diese Burgunder und Bretonen und Pikarden und Gaskogner an, sich Franzosen zu nennen? Genau so wie unsere Jungens sich Engländer zu nennen anfangen? Sie sprechen sogar von Frankreich und England als von ihren Ländern. *Ihren* wenn ich bitten darf! Was soll aus uns beiden werden, wenn diese Art zu denken in die Mode kommt? . . . ich kann Euch nur versichern, daß dies durchaus antikatholisch und antichristlich ist. Denn die katholische Kirche kennt nur ein Reich – und das ist das Reich des Königtums Christi. Zerteilt dieses Königtum in Nationen und ihr entthront Christus. Und wenn Christus einmal entthront ist, wer wird dann zwischen unseren Gurgeln und dem Schwerte stehen? Die Welt wird in einem Blutbad untergehen.«[2]

1 Hier scheint es am Platz zu sein, die oft gebrauchte Wendung von der »Verallgemeinerung« zu erklären. Gemeint ist die Erscheinung, daß ein zunächst individuelles Phänomen sich im Laufe der Zeit auf einen größeren, ja großen Kreis von Menschen erstreckt und von diesen internalisiert (verinnerlicht) wird. Wenn hier speziell von »autonomen Verallgemeinerung« die Rede ist, dann will das besagen, daß sich dieser sozialpsychologische Vorgang aus sich selbst heraus – ohne Einwirkung von oben oder außen – vollzieht (Anm. d. Übers.).
2 G. B. Shaw, Die heilige Johanna, übersetzt von S. Trebitsch, neue durchgesehene Aufl. 1927, S. 128. 142.

Der scharfsinnige Ironiker Shaw übertreibt hier, wie immer, ein wenig, aber den Vorgang der Heteronomisierung des Christentums und seine Erscheinungsformen kennzeichnet er außergewöhnlich treffend.

Gott ist auf den Marktplätzen überflüssig. Auf den Schlachtfeldern der Kriege und der Politik aber ist er ein französischer, ein englischer und ein deutscher Gott. Ein unangenehmer, beschwerlicher, widerwärtiger, fremdartiger Gott.

Das, was »unten« zunächst ein unklarer Sachverhalt am Markt ist, etwas, worüber man nicht nachdenkt, das wird »oben«, in den Zellen der Astronomen, der Geometer, der Mechaniker, der Optiker und aller übrigen Handwerksleute, die von Natur aus zum Schauen bestellt sind, aufgegriffen und man denkt sehr bald darüber nach: Es ist das Recht der Vernunft auf Autonomie. Später liest man die Discorsi des Galilei auf den Marktplätzen, und dann bleibt für den christlichen Glauben nur die gedankenlose Konvention übrig und jenes Stückchen Raum, das die Kirchen – wenn auch unter Verlusten – zu behaupten verstehen.

Die Verhältnisse sind freilich nicht überall in Europa gleich ausgeprägt, namentlich nicht in den klassischen Ländern der Reformation.

Nachdem nun das Dasein der christlichen Kirchen in der ins Licht tretenden Welt der Städte zu einem Fremdkörper geworden ist, wird es bald auch zu einem solchen Fremdkörper für das Bewußtsein des Bürgertums. In dessen erstem, heldenhaften Aufschwung äußert sich dieses Bewußtsein oft in radikalisierender Weise. Wir hören den Ruf: Gott ist tot, die Vernunft hat gesiegt! Das setzt uns nicht in Erstaunen. Die Hoffnungen einer Klasse, die um die Macht kämpft, laufen gerne den Tatsachen voraus. Seit dem Beginn der bürgerlichen Revolutionen, vor allem der französischen, setzt sich der Prozeß der Heteronomisierung beschleunigt fort. Zahlenmäßig macht sich dies dadurch bemerkbar, daß seit Anfang des 19. Jahrhunderts der Anteil der Bekenner des Christentums an der Gesamtzahl der Bevölkerung zwar relativ steigt, aber absolut ständig sinkt. Eine Rechristianisierung im Ausmaß des einstigen »Besitzes an Seelen« durch die Kirchen ist heute unmöglich. Es ist eine latente religiöse Krise vorhanden.

Auch aus der Sicht der Soziologie wird das Vorhandensein

einer religiösen Krise bestätigt. Die tiefgreifenden Veränderungen der demographischen Struktur in der modernen kapitalistischen und auch in der sozialistischen Gesellschaft, ihre Aufgliederung und der wachsende Polyzentrismus, die soziale Mobilität, eine Unmenge neuer und schneller Kommunikationsmittel, die fortschreitende Institutionalisierung des Daseins – dies alles bewirkt, daß die Kirchen ihre Ausnahmestellung verlieren, daß ihre Möglichkeiten, Menschen in Gemeinschaften zu vereinigen und sie geistig zu integrieren, immer geringer wurden und werden. Der einst bestehende feste Zusammenhalt der religiösen Gemeinschaften schwindet. Das Prestige der kirchlichen Kommunitäten ist verhältnismäßig am größten in den zurückgebliebenen landwirtschaftlichen Gebieten und in den industriell nur schwach entwickelten Ländern. Wenn auch diese industrialisiert werden und auf den Sprossen der Zivilisation höher steigen, dann werden hier die Kirchen von neuem erleben, was sie in Gegenden mit raschem industriellen Fortschritt und Anstieg des Lebensstandards bereits erlebt haben.
Die Lage der Kirchen wird außerdem noch durch die Verschiedenartigkeit des Ursprungs der konfessionellen Verhältnisse in Europa und auch in den übrigen Erdteilen kompliziert. Neben den typischen Missionsländern, in denen das Christentum gänzlich fremder Herkunft ist, stehen die Länder, in denen die katholische oder evangelische Konfession vorherrscht, wobei die schwächere der beiden Kirchen in der Zerstreuung, der Diaspora, in konfessioneller Isolierung lebt. In den konfessionell gemischten Ländern stehen die Kirchen miteinander im Wettbewerb und führen oft einen verborgenen, oft aber auch einen offenen Kampf um Prestige und Macht.
Ganz entscheidend wirkt sich auf die christlichen Kirchen die Aufteilung der Welt in Klassen, in gegensätzliche sozialökonomische und ideologische Systeme und politische Gruppierungen aus. Das Verhältnis zu Kapitalismus und Kommunismus hat in den letzten Jahren sogar einen so weittragenden Einfluß, daß es – wie es scheint – die Kirchen neuerlich von innen her spaltet und ihre Labilität noch vergrößert. Es ist nicht zu verwundern, daß dem Menschen unserer Tage die Kirchen als Einrichtungen dieser Welt, als Institutionen unter Institutionen erscheinen. Es fehlt zwar nicht an Forschungsarbeiten, die

feststellen, daß sie immer noch leistungsfähig und wirksam arbeiten. Man versucht zu messen, ob sie Menschen zu leiten vermögen, untersucht die Struktur ihrer Kader, die Schlagkraft ihrer leitenden und ausführenden Organe, ihre Elastizität und Anpassungsfähigkeit, und verwendet dabei Maßstäbe, die dem Forschungsbereich der Wirtschaftswelt, der Produktion oder der staatlichen Organe und Organisationen entnommen sind. Die Kirchen werden vollständig desakralisiert. Sie sind in die Zeit verstrickt, von Interessenkämpfen umstrickt.
Sie unterliegen einer vieldimensionalen Auffächerung; diese aber ergreift auch die Reihen der Gläubigen; wie groß deren Zahl wirklich ist, das weisen selbst kirchliche Statistiken nur mit großem Toleranzspannen aus. Hier wird die Krise der Religiosität offenkundig. Die Frömmigkeit, die vormals kaum Unterschiede aufwies und so den kirchlichen Hirten die Ausübung ihres Amtes leicht machte, ist heute reich differenziert: am Rande der »Herde« stehen die bloß in den Kirchenbüchern verzeichneten Gläubigen, die als einziges Merkmal ihrer Kirchenzugehörigkeit nur das objektiv nicht feststellbare Zeichen der Taufe tragen; jedem wirksamen Zugriff bleiben auch die konformistischen Gläubigen und die Saisonchristen entzogen, die sich der Kirche nur aus Anlaß höchster kirchlicher Feiertage oder wichtiger Ereignisse in ihrem Leben erinnern; dann gibt es noch die »Praktizierenden« – diejenigen, welche regelmäßig die Gottesdienste besuchen. Schließlich ist noch die Kerngemeinde da, die Laienapostel. Das Verhältnis zwischen diesen einzelnen Kategorien schwankt je nach der Pfarrei, nach der Gegend und insgesamt nach den konfessionellen Verhältnissen im Lande. Diejenigen Theologen, die kein Verständnis für einen Selbstbetrug durch Zahlenspiele haben und die Dinge zu sehen vermögen, wie sie sind, gestehen sich ein, daß das Christentum in der modernen Welt im Schwinden sei. Sie sind der Ansicht, daß die Gläubigen weithin nur aus Frauen bestehen, aus Kindern und alten Leuten. Bei Menschen im tätigen Lebensalter ist die Religiosität unterdurchschnittlich und verliert weiterhin an Boden, besonders auffällig in den städtischen industriellen Ballungszentren mit einer starken Arbeiterklasse und einer gewichtigen Intelligenz. Der Glaube überlebt nur als Gewohnheit, als Tradition, er ist an ethnische und soziale Voraussetzungen gebunden. Die Erinnerung des

Menschengeschlechtes an ihn verdunkelt sich. Die religiöse Krise erfaßt alle Schichten, Klassen, Völker und Altersgruppen.

Gewiß – die Priester taufen noch; aber die Paten denken währenddessen darüber nach, daß dem Kinde kalt sein könnte, nicht, daß es soeben zu einem Christen wurde. Noch erklingen in den Domen und Kathedralen Lieder; aber ihre weiten Räume werden im Laufe eines Tages oder eines Jahres nur kümmerlich ausgenützt. Noch falten sich Hände zu Gebeten; aber echte Frömmigkeit wird immer seltener. Noch gibt es manche Beziehung zu den Kirchen; aber man erwartet von ihnen praktische Hilfe in den Sorgen des Alltags und gegebenenfalls eine Sicherung für den Ruhestand nach dem Tode.

Die religiöse Krise ist auch ein Phänomen der menschlichen Psyche. Sie erschüttert die religiösen Werte, die bisher für das Maß seines Lebens bestimmend waren, im Inneren des Menschen. Die Konflikte, von denen sie begleitet ist, gehören zu den tiefsten, die der Mensch durchleben kann, fordern sie doch einen gänzlichen Umbau der Wertskala, eine durchgehende Änderung der gesamten Lebenseinstellung. So ist die Art, in der die religiöse Krise erlebt und für sie eine Lösung gesucht wird, für jeden einzelnen, der hier ernsthaft mitdenkt, von ungewöhnlicher menschlicher Bedeutung.

Ein Christentum ohne Heiligenschein; preisgegeben den autonomen Bedürfnissen dieser Welt. Und ihrem Urteil.

3

Wie stellt sich diese Krise der Christenheit selbst dar?

Wir wollen die engherzig empirischen oder die pietistischen Deutungen, die die religiöse Krise nur unter Zweckmäßigkeitsgesichtspunkten der Politik und des Prestiges zu verstehen vermögen, hier als unangebracht beiseite lassen. Uns geht es um eine Deutung, die der historischen Dimension angemessen und auch theologisch tragbar wäre; denn nur eine solche Deutung kann für die historische Praxis der christlichen Kirchen wirklich ausschlaggebend sein. Wir beschränken uns dabei auf die katholische Kirche und finden im Grundsatz zwei Auffassungsweisen solcher Art vor.

Die erste, obschon in der Mitte der dreißiger Jahre unseres Jahrhunderts formuliert, kann als Musterbeispiel jener Denkungsart angesehen werden, die bis heute in der katholischen Kirche ihren entscheidenden Einfluß immer noch nicht verloren hat. Die zweite ist seit Beginn der fünfziger Jahre in Bildung begriffen und wird sich offensichtlich noch weiter entwickeln. Wir wollen beide ins Auge fassen.

Für Jacques *Maritain* ist der historische Prozeß der religiösen Krise eine Tragödie der neuzeitlichen Geschichte, die Tragödie des Humanismus. Das frühe und das hohe Mittelalter ist für ihn die heldische Epoche des Menschen. Er ist ganz auf Gott bezogen, sein Dasein in der Welt ist unwichtig. Wenn der Mensch über sich nachdenkt, dann sieht er sich stets als Geschöpf Gottes. Die Auflösung dieses undifferenzierten religiösen Selbstbewußtseins beginnt mit dem Individualismus: zwar ist der Mensch noch bereit, Buße zu tun vor Gott, aber nicht mehr vor einem anderen Menschen. In dem Augenblick nun, da die Autonomie seiner eigenen Vernunft für ihn ausschlaggebend wird, die keine offenbarten Wahrheiten mehr kennt, wird sein ursprünglich einheitliches Wesen in zwei Teile gespalten; der eine lebt in dem Gefühl, von der Natur verschlungen zu werden, der andere strebt vergeblich danach, sich selbst zu finden und sich wieder einen Wert beizumessen. So kommt es zu einer tragischen Verwechslung: der Humanismus, in dessen Mittelpunkt Gott stand, wird zu einem Humanismus, in dessen Mittelpunkt der Mensch steht, dem aber zugleich die eigentliche menschliche Dimension verloren geht. Wenn das überhaupt noch ein Humanismus ist, so sagt Maritain, dann verdient er die Bezeichnung »unmenschlich«. Die Beweise dafür bringt die weitere Entwicklung mit sich. Der »Mensch in seiner Würde«, wie ihn Rousseau sah, zerfällt zu Staub: Darwin engt ihn auf seine animalischen Voraussetzungen ein, Freud unterwirft ihn den elementaren Fesselungen der Triebe. Das Ergebnis ist das Ende der Persönlichkeit; es findet bei Marx und im Kommunismus seine Bestätigung: die Persönlichkeit wird nicht nur abgeschafft, sondern sie verfällt der Kollektivität und dem Staat und wird von beiden restlos aufgesaugt.

Ebenso aber, so fährt Maritain fort, liegt hier eine Tragödie der Kultur vor. Es mochte noch möglich gewesen sein, in der

Renaissance ein christliches Element aufzufinden, auch wenn dieses bereits naturalisiert war. Aber die folgenden Jahrhunderte entledigen sich des Christentums zur Gänze. Verstand und Technik, diese beiden Monumente einer bürgerlichen Kultur, beherrschen das Feld. Der Mensch wird unterdrückt. Augenblicke wahren Menschseins werden immer seltener.
Beide Tragödien münden nach Maritain in die Tragödie Gottes. Zunächst wird, so bei Spinoza, Descartes und Malebranche, der Grundsatz der Transzendenz erschüttert. Der geometrische Verstand steht auf gegen das göttliche Geheimnis. Dann verwandelt Hegel den transzendenten Gott in eine bloße Idee, und am Ende verkündet Nietzsche, daß Gott tot sei. Wie könnte er auch in einer Welt leben, der sein Abbild – die menschliche Persönlichkeit – verlorengegangen ist? Der Atheismus wird begreifbar als Ausdruck der Gehässigkeit des Menschen, den eine Gesellschaft, die ihrer menschlichen Sendung untreu geworden ist, enttäuscht hat.
Soll diese drohende Tragödie der Geschichte abgewendet werden, dann ist es nach Maritain unerläßlich, daß Gott wieder zum Mittelpunkt für den Menschen werde. Man muß auf der Erde die Voraussetzungen schaffen, damit Gott zu ihr herabsteigen und der Mensch über sich hinaus, zu Gott, aufsteigen könne.
Was geschieht dann aber mit den gegebenen gesellschaftlichen Verhältnissen? Was mit dem vorhandenen Staat, der doch in seiner bourgeoisen Gestalt dualistisch ist und den Menschen aufspaltet? Es ist offensichtlich, daß er vernichtet werden muß, erklärt Maritain. Darin ist sich der Christ mit dem Kommunisten einig. Er unterscheidet sich aber von ihm dadurch, daß er seine rein äußerliche mechanische Lösung, seine revolutionären Akte ablehnt. Für den Christen gibt es nur einen maßgeblichen Weg zur Behebung des entfremdenden Dualismus; das ist die personale Integration des menschlichen Inneren, der Aufstieg seines Geisteslebens, die Ausformung seiner schöpferischen und in diesem Sinne religiösen Persönlichkeit. Praktisch heißt das, daß der Christ die Pflicht hat, Wirtschaft und Politik in eine ethische Ordnung einzufügen und darin aktiv als Christ mitzuarbeiten. Das ist der neue Stil des Heiligseins, den zu pflegen, hervorzurufen und zu unterstützen die ureigentliche Sendung der Kirche ist. Er stellt den Christen

ein geschichtsmächtiges Ideal vor Augen, das sich von dem des Mittelalters, das unwiderruflich dahin ist, abhebt. Auch wenn sich die Merkmale dieses Ideals nur annäherungsweise festlegen lassen, so ist Maritain doch überzeugt davon, sie besäßen so viel Ausdruckskraft, daß man praktisch nach ihnen streben könne. Die neue Gesellschaft, die entstehen soll, kann nicht die mittelalterliche Einheit »von oben« sein, sondern sie ist ein pluralistisches Gefüge, in dem sich die Kräfte des Kollektivs, der Gruppen und der Einzelpersönlichkeiten wechselseitig unterstützen und ergänzen. So soll es in der Wirtschaft beispielsweise neben einer kollektivierten Industrie eine Landwirtschaft auf der Basis der Familie geben; das Privateigentum bleibt weiterhin die Grundlage, auch wenn es für das Gemeinwohl genützt wird; das wirtschaftliche Leben spielt sich in einem Gefüge von Korporationen ab, wobei die der Produktion dienenden den Korporationen der Verbraucher und diese wieder den politischen untergeordnet sind. Im Bereich des Rechts wird eine solche Gesellschaft auf die Unterschiedlichkeiten der Gruppen und ihre verschiedenartigen Rechte und Pflichten Rücksicht nehmen, wobei stets das allgemeine christliche Ziel im Auge zu behalten ist. In der Politik wird eine von christlichem Geist geleitete Toleranz herrschen; dieser Geist muß zur führenden politischen Kraft werden, die für die Heranbildung leitender Eliten sorgt.
Diese neue christlich eingestellte Gesellschaft kann gemäß Maritain nicht auf der Grundlage der bürgerlichen Gesellschaft emporwachsen, weil diese egoistisch und individualistisch ist. Sie kann aber auch nicht nach den messianisch-kollektivistischen Vorstellungen der Kommunisten erstehen. Maritain sieht einen Mittelweg zwischen diesen beiden Extremen in einer christlichen personalistischen Lösung, in einer Versöhnung zwischen Mensch und Natur, Zivilisation und Kultur, in Gott. Maritain erklärt in seinem Werk »Humanisme intégral« (1936), daß die Verwirklichung dieses geschichtlichen Ideals der Christenheit in vollem Umfang erst nach der Überwindung des Kapitalismus möglich ist. Wir sollten diesen Ausspruch nicht allzu sehr überschätzen. Aus den erwähnten Zusammenhängen wird deutlich, daß er nicht mehr beinhaltet als die Forderung, die kapitalistische Gesellschaft solle von den Elementen der Bourgeoisie gereinigt werden, im Grunde also genau das, was

in der sozialen und politischen Philosophie des Thomismus christliche Demokratie genannt wird.

Nach dem zweiten Weltkrieg, vom Beginn der fünfziger Jahre an, entwickelt sich in Kreisen der katholischen Theologen ein neues Nachdenken über die religiöse Krise, das sich viel nüchterner ausnimmt.

Für den französischen Jesuiten *Desqueyrat*[3] hat die religiöse Krise ein universales, die ganze Welt umfassendes Ausmaß. Sie betrifft nicht nur die christliche Religion, sondern die Religionen überhaupt; es handelt sich nicht bloß darum, daß die Religiosität von kultivierteren Formen zu weniger kultivierten absinkt, sondern daß sich der Unglaube beständig vertieft. Dieser tragische Absturz hat aber für Desqueyrat keinen nur ausgesprochen religiösen Sinn und erschöpft sich nicht lediglich in der Frage nach dem künftigen Schicksal der Christenheit und der christlichen Kirchen. Er sieht in ihm vielmehr ein Anzeichen für eine allgemeine Entwurzelung, die durch eine tiefgreifende und stürmisch voranschreitende Revolution hervorgerufen wird. Demnach ist nicht die Religion oder das Christentum in einer Krise, sondern diese alles durchdringende Revolution stellt eine planetarische Krise der heutigen Menschheit dar.

Man muß den die ganze Welt umfassenden revolutionären Prozeß in seiner geschichtlichen Bedeutung begreifen – das ist die Aufgabe, vor der die Christenheit steht. Es hat deshalb wenig Sinn, diese Revolution mit Maßstäben der europäischen Geschichte und des europäischen Geistes zu messen; man wird kaum den Weg gehen können, Modelle für sie von dem für die Christenheit klassischen Boden herzuholen. Desqueyrat ist überzeugt, daß das Christentum, wenn es nicht zu einer Angelegenheit unscheinbarer, gesellschaftlich isolierter Eliten werden soll, sich der Welt deutlich öffnen muß und sich bemühen muß, auch in anderen großen Kulturen der Welt Fuß zu fassen, nicht nur in der westlichen: in der indischen, chinesischen und afrikanischen. Das Christentum muß selbst zum Träger der revolutionären Mystik werden.

Welch eine schreckliche Bezeichnung! Aber Desqueyrat versteht darunter nicht irgendein religiöses Credo. Für ihn ist das

3 R. P. A. Desqueyrat SJ, La crise religieuse des temps nouveaux, Paris 1955.

eine Philosophie vom Menschen und von der Welt, gegebenenfalls auch von Gott, wenn der Mensch sich diese Frage überhaupt stellt; es ist eine Stufenleiter von Werten und ein Programm tätigen Wirkens. Es sagt uns, so schließt der Autor, warum und wie eine »menschliche« Erde zu organisieren sei.

Die heutige Welt steht ganz im Banne der Bewunderung für die Wissenschaft und des Kults der Gegenständlichkeit; laut Desqueyrat dürfte sie aber nicht dem Positivismus verfallen. Im Gegenteil, sie muß einen immer breiteren Raum frei machen für das, was die moderne Philosophie »das Irrationale« nennt. Die heutige Welt trachtet aus allem den größten Vorteil für sich herauszuschlagen; die Revolution wird sie dazu zwingen, daß sie nicht einem banalen Utilitarismus verfalle, sondern ihre schöpferischen Kräfte in das alltägliche Dasein einbringe. Auch die neue Wirklichkeit wird die Massenfertigung nicht aufheben, aber sie wird nicht zur Vermassung des Menschen führen. Der Mensch ist nicht passiv ein Produkt der Geschichte, er ist vielmehr Geschichte, die sich selbst produziert, er ist Aktivität. Aus diesen Beobachtungen zieht Desqueyrat unermeßlich weit reichende praktische Schlußfolgerungen; der Geist engt den Raum der individuellen oder sozialen Determiniertheit ein; in dem Maß, in dem er dies tut, sind die »Heiligen« berufen, die Geschichte als Ganzes und die Religionsgeschichte im besonderen breit zu öffnen.

Es ist auf den ersten Blick zu ersehen, daß diese Auffassung der religiösen Krise sich schroff von der Maritains unterscheidet. Während ihm der gegenwärtige Zeitabschnitt als fortschreitender Zersetzungsprozeß erscheint und der Kommunismus als das Endprodukt dieser geschichtlichen Desintegration, ist für Desqueyrat die Revolution, deren universalen und planetarischen Umfang er begreift, ein autonomer Prozeß, der unter Schmerzen eine neue Welt hervorbringt. Nichts ist fertig, alles, worin und wodurch wir leben, ist voll von Herausforderungen. Der Christ ist der Mensch, der einfühlsamer zu reagieren versteht, der einen geschärften Sinn für die geistigen Ausmaße der Revolution, für ihre »Mystik« besitzt.

Im Verlaufe der fünfziger Jahre gewinnt diese Art, über unseren Zeitabschnitt und die religiöse Krise nachzudenken, an Tiefe und Breite, wenn auch vorläufig nur in ziemlich exklusiven Kreisen der Theologen. Erst der Beginn der sechziger

Jahre gewährt ihr größere Möglichkeiten und praktischere Aussichten.
Wir haben zwei theologisch relevante Auffassungen von der religiösen Krise kennengelernt.
Die erste ist thomistisch; sie ist dem geschlossenen Katholizismus eigen.
Die zweite ist nicht-thomistisch; sie enthält das Konzept eines offenen Christentums. Der Kampf zwischen den beiden ist im Grundsatz entschieden. In der Praxis wird er noch lange fortdauern.

Universalität und Partikularität

1

Verstehen ist der erste Schritt zum Überwinden.
Das zeitgenössische Christentum erregte und erregt noch heute oft den Widerspruch fortschrittlicher Gruppen und Klassen dadurch, daß es, wie wir sagen, mit den Interessen der Großbourgeoisie verkettet ist.
Diesen Sachverhalt wollen wir analytisch betrachten; gewiß wird das nichts an unserem Urteil ändern, es sei alles daran zu setzen, den sogenannten Integralismus[1] aus dem gesellschaftlichen und politischen Leben auszumerzen. Aber im Unterschied zu den Kritiken, die mehr von einer gefühlsmäßigen Abneigung als von einer gründlichen Überlegung motiviert sind, kann eine solche Betrachtung dazu beitragen, andere Motivationen zu erzeugen: sie kann die Ebene jener grundsätzlichen gesellschaftlichen Probleme aufdecken, vor denen heute jede große und ihrer selbst bewußte Bewegung unserer Welt steht, z. B. die katholische, aber auch die kommunistische; und sie kann uns zu einem Verständnis dafür verhelfen, wie die Kirche über die Probleme nachgedacht, wie sie sie dann gelöst hat und warum sie sie gerade so gelöst hat, auch worauf die Anfechtbarkeit und Ausweglosigkeit einer solchen Lösung wirklich beruht.
Auf diese Weise legen wir uns selbst Fragen vor: unseren eigenen Vorstellungen, Konzeptionen und Entwürfen.

2

Die thomistische Konzeption des Katholizismus hat ihren Ausgangspunkt in der Idee des sogenannten politischen Katholizismus oder Integralismus; er war ein Versuch, das sehr alte Problem der Universalität der Menschheit zu lösen.
Wenn wir es ganz allgemein ausdrücken wollen, dann können

1 Mit Integralismus bezeichnet man jene radikale Richtung, welche alle Lebensgebiete aus dem katholischen Anspruch heraus gestalten will unter Nichtachtung der relativen Selbständigkeit außerkirchlicher Bereiche (Kultur, Politik u. a.).

wir dieses Wort als eine begriffliche Kurzformel ansehen, die in sich zusammenfaßt, was wir als Gattungsmerkmale des Menschen bezeichnen. Der Mensch ist von Natur etwas Unteilbares; sieht man ihn von außen an, so erscheint er als ein Wesen das imstande ist, sich universell anzupassen und zu adaptieren; heute versuchen wir das sogar in einem kosmischen, oder genauer gesagt in einem interplanetarischen Ausmaß. Von innen her gesehen erscheint der Mensch stammesgeschichtlich definitiv und mit letzter Gültigkeit gegenüber der gesamten außermenschlichen Natur abgegrenzt. Darüber hinaus aber bedeutet die Universalität offenbar auch die Unteilbarkeit des Menschlichen im Menschen in bezug auf ihn selbst: wir können über den Menschen nicht in Begriffen von »mehr« oder »weniger« nachdenken, wenn wir nicht bei den Greueln des Völkermords enden wollen. Der Mensch ist auch für sich selbst ein Grenzwert. Zum Inhalt des Begriffes gehört auch dasjenige Merkmal, das den Menschen bestimmt, sein Wesen nach außen zu wenden (zu extrovertieren) und dabei über sich selbst hinauszuschreiten (sich zu transzendieren). Damit ist seine Fähigkeit gemeint, allem ein menschliches Gepräge aufzudrücken, allem, worauf er die Hand legt, menschliche Züge zu verleihen.

Die Universalität ist also ein Vermögen des Menschen, das sich ständig entfaltet und die schlummernde und lethargische Natur zum Selbstbewußtsein zu erwecken vermag, sie umwandelt aus dem bloßen Dasein, das vom Kausalnexus beherrscht ist, zu einem Selbstzweck. Indem der Mensch in sich selbst die Teilnahmslosigkeit zum Erliegen bringt, mit der er sich als Mensch gegenüber steht, kommt auch die Teilnahmslosigkeit und Kühle der Natur gegenüber dem Menschengeschlecht zum Erliegen. Ihren elementaren praktischen Ausdruck findet diese Universalität in der gesellschaftlichen Produktion. Mit ihrer Hilfe *wird* der Mensch zu einem universalen Wesen. Die Universalität der Menschheit setzt sich historisch als ein Prozeß durch, der immer nur teilweise, partikular, unvollständig gelingt; als ein Prozeß von Akten der Souveränität und der Botmäßigkeit, die einander ablösen. Deshalb trachtet jede in der Gesellschaft lebendige Kraft (Gruppe, Klasse, Bewegung), die ein ausgeprägtes Bewußtsein ihrer Verantwortlichkeit besitzt, ihren Entwurf und ihre Vorstellungen vom gesellschaftlichen Wesen des Menschen universal zu verwirklichen. Sobald sie aber anfängt, ihr Modell als endgültig und als Spitzenleistung der Vollkommenheit anzusehen, schließt sie sich ab und wird im konkreten Ablauf der Geschichte zu einer Erscheinung, die früher oder später doch nur als ein Teilphänomen erkannt und überwunden wird.

Was freilich nicht heißt, daß nicht auch in dem Überwundenen etwas enthalten sein könnte, was der Beachtung wert wäre und mit Schaffensfreude studiert werden sollte.

Ich erblicke den Beitrag des Christentums, wie es sich zur Zeit Jesu entwickelt hat, darin, daß es im Widerstreit zur kosmopolitischen Konzeption des römischen Weltreichs, dessen partikulare Beschaffenheit zu jener Zeit ganz deutlich war, die Forderung aufstellte, der Mensch müsse von seinem Wesen her wiederum allgemein aufgefaßt werden. Ich habe diese »Verkündigung« den Hominismus des Zeitalters Jesu genannt: er will den Menschen einfügen in ein Gewebe, in dem er die Stelle finden könnte, an die er ganz allgemein als Mensch gehört; er wendet sich gegen die instrumentale Auffassung vom Menschen-Sklaven, der nur Werkzeug ist, und steckt die Grenzen ab, innerhalb derer sein Wert allgemein im weitesten Sinn anzuerkennen ist.

Der christliche Hominismus hat dies freilich nur bruchstückhaft tun können, mit Hilfe von Bildern, Symbolen und Mythen.

In der konstantinischen Wende des Christentums bietet sich den Männern der Kirche eine vorteilhafte Chance: sie setzen ihren Ehrgeiz darein, aus der Kirche eine universale Institution zu machen, die die Menschheit zu einer Einheit zusammenführen und eine menschenwürdige Ordnung mithilfe von dauerhaften Bindungen schaffen könnte.

Die Kirche hat dieses Vorhaben niemals erfolgreich zu Ende geführt, sie hat es aber auch niemals fallen gelassen. Immer von neuem macht sie den Versuch, eine endgültig vollkommene Gesellschaft aufzubauen. Der Thomismus stellt einen der Scheitelpunkte in diesen Bemühungen dar.

Es ist Marxens Verdienst, daß er, kritisch anknüpfend an Hegels Entdeckungen, eine Formulierung für das Problem der Universalität des Menschen fand, indem er den Gedanken aussprach, daß die Geschichte ein naturhistorischer Prozeß und der bisherige Geschichtsverlauf vorwiegend eine Geschichte von Klassenkämpfen gewesen sei[2]. Für sich allein genommen schlösse dieser Gedanke eine utopische Lösung des Problems noch nicht aus. Marxens Beitrag besteht darin, daß er den Beweis führte, die kapitalistische Produktionsweise sei die erste Form der Erzeugung, die das Universum der Werte, einschließlich des Menschen, in Waren ummünzte; sie habe einen Weltmarkt geschaffen; sie habe dadurch die Welt objektiv vereinheitlicht, allerdings als Objekt eines egoistischen Klasseninteresses. So zeige sich im Kapitalismus zum erstenmal in der Geschichte eine *reale* Möglichkeit, die Unteilbarkeit des Menschen zu verwirklichen, und zwar auf der Grundlage einer ökonomischen Vereinheitlichung. Unabdingbare Voraussetzung sei jedoch die Überwindung der partikularen und partikularisierenden Verhältnisse. Darum – und nicht aus irgendwelcher messianischer Sicht – erscheint Marx das Proletariat als jener *Teil* der Gesellschaft, der allein imstande sein kann, für alle den Ehrentitel Mensch zu erkämpfen. Die Vermenschlichung der Natur und die Naturalisierung des Menschen, die Industrie als die wahre historische Natur des Menschen, der Klassenkampf – das sind die Knotenpunkte in dem Gewebe des Emanzipationsvorgangs, der den Menschen als universalen Wert aus der aufgespaltenen Geschichte herauslösen soll.

Für die thomistisch eingestellte Kirche stellt sich dieser ganze Vorgang jedoch anders dar. Sie nimmt die *progressive* Seite der ökonomischen Universalisierung nicht wahr, zu der die Bourgeoisie den Anstoß gibt; sie sieht diese Universalisierung nur als einen immer tiefer greifenden Vorgang der Zersetzung, als eine Störung der Ordnung, die nicht ihresgleichen hat.

Der Humanismus der Bourgeoisie, in dessen geistigem Milieu sich dieser Vorgang abspielt, erscheint dem Thomismus als direkter Gegensatz zu dem christlichen hominististischen Anruf. Hier bahnt sich nun innerhalb der katholischen Kirche ein Pro-

2 Dem Autor ist sehr daran gelegen, daß dieser Passus mit Aufmerksamkeit gelesen werde. Er bedeutet für ihn einen der Kernpunkte des ganzen Werks. Solange die Geschichte wie ein Naturgeschehen abläuft, dem der Mensch hilflos ausgeliefert ist, wird es nie dahin kommen, daß der Mensch seine eigenen Schöpfungen wirklich beherrsche. Erst in der von Marx konzipierten klassenlosen Gesellschaft würden die Bedingungen für die Überwindung der Fatalität der Geschichte und die volle Geltendmachung des Menschen in seiner Subjektivität (s. S. 31) vorhanden sein (Anm. d. Übers.).

zeß an, der in dem Vorhaben gipfelt, gegen die bourgeoise Un-Ordnung eine Erneuerung der Ordnung zu stellen. Ein großzügiger Versuch, der aber in Ansehung der geschichtlichen Dimensionen dieses Problems von vornherein aussichtslos ist.

3

In den siebziger Jahren des vergangenen Jahrhunderts wurde die römisch-katholische Kirche vom Ablauf der Ereignisse zu einem politischen Realismus genötigt; daraus entstand für sie in der Tat eine Situation auf Biegen oder Brechen. Der Teil der Kirchenfürsten, die nüchtern überlegen, weiß, daß es eine greisenhafte Starrköpfigkeit ist, auf theokratischen Machtpositionen zu beharren; daß dies nur verheerende radikalistische Strömungen im Innern der Kirche auf den Plan ruft; und daß es unerläßlich ist, mit viel Bedacht eine Konzeption zu entwickeln, die christlich und zugleich nicht ohne Aussichten in dieser und für diese Welt wäre. Die Arbeiten an solcher Konzeption beginnen in der Kirche in den siebziger Jahren, als Papst Leo XIII. (1878–1903) den Thron besteigt.
Studiert man diese Vorgänge kritisch, so zeigt sich folgendes: die Tatsache, daß der Vatikan allmählich selbst zu einem kapitalistischen Eigentümer wird, war hier nicht ausschlaggebend. Die Vorgänge, durch welche die Kirche zur Kapitalbesitzerin wurde, haben zwar ihre Bedeutung in der unmittelbaren Tagespolitik, nicht aber für den weit vorausschauenden politischen Entwurf, der hier heranreift. Die Kritik, die nur enthüllend die allgemeinen christlichen Idealvorstellungen mit dem konkreten Vorgang der Kapitalanhäufung im Raum der Kirche konfrontiert, übersieht einige viel ernsthaftere Sachverhalte: der neue Entwurf christlicher Universalität ist von entscheidender Tragweite für die *gesamte* Politik der römisch-katholischen Kirche in dem langen und so ereignisreichen Zeitabschnitt der ersten Hälfte unseres Jahrhunderts.
Die vorbereitenden Arbeiten für diesen Entwurf währten vom Beginn der achtziger Jahre bis in die Mitte der neunziger Jahre; dann war aufgrund mehrerer Untersuchungen von großer Eigenständigkeit sein Grundriß fertiggestellt. In den folgenden Jahrzehnten wurde er mehrfach konkreter gefaßt und

überarbeitet, ohne daß sich an dem ursprünglichen Grundgedanken etwas änderte.
Die Reihe der Untersuchungen nimmt ihren Anfang bei den philosophischen Prinzipien des Thomismus, schreitet von da her fort zu einer sozialpolitischen Doktrin und endet damit, daß sie institutionelle und organisatorische Grundsätze einer praktischen christlichen Politik formuliert.

4

Die philosophischen Grundlagen des Entwurfs verkündet die Enzyklika »Aeterni Patris« (1879). Sie werden weiter ausgeführt in den Enzykliken »De libertate« (1888) und »Rerum novarum« (1891). Sie fordern eine Erneuerung des Thomismus; dieser findet dadurch in der Kirche wieder Anwendung und zugleich die Bestätigung für seine ewige Gültigkeit. Umgekehrt folgert die thomistische Kritik aus der Zersplitterung der bürgerlichen Philosophie, darin bilde sich nur die anfängliche Umwandlung der einstigen Ordnung in eine Un-Ordnung ab. Die Renaissance – *die Sünde der Italiener* – wurde nicht wegen ihrer kopernikanischen Wende zu einer Gefahr, sondern wegen ihrer auf die jonische Philosophie zurückgreifenden, atomisierenden Einstellung, mit deren Hilfe sich die Vernunft – wenn auch sehr armselig – als Herrin über die Dinge zu fühlen beginnen konnte. Die Reformation – *die Sünde der Deutschen* – relativierte die Autorität des Glaubens und der Theologie. Auf diese Weise wird der moderne Rationalismus vorbereitet, der über Descartes, die französischen Aufklärer und Kant schließlich in den abstrakten Ideen der *Vernunft,* der Wissenschaft, des Fortschritts, der Zivilisation mündet – der Idole einer neuen Zeit. An der Schwelle der achtziger Jahre des vergangenen Jahrhunderts ist auch den Thomisten klar, welche Karikatur aus diesen Ideen geworden ist.
Die thomistische Kritik des bürgerlichen Rationalismus trifft genau den Kern der Sache, wenn sie fragt: warum sollte die menschliche Vernunft als höchste und letzte Instanz erachtet werden, wenn doch klar ist, daß ihre Aussagen auch der Kontingenz[3] preisgegeben sind?

3 Das Wort Kontingenz ist ein philosophisches Fachwort und bezeichnet die Zufälligkeit oder Beliebigkeit im Gegensatz zur Notwendigkeit (Anm. d. Übers.).

Das sind seit Hegels Zeiten keine neuen Fragen mehr. Der Thomismus zieht aber aus ihnen weitreichende kritische und zugleich konstruktive Folgerungen. Er wendet sich vor allem an die eigenen Leute: er kritisiert an der christlichen Scholastik, daß sie allzu akademisch geworden sei. Er predigt die Rückkehr zu jenem Zustand, da die Vernunft sich noch auf die absolute Autorität Gottes stützte; er möchte, daß die Vernunft ihre Arbeit in einer solchen Weise erneuere, daß sie die objektiven Absichten Gottes durchschaue und auf diese Weise zum *Intellekt* des Glaubens werde. Der Thomismus wurde in seiner erneuerten Form als Philosophie einer intellektuellen Elite der katholischen Kirche verkündet, die imstande ist, weiter und tiefer zu schauen, über die trübe Oberfläche der Alltagskämpfe und aufeinander prallenden Interessen hinweg, und die deshalb auch gerüstet ist, praktisch zu wirken.

Deshalb wehrt sich die Kirche heftig gegen alle Versuche, dem christlichen Denken von der bourgeoisen Philosophie her neue Anstöße zu geben, wie sie unter den katholischen Intellektuellen zu Beginn unseres Jahrhunderts betrieben werden und von der kirchlichen Autorität in ihren antimodernistischen Enzykliken verworfen werden. Der Modernismus hat ein negatives Prinzip – er will aus Wissenschaft und Geschichte den Absolutheitsanspruch des Glaubens ausschließen; dies aber würde die Kirche dazu verurteilen, schweigend die Autonomie der Wissenschaft anzuerkennen und selbst in der Sterilität zu beharren; mit seinem positiven Prinzip schränkt er die Funktion des Glaubens auf das Innenleben des Menschen ein, auf existentielle Erlebnisse: dadurch wird er irrational getönt und folgerichtig antiintellektuell.

Der Thomismus will demgegenüber eine Philosophie und Ideologie sein, die die ganze ausgedehnte und über die Welt hin organisierte Institution der Kirche zu ihrer Verfügung hat und damit auch genügend weltliche Kräfte, die zu einer Aktion fähig sind.

Im sozialen Bereich stellt der Thomismus der bourgeoisen rationalistischen Willkür das Ideal einer objektiven Ordnung entgegen, die durch unwiderrufliche Gesetze vorgezeichnet ist, welche allem und jedem seinen Platz und seine Funktion in der hierarchischen Struktur des Reiches Gottes zuweisen. Das hat der bürgerliche Rationalismus nicht anerkennen wollen und das war, wie der Thomismus meint, der Anfang der Katastrophe.

»Steht nämlich die Überzeugung einmal fest, daß der Mensch keinen Höheren über sich habe, so ist folgerichtig das Band, das die bürgerliche Gesellschaft eint, nicht von einem gegeben, der außer und über den Menschen steht, sondern ruht in dem freien Willen des einzelnen: dann hat die staatliche Gewalt ihren letzten Ursprung in der Menge; und ist die Vernunft des einzelnen allein maßgebend für alle Handlungen des Privatlebens, so ist es die Gesamtheit in den öffentlichen Angelegenheiten. Infolgedessen ruht alle Macht in den Massen, und die Majorität des Volkes bestimmt, was Recht und Pflicht ist.«[4]

Hier geht aber nach Ansicht der kirchlichen Autorität jeder Maßstab für Gut und Böse verloren. Was einer will, das ist auch erlaubt. Die Menge, die sich auf eine vermeintliche Souveränität beruft, lebt in der ständigen Neigung zu Unruhen und Aufständen. »Quod satis testatur dimicatio propemodum quotidiana contra Socialistas«, bemerkt Leo XIII. in einer Marginalie.

Die Kritik des Thomismus am Liberalismus der Bourgeoisie ist in der Tat vernichtend – und im Grunde völlig berechtigt. Auch die Folgerung, die er daraus zieht, ist radikal eindeutig: man muß in der Praxis und in der Theorie das *Prinzip* einer demokratischen Ableitung der staatlichen Macht beseitigen (was nicht ausschließt, daß man dennoch für die demokratischen Freiheiten kämpft). Es soll durch ein anderes Prinzip ersetzt werden: durch das der Staatssouveränität, die als objektive autoritative Gewalt anzuerkennen ist.

Durch all dies brechen aber für die thomistische sozialpolitische Doktrin die Probleme überhaupt erst auf. Die Kardinalfrage ist ihr Verhältnis zum Proletariat, zur Arbeiterbewegung und zum Marxismus.

Die landläufigen kritischen Beurteilungen der sozialpolitischen Doktrin der römisch-katholischen Kirche beschränken sich zumeist darauf, daß man ihr wissenschaftliche Unhaltbarkeit und reaktionäre demagogische Absichten vorwirft. Als ob das das wichtigste wäre, was zur Sache zu sagen ist! Im thomistischen Entwurf geht es um etwas ganz anderes als um eine einfältige Demagogie, die damals jeder nur einigermaßen klassenbe-

4 Rundschreiben des Papstes Leo XIII. über die menschliche Freiheit (De libertate), 1888, S. 26.

wußte Arbeiter zu durchschauen vermochte. Er will vielmehr ein System von Beziehungen aufbauen, welches das Proletariat objektiv in die mit Autorität ausgestattete Ordnung der Macht einfügen will.

Folgende Schritte sind nach Meinung der Kirche dazu erforderlich: in der Theorie sich aller Vorurteile des bourgeoisen Rationalismus in allen seinen Ausformungen entledigen; in der Praxis den politischen Liberalismus zur Strecke bringen und zu den Grundsätzen der »organischen Gesellschaftsauffassung« zurückkehren. Gelingt das, dann wird nach Überzeugung der Kirche der marxistischen und sozialistischen Kritik der Boden entzogen. Sind doch Sozialismus, Kommunismus und Marxismus nichts als Produkte eines ins Extreme getriebenen Zersetzungsprozesses der *Bourgeoisie,* die erschütterndsten aller bürgerlichen Irrlehren, weil sie so natürliche menschliche Bindungen wie das Privateigentum außer Kraft setzen, und zugleich auch die Grundlage dieser Bindungen, die Religion. Soll die Gesellschaft nicht zugrunde gehen unter dem kommunistischen Ansturm – der für den Thomismus die Vision des absoluten Endes des Zersetzungsprozesses der Bourgeoisie ist, dem nur noch das Chaos folgen kann –, dann muß man die Arbeiterschaft in das Autoritätssystem integrieren. Voraussetzungen einer solchen Integration sind: eine gesunde christliche Soziallehre – für ihre Verbreitung zu sorgen ist Aufgabe der Kirche; eine Einfügung der Grundsätze dieser Lehre in die Legislative und Exekutive der Staaten; ihr Geist muß in die Selbsthilfevereinigungen, Korporationen und Organisationen eindringen, welche durch einen Ausgleich der Interessen die soziale Gerechtigkeit verwirklichen würden. So entstünde ein sozialer Organismus, der sich auf der naturgegebenen funktionalen Ungleichheit der Menschen aufbaut und durch sie im sozialen Gleichgewicht erhalten wird. Die rechtlichen Voraussetzungen dafür zu schaffen und aufrechtzuerhalten – im äußersten Fall auch durch Gewaltanwendung gegenüber revolutionären Umstürzlern –, das ist die ideale Aufgabe des Staates, der auch sicherzustellen hätte, daß die funktionale Souveränität der Teile dieser organischen Gesamtheit nicht verletzt werde, daß sie nicht beeinflußt oder überflüssigerweise in sie eingegriffen werde, soweit sie nicht die ihr gesetzten Schranken sprengt. Aufgabe der Kirchen und der Christen ist

es, an dieser konstruktiven sozialen Tätigkeit mitzuwirken und ein Bewußtsein dafür auszubilden, daß sie sittlich verpflichtend sei. Die Ordnung, die so entsteht, wird freilich nicht mehr eine *bourgeoise* Demokratie sein, die ihre Autorität vom Willen des Volkes herleitet, sondern eine *christliche* Demokratie, die ihre Stütze in Gott und der verpflichtenden Beziehung des Menschen zu Gott findet und jedem sein Maß an Freiheiten im Bereich des gesellschaftlichen Lebens zumißt. Diese Freiheiten aber sollen nicht mehr so aufgefaßt werden, wie sie die *Bourgeoisie* verstanden hat, gleichviel, ob in ihrer individualistischen (liberalistischen) oder in ihrer kollektivistischen (später konkretisierte die Kirche: faschistischen, kommunistischen) Gestalt.
Der Akzent in diesen objektiven Beziehungen ist im Thomismus sehr eigenwillig verschoben. Wenn der Thomist kritisch und konstruktiv an den Zeitabschnitt herantritt, in dem sich in der Geschichte die Universalisation vollzieht, übersieht er, daß während eines jahrhundertelangen Prozesses der Profanierung der Welt eine Politik zur Geltung gekommen ist, die sich als konzentrierte Ökonomie erwiesen hat. Der Thomismus entwickelt deshalb theoretische Bestrebungen, die auf eine Sakralisierung der Politik abzielen, in der sich dann die Klassenunterschiede in einer abstrakten Gemeinsamkeit der Interessen des sozialen Organismus verlieren würden.
Das Modell des Regimes einer christlichen Demokratie läßt sich mit jener Ordnung vergleichen, die Marx eine Demokratie der Unfreiheit genannt hat, weil in ihr das Dasein des Volkes und das Dasein des Staates vollständig ineinanderfließen und eine totale Entfremdung entsteht.

5

Wenn wir den thomistischen Entwurf in dieser Weise kennzeichnen, so soll das nicht den Anschein erwecken, als hielten wir ihn in seiner Theorie für abenteuerlich und in seiner Praxis für ohnmächtig.
Die christliche Demokratie existiert in der Praxis als Massenbewegung vom Beginn unseres Jahrhunderts an. In den Jahrzehnten zwischen den Kriegen wächst sie heran. Nach dem zweiten Weltkrieg verzweigt sie sich in besonderer Art.

Das Baugesetz der internationalen und nationalen katholischen (ebenso wie das der protestantischen) Organisationen, Institutionen und Institute, das durchwegs funktional ausgerichtet ist, setzt sich bis zu den Kapillargefäßen des gesellschaftlichen Lebens durch. Es ist ein ausgezeichnet organisiertes Gefüge, wird in der Regel von einer Elite geführt und besitzt ausreichende materielle Voraussetzungen und Mittel. Es hat in der Welt seine politische Avantgarde in den christlich-demokratischen Parteien. In Europa waren oder sind gerade diese die Träger der Idee eines vereinheitlichten christlichen Europa. Nicht weniger bedeutsam ist die Stellung, die sie im politischen Leben mehrerer Entwicklungsländer einnehmen. Denken wir auch an die Bundesrepublik Deutschland. In ihrer Verfassung ist das theoretische Modell sozusagen genau in die rechtliche Sphäre übertragen[5].

Wenn wir den thomistischen Entwurf umfassend kritisch beurteilen wollen, dann dürfen wir uns nicht mit einer »theoretischen Widerlegung« oder mit einer permanenten »Enthüllungstaktik« begnügen, die seine reaktionären Eingeweide an den Tag bringt, wie dies bei gewissen Arbeiten des Vulgärmarxismus oft zu finden ist. Wir müssen im Gegenteil sogar bestätigen, daß er richtig und mit beachtlicher Einfühlungskraft die negativen Symptome – keineswegs die Ursachen – des Zersetzungsprozesses der Bourgeoisie ins Auge faßt. Aus seinem religiösen Blickwinkel verabsolutiert er jedoch diese eine Seite des Prozesses. Eine der Folgen und zugleich das augenfälligste Merkmal dieser Verabsolutierung ist sein institutionalisierter Antikommunismus, der eine ganz andere Dimension aufweist als der bourgeoise Antikommunismus.

Wir müssen ferner feststellen, daß der thomistische Entwurf

5 Der Gedanke, von dem wir reden, ist voll ausgedrückt in Artikel 20 des Bonner Grundgesetzes, der zwar (im 2. Absatz) besagt, daß alle Staatsgewalt vom Volke ausgeht, und dann fortfährt, daß sie in der Praxis vom Volke in Wahlen und Abstimmungen und durch besondere Organe der Gesetzgebung, der vollziehenden Gewalt und der Rechtsprechung ausgeübt werde. Der Kommentar bemerkt dazu, daß man den Satz, die Staatsgewalt gehe vom Volke aus, so zu interpretieren habe, daß das Volk der Träger und die letzte *irdische* Quelle der Macht sei und daß bei solcher Auffassung der Verfassungsgrundsatz nicht im Widerspruch stehe zur katholischen Lehre (s. H. v. Mangoldt–F. Klein, Das Bonner Grundgesetz, 2. Lieferung Mai 1957, S. 595).

einem tatsächlichen Bedürfnis der Menschheit entspricht, die nach den schauerlichen Belehrungen durch die Geschichte schon etwas von ihrer Unteilbarkeit weiß; es ist das Bedürfnis nach einer Ordnung, in der der Mensch sich als Mensch emanzipieren *könnte,* in der er das Menschengeschlecht bestätigen und befestigen könnte. Aber das Konzept und später auch das Modell dieser Ordnung, wie es der thomistische Entwurf enthält, greift zurück auf Verhältnisse, die *vor* dem Beginn der Universalisierung der neuzeitlichen Menschheit durch die neuen Produktionsweisen liegen. Deshalb steht es der Dynamik dieses Prozesses verständnislos gegenüber. Das Modell wird zwar als etwas Universales hingestellt, es läßt sich aber nur dann verwirklichen, wenn sich die Bourgeoisie seiner bemächtigt und es auf diese Weise partikularisiert. Das ist geschehen, seit dieses Modell vorhanden ist, anfangs versuchsweise, elementar, von Fall zu Fall, später, besonders nach dem Zweiten Weltkrieg, ganz bewußt.

Das ist die schicksalsschwere Paradoxie des thomistischen Entwurfs. Stets von neuem will der Thomismus darüber hinwegkommen. Stets von neuem verfängt er sich in ihren Fallstricken.

Das Studium des Thomismus und seines Entwurfs einer christlichen Demokratie ist überaus lehrreich. Es stellt uns vor viele Fragen: auf welcher Grundlage kann man überhaupt eine menschliche Ordnung aufbauen, die wirklich universale Reichweite hätte? Wie weit muß sich der Marxismus öffnen, um die ganze Menschheit gewinnen und einigen zu können, ohne bei diesem langwierigen Verfahren selbst sein Gesicht zu verlieren? Was ist eigentlich der innerste Kern des kommunistischen Programms, wenn man es als Programm mit dem Ziele der Aufrichtung einer Ordnung universaler menschlicher Freiheit verstehen will?

Unser Widersacher kann uns die Antworten immer einflüstern.

Die Theologie und der moderne Mensch

1

Die Theologen, die etwas von der schicksalsschweren Paradoxie des Thomismus wissen, sind bislang noch in der Minderheit. Aber sie sind der Sauerteig im zeitgenössischen Christentum.

Theologen! Was können sie der Welt am Scheidewege nützen? Was kann überhaupt die Theologie dem modernen Menschen bedeuten?

Welche Vorstellungen haben wir eigentlich von der Theologie?

Vor allem einmal sind manche Leute überzeugt, daß Theologie nichts mit Wissenschaft zu tun habe. Eine Wissenschaft von Gott – das ist doch ein offensichtlicher Widerspruch. Für den Materialisten, für den Positivisten, für eine beträchtliche Anzahl subjektiver und objektiver Idealisten steht die Sache so.

In der Regel erscheint ihnen die Theologie als eine pervertierte systematische Gedankenarbeit, sowohl dem Inhalt, als auch der Methode nach.

Wie kann man sich ernsthaft mit ontologischen oder auch nichtontologischen Beweisen der Existenz Gottes befassen? Wovon kann die Christologie oder die Mariologie handeln, wenn nicht einmal sicher ist, ob Jesus als historische Persönlichkeit existiert hat und demnach auch die Frage offen bleibt, ob seine Mutter am Leben war? Welche sachliche Bedeutung kann eine Lehre von Engeln oder Dämonen haben? Was hat Christus von sich selbst gedacht? War er sich dessen bewußt, daß er Gott ist?

Gleich fern liegt manchmal die Art, in der die Theologie ihre Erwägungen anstellt.

Aber die Sache ist doch wie immer verwickelter.

Man kann die Theologie freilich nicht zu den positiven Wissenschaften und auch nicht zur Philosophie, soweit diese rein gegenständlich orientiert sind, zählen. Ihre Hauptgegenstände sind gedankliche Fiktionen. Insoweit ist die Theologie unwissenschaftlich. Aber das heißt noch lange nicht, daß deshalb schon ihre Aussagen sinnlos wären, daß ihre systematische

Gedankenarbeit (an diesem Punkt deckt sich die Theologie zum Teil mit der wissenschaftlichen und philosophischen Denkmethode) nicht imstande sein sollte, in einem bestimmten Sektor reale Wahrnehmungen zu erbringen.
Es ist doch so, daß auch noch die verworrenste Fiktion eine Ausgeburt des Menschengeistes ist und selbst in dieser Gestalt eine Aussage des Menschen oder vom Menschen über sich selbst darstellt; sie kann sogar eine Aussage sein, die uns bei aufmerksamem Zusehen auf einen Kreuzweg des Geschehens hinweist.
Jedes System von theologischen Aussagen ist – genauso wie jede Philosophie – ein Kind ihrer Zeit, sie schließt auf ihre besondere Weise deren Probleme, deren Hoffnungen, deren Abneigungen, deren reale Sorgen und Fiktionen in sich ein. Die Tatsache allein, daß die Mehrheit der zeitgenössischen Theologen sich auf Dogmen stützt, das heißt auf Konstanten des Denkens, die sie vorbehalts- und kritiklos anerkennt, schließt noch nicht aus, daß auch die Theologie eine Entwicklung durchmachen kann. Wenn wir die objektiven Ursachen und die subjektiven Motive für eine solche Entwicklung kritisch prüfen, dann werden wir erkennen können, was die Kirchen sich eigentlich denken, worüber sie und in welcher Weise sie Erwägungen anstellen, welche Vorschläge sie machen, worauf sie abzielen, was diese oder jene Art ihrer Aktivität wirklich bedeutet.
Die Theologie ist ein intellektuelles Instrument für einen kultivierten Glauben; sie ist der artikulierte, gedanklich und geistig bewältigte Glaube an Gott. Insofern ist sie genauso wie die Kunst oder die Philosophie ein Gebilde der Kultur. Ebenso wie in diesen beiden leuchtet in ihr der Widerschein der Epochen auf, durch welche sie hindurchgegangen ist, die auf sie eingewirkt haben und auf die sie selbst eingewirkt hat. Unter diesem Gesichtspunkt kann ein kritisches und sachliches Studium der Geschichte der Theologie ebenso bedeutsame Einsichten erbringen wie ein Studium der Geschichte, der Philosophie, der Kunst und der Wissenschaft.
Die Theologie hebt sich freilich ausdrücklich von anderen Formen der gedanklichen und geistigen Reflexion ab, indem sie jedes Ding, jeden Gegenstand, dessen sie habhaft wird, in die polare Spannung zwischen Gott und Mensch hineinzwängt

oder – wenn wir es anders ausdrücken wollen – in das Bezugssystem relativ–absolut, zeitlich–ewig, endlich–unendlich. Für die Denkweise der Theologie sind das Gegensätze schlechthin. Sie zu überbrücken steht nicht in der Macht des Menschen; das gehört zur Domäne Gottes. Mit diesem Gottesbegriff führt die Theologie ein mystifizierendes Element ein, das für ihre Bedeutungsstruktur bestimmend ist.
Indem jedoch die Theologie ihre Gegenstände in das Kraftfeld dieser fiktiven Polarität einordnet, gelangt sie zu einer Anschauungsweise, die ihr einen hohen Grad der Abstraktion erlaubt. Gott wird zu einem Medium, welches alles als vergänglich und unbeständig erscheinen läßt: alles erweist sich als »gering«. So kommt der Theologe niemals mit einer Sache in direkte Berührung: er macht sich nie die Finger schmutzig. Doch wird man andererseits die Theologie nicht als erstarrt oder unbeweglich ansehen dürfen. Das Denken des Theologen bewegt sich in einem phantastischen Raum, und das kann leicht dazu führen, daß »gering« ihm wie »nichts« vorkommt: sein Blick ist auf Gott gerichtet und nur auf Gott. Ebenso aber kann er sich verständnis-, teilnahms- und liebevoll auf den Menschen richten: dann wird für ihn »gering« zum Ruf nach »mehr«. Seine Theologie nimmt eine anthropologische Färbung an. Ob so oder so: das Medium Gott kann für ein *kultiviertes* theologisches Denken unter Umständen den Anstoß zu großzügigen Überlegungen, aber ebenso auch zu trauriger Beschränktheit abgeben. Es kann die innere Ruhe gewähren, ohne die keine wahrhafte Tat vollbracht werden kann, aber auch eine selbstzufriedene Unbeweglichkeit. Es kann für den Christen zum Schlüssel werden, der ihm den Zugang zur Welt ganz und gar versperrt; aber es kann ihm auch die Tore zu ihr weit öffnen.

2

Eine zweite Strömung der Theologie nimmt ihren Ausgang ebenfalls bei der religiösen Krise. Aber die Art und Weise, in der sie diese Krise auffaßt, und die Fragen, die sie dabei stellt, sind sehr – man möchte sagen: diametral – verschieden von der traditionellen theologischen Konzeption. Ja, auch für diese Theologie ist der christliche Glaube ein Grundwert; sie

sieht aber die religiöse Krise nicht als eine Tragödie der Geschichte. Sie sinnt aufmerksam über die historischen Vorgänge nach, mit denen sich auch die konservative Theologie befaßt; diese bedeuten ihr jedoch nicht einen fortschreitenden und drohend anschwellenden Zersetzungsprozeß. Die Kirche ist auch für sie gleichermaßen das unauslöschliche Siegel Christi in der Geschichte; aber sie weiß, daß die Kirche eine Einrichtung dieser Zeitlichkeit ist, und deshalb glorifiziert sie nicht alle ihre Taten vorbehaltlos. Ein Christ zu sein, das ist für sie die höchste Würde, die der Mensch erreichen kann; dennoch sieht sie keinen Anlaß dafür, daß nur einer, der sich ausdrücklich als Christ bekennt, diesen Ehrentitel für sich in Anspruch nehmen und daraus eine Angelegenheit für Sektierer machen solle. Sie ist gleichfalls universalistisch; aber sie hat mehr Sinn für Zeit und zeitliche Abwandlungen als für die Aufgliederung von Räumen. Diese Theologie reflektiert mit großer Einfühlungskraft bestimmte Neigungen unserer Zeit. Ihre Initiatoren und Verfechter bilden zwar keine große, doch eine intellektuell und letzten Endes auch praktisch bedeutungsvolle Gruppe, der freilich noch der Mittelpunkt fehlt.
Die Namen Edouard Mounier, Gabriel Marcel, Pierre Teilhard de Chardin, Marie-Dominique Chenu, Johannes B. Metz, Karl Rahner, Romano Guardini, Hans Küng und eine Reihe weiterer klingen heute in der katholischen Kirche schon ebenso bedeutungsvoll wie im Bereich des Protestantismus die von Karl Barth, Friedrich Gogarten, Rudolf Bultmann, Josef L. Hromádka, Paul Tillich und einer wachsenden Zahl deutscher, angelsächsischer und skandinavischer protestantischer Theologen. Wir haben uns in diesen Erwägungen mit dem Katholizismus beschäftigt. Bleiben wir also bei ihm, einerseits um den Stoff konzentriert zu halten, andererseits aber auch wegen des besonderen Gepräges seiner neuen theologischen Einstellung.

3

Das Motiv, welches diese theologische Konzeption durchwaltet und ihr den dynamischen Charakter verleiht, ist der Gesichtspunkt der *Zeit* und, damit verknüpft, das subjektiv bedeutsame Moment der *Hoffnung*. Das ist gar nichts so besonders Neues im Bewußtsein einer an Umstürzen reichen Epoche; daß aber die theologische Reflexion diesen Blickwinkel wählt, das ist ein radikaler Wandel.

Die neue theologische Einstellung gibt sich vor allem darüber Rechenschaft, daß die Menschheit von heute wenig Verständnis für die »Vollkommenheiten« vergangener Epochen und vergangener Ordnungssysteme besitzt. Das goldene Zeitalter liegt für sie nicht irgendwo in archaischen Vorzeiten – aber auch nicht in der jüngsten Vergangenheit. Was vergangen ist, ist für sie endgültig vergangen. Die Zukunft dagegen ist eine Wirklichkeit, die es noch nicht gibt und die – das ist entscheidend – bisher noch niemals da war. Zu ihr kann man nicht im Verhältnis einer theoretischen Anschauung stehen, sondern nur in dem eines operationellen, praktischen Tuns. Die Zukunft – das ist für den heutigen Menschen nicht eine ihm von irgend jemand auferlegte Aufgabe, sondern ein *Durchbruch,* den er vollbringen soll und in dessen Gefolge eine neue Zivilisation als sein Werk heraufkommt, als Menschenwerk. Die Zeit ist für ihn der Bereich, in dem er und nur er allein mit Gesten und Gebärden wirken kann. In ihr soll er eine künstliche Welt von neuer Qualität schaffen, ein artificium, in dem die Menschheit sich endlich auf der Erde zuhause fühlen wird. Der moderne Theologe hat offene Augen für diese veränderte geistige Umwelt und er stellt fest, daß er vor einer Menge von Fragen steht, zu denen die Theologie bislang geschwiegen hat, oder die sie doch nur sehr zurückhaltend und unter starken Verzeichnungen aufgegriffen hat.

Er wendet seine kritische Aufmerksamkeit in erster Linie jener geschichtlichen Konzeption zu, die den durch die Renaissance eingeleiteten Zivilisationsprozeß nur nach seinen negativen Bestimmungsmerkmalen beurteilt. Solange man in der Kirche die Wertakzente so gesetzt hat, konnte nach der Ansicht von M. D. *Chenu* keine moderne Theologie der Arbeit aufkommen. Und hier kommt gerade heute eine traurige Paradoxie des Christentums zum Vorschein: es gibt eine Theologie des Krieges, eine Theologie der Handelsbeziehungen, eine Theologie der Geschichte, aber mit der Arbeit hat sich die Christenheit noch nie so beschäftigt, daß dabei etwas theologisch Relevantes herausgekommen wäre. Dieses erschütternde Versäumnis findet nach der Ansicht von Chenu seine Begründung in dem Konservativismus der Kirche, die nicht imstande war, die pro-

gressiven Seiten des Zivilisationsprozesses nüchtern einzuschätzen; so kam es, daß die Kirche dieses Problem als etwas außerhalb ihres Bereichs Liegendes ansah und auch so darauf reagierte, als läge es draußen.
Sie fand keinen Gefallen an den Maschinen und hatte kein Verständnis für das Proletariat; beides bewirkte, daß sie konservative Ideale hochhielt: die Werkstatt des Handwerkers, die patriarchalische Familie, das kleine Privateigentum und die bäuerliche Selbstgenügsamkeit. Weil die Kirche am Alten hängenblieb, blieb auch die Theologie daran hängen. Und weil die Theologie am Alten hängenblieb, blieb auch die Kirche daran hängen.
Was man zu einer neuen Selbstbesinnung brauchte, wuchs deshalb anderswo, außerhalb der Kirche und in Gegnerschaft zu ihr: im Proletariat. Dessen Atheismus, so sagt Chenu, muß die Kirche auf ihr eigenes Schuldkonto buchen. Eine theologische Erwägung, welche die Kirche aus den Fesseln befreien würde, mit denen sie im Vergangenen verhaftet ist, und ihr zugleich neue Energien zuführen könnte, muß deshalb – so meint Chenu – mit der Frage beginnen, was der Mensch ist, welches Verhältnis zwischen Mensch und Natur besteht, innerhalb welcher Ordnung dieses Verhältnis gelegen ist. Für die neue Theologie reicht der Gedanke nicht mehr aus, daß der Mensch ein mit Vernunft begabtes Geschöpf sei; wichtiger ist, daß er selbst Schöpfer ist, artifex.
Nimmt man diese Einsicht nur abstrakt, dann besagt sie nichts Neues: der Mensch war immer schöpferisch. Aber der schon erwähnte geschichtliche Prozeß hat die Gewichte verschoben; jetzt steht das Merkmal im Vordergrund, daß der Mensch produktiv ist.

». . . im Mittelalter befreit der Gebrauch von Halfter und Eisen beim Pferd ganze Blockbildungen von Menschen von den materiellen und geistigen Fesseln der Leibeigenschaft. Der Güterumlauf und die Freizügigkeit der Personen, deren technische Möglichkeiten der Verschickung und Ortsveränderung die Dichtigkeit regeln, sind der äußerst wirksame Faktor zur Sozialisation.
Wohl steht das moderne Maschinenzeitalter am Beginn des proletarischen Elendes und am Ausgangspunkt des furchterregenden Phänomens der Sozialisierung, die das 20. Jahrhundert bestimmt. Aber es ist trotzdem von seiner inneren Natur her ein Werkzeug zur Befreiung.

Die Technik erzeugt auch die Strukturen. Dies ist ein Gesetz des sozialen Werdens. Ebenso ergibt sich als wesentliches Element innerhalb der Episode einer Krise des Wachstums, daß wohl die einmal errichteten, starr gewordenen Strukturen die in ihnen und durch sie erworbenen Privilegien in ihrem Bestehen erhalten, die Technik aber mit ihren objektiven Determiniertheiten den Fortschritt von morgen ermöglicht und hierdurch zum treibenden Faktor der Geschichte wird.«[1]

So kommt es, fährt Chenu fort, daß die Produktion es nicht mehr ertragen wird, daß individueller Gewinn erzielt wird, gleichviel ob dieser die Existenzbedürfnisse des Arbeiters oder die Gewinnerwartungen des Kapitalisten zufriedenstellt oder nicht. Die Erzeugungsweise läuft in objektiver Art ab und zielt auf eine Gemeinschaft hin, die den Menschen frei macht von seinen ihn vereinzelnden Interessen. Eine neue Theologie der Arbeit kann demnach den Kapitalismus nicht bloß durch die Forderung nach einer vernünftigen Begrenzung des Gewinnmaßes kritisieren. Das wäre eine wirkungslose, moralisierende und konservative Kritik. Die Kritik muß selbst das Ziel der Emanzipation aufstellen und den Menschen als Schöpfer in eine neue Position sich selbst und der Welt gegenüber versetzen. Wenn der Klassenkampf das verhindert, dann darf die Theologie der Arbeit nicht einen Bogen um ihn machen, sondern muß ihn in Rechnung stellen und Folgerungen ziehen, die heilbringend für die Arbeit wären. Als die politische Ökonomie das Licht der Welt erblickte, leisteten die Christen keine Geburtshilfe. Dieses Versäumnis muß gutgemacht werden.
Chenu räumt ein, daß man die von ihm vorgeschlagene Lösung als theologischen Materialismus bezeichnen könnte. Er öffnet damit dem Christen das Tor zu einer noch viel gefährlicheren Theologie: zu einer Theologie, die man letzten Endes Theologie der Revolution nennen müßte.
Chenu geht freilich nicht so weit oder kann zu diesem Zeitpunkt (1955) noch nicht so weit gehen.
Doch der Gedanke einer göttlichen Ordnung, die eine Ordnung der Beziehungen zwischen Mensch und Natur wäre, in denen der Mensch aufträte als einer, der sich selbst erschafft und selbst Schöpfer ist, ist nun einmal ausgesprochen und zwingt die theologische Reflexion, nach vorne zu schreiten.

1 M. D. Chenu, Die Arbeit und der göttliche Kosmos, übersetzt von K. Schmitt, 1956, S. 147.

4

Was den Theologen, der den unverbesserlichen Konservativismus der alten theologischen Modellvorstellungen kennt, vor allem erregt und anzieht, das ist nun aber gerade dieser Weg nach vorne, die Zukunft, die durch die Arbeit geöffnet wurde und ständig von neuem geöffnet wird – der säkularisierte morgige Tag und der Platz, den das Christentum darin einnehmen wird. Die Zukunft und die künftige Geschichte interessieren ihn insoweit, als ihnen der Ehrentitel des Reiches Gottes zukommen kann. Was aber bedeutet Reich Gottes, wenn nun offenkundig ist, daß es nicht irgendein statisch vollendeter Ordo von Beziehungen sein kann?
Die Christenheit, so schreibt ein anderer führender moderner Theologe, der Jesuit Karl *Rahner,* kennt keinen konkreten Geschichtsablauf, der sich mittels seiner eigenen Dynamik zum Reich Gottes hin entwickeln könnte.
Jeder Zustand, den zu erreichen wir uns überhaupt für die Zukunft ausdenken können, alle glanzvollen Erfolge bei der Eroberung des Makrokosmos, die reiche Ausbeute an Energie aus dem Mikrokosmos, die systematische Verlängerung der Lebenserwartung, aller Reichtum einer »Gesellschaft im Überfluß«, die Beendigung der Kriegsdrohungen für alle Zeit, eine klassenlose humanisierte Gesellschaft – was es auch immer sei: stets werden wir gleich unendlich weit entfernt sein von der Vollkommenheit des Reiches Gottes.
Die eschatologische Aussage will Rahner jedoch nicht nihilistisch deuten. Es geht ihm nämlich nur darum, daß *für den Christen* die heiß ersehnte absolute Zukunft schon *ist*, schon geschehen ist: dort, wo Gott in der Geschichte dem Menschen begegnet, in Christus. Aus dieser Sicht, aber auch nur aus dieser, ist für den Christen alles, was erst künftig sein wird, schon geschehen, schon überwunden. Dadurch gewinnt das christliche Denken in ungeheurem Maß Verständnis für die Negation und schreitet auf solche Weise über alle bisher erreichten Horizonte hinaus. Umso dringlicher aber gilt, daß in der Dimension des *Menschlichen* für das Reich Gottes erst noch alles getan werden muß. Dem Blick des Christen öffnet sich auf diese Weise die Zukunft als der Bereich eines sich dynamisch immer weiter aus-

dehnenden Schöpfungswerkes des Menschen – als jener Bereich, über den Pierre *Teilhard de Chardin* mit solcher Begeisterung nachsinnt:

»Nicht nur durch die Menschheit im Leben, sondern durch unser Jahrhundert in der Menschheit sind wir in eine großartige interessante Epoche der Geschichte der Erde gestellt worden. Noch nie ihrer individuellen Kraft und ihrer kollektiven Kraft derart bewußt, aber auch noch nie von dem Widerwillen gegen die ungerechtfertigten Kräfte und den Abscheu vor dem Tod ohne Ausgleich derart durchdrungen, müssen die Menschen sich von neuem entscheiden, bevor sie sich in den Dienst der Evolution stellen: ›Verdient das Leben, das uns zu dem gemacht hat, was wir sind, daß wir es weiterstoßen?‹ «[2]

Und de Chardin antwortet bejahend. In seiner Vision bewegt sich die Menschheit auf eine Erde zu, auf welcher ein beständiges Wachstum der Bedürfnisse und Interessen schließlich elementar dazu führen wird, daß alles bis in seine tiefsten Tiefen und Weiten erforscht wird.

»Eine Erde, auf der Riesenteleskope und Atommeiler mehr Gold verschlingen . . . als alle Bomben und Kanonen. Eine Erde, auf der das Problem des Tages nicht nur für den eingesetzten und bezahlten Trupp der Forscher, sondern auch für den Durchschnittsmenschen darin bestehen wird, ein Geheimnis zu enthüllen, eine neue Kraft zu ergründen, die man den Atomen, den Gestirnen oder der organischen Materie entreißt. Eine Erde, auf der man sein Leben, wie es bereits manchmal geschieht, lieber dafür einsetzt, zu wissen und zu sein, als zu besitzen.«[3]

Wie phantastisch auch immer die Möglichkeiten der Menschheit sein mögen und wie sehr es auch wahrscheinlich sein mag, daß die Menschheit sie verwirklicht, für Rahner sind sie nicht der »Punkt Omega«, nicht das Reich Gottes, nicht die absolute Zukunft. Rahners Theologie ist radikal: sie lehnt es ab, jedwede Art einer Zukunftsgestaltung, an die die Menschheit denkt oder die sie plant, für absolut anzusehen. Diese Ablehnung entspringt nicht nur der Notwendigkeit, eine Verteidigungsstellung für das Absolutum Gottes aufzubauen, sondern sie ist, wie es scheint, in erster Linie methodischer Art. Nur auf diese Weise kann Rahner nämlich eine Begründung dafür finden, daß er jeglichen Versuch der Kirche, eine bestimmte Ordnung der irdischen Verhältnisse als verbindlich

2 P. Teilhard de Chardin, Die Hominisation, in: Die Schau in die Vergangenheit, Werke IV, 1965, S. 113.
3 P. Teilhard de Chardin, Der Mensch im Kosmos, 1959, S. 275.

festzusetzen, wegen seiner Unangemessenheit vom christlichen und theologischen Standpunkt aus zurückweist. Er ist davon überzeugt, daß die christliche Eschatologie keine innerweltliche soziale Lehre sein kann und sein darf, daß sie dem Christen keinerlei verbindliche Richtlinien für seine Einstellung zu ökonomischen oder sozialpolitischen Fragen aufdrängen darf. Jeder Entwurf einer Gesellschaftsordnung, sofern er mit dem ehrgeizigen Anspruch auftritt, ein fertiges, vollkommenes, absolutes Modell für den Aufbau der Gesellschaft zu sein, erscheint ihm als eine Utopie. Er verlangt von einem Christen grundsätzlich nur, daß er imstande ist, diesen Entwurf mit der absoluten Zukunft zu konfrontieren – und zwar deshalb, damit er durch diese Gegenüberstellung in seiner Bereitschaft zu schöpferischem Tun radikalisiert werde.

Umgekehrt gilt: aus der Sicht einer absoluten Zukunft ist jede Ordnung, in der sich der Mensch »mehr«, totaler verwirklichen kann, für Rahner eine »Ordnung der Liebe«; sie ist auf ihre Art dem Reich Gottes näher gelegen.

Wenn wir Rahners Gedanken von der absoluten Zukunft als eine offene *Frage* auffassen, keineswegs als eine Antwort, dann ist er ungewöhnlich fruchtbar: stellt sich doch auch der zu schöpferischem Tun bereite Marxismus die gleiche Frage mit ähnlicher Dringlichkeit; sie gewinnt dort, wo man wirklich großzügig Politik treiben will, besondere Bedeutung: sie ist oder kann dann nämlich ein Motiv dafür werden, sich entschieden vom Kapitalismus zu distanzieren und von allen, wenn auch äußerlich kaum sichtbaren klerikalen Versuchen, die ihn bloß reformieren wollen; auf der anderen Seite aber *kann* sie die Grundlage für ein vorurteilsloses Verhältnis zum Sozialismus und zu den Bestrebungen des Kommunismus bilden, die allerdings als etwas durchaus Offenes angesehen werden müssen.

Rahner selbst glaubt fest daran, daß es ganz natürlich sein wird, wenn Christen *als Christen* in verschiedenen sozialpolitischen Formationen stehen werden, wenn sie in dieser Hinsicht gespalten, uneinig sein, ja sogar sich gegenseitig bekämpfen werden; dieser Kampf kann aber unter Christen nicht anders enden als in dem Streben, die Ordnung der Liebe in einem bestimmten sozialen Organismus besser und klarer zur Geltung zu bringen.

Angesichts solcher vollständig neuer Zusammenhänge tritt für diese Theologie die Frage auf, was Christsein in dieser komplizierten Situation eigentlich heißt; wie religiöser Glaube in einer Epoche, die den Aufbau der Zukunft zur Gänze den säkularisierten Kräften anheim stellt, noch möglich ist und worin sein Wert besteht.

Religiöse Krise? Ja, es scheint, daß sie vorhanden ist. Wenn die zivilisatorischen Bestrebungen vor nichts mehr Halt machen und selbst die unsichtbaren Schranken des Kosmos durchbrechen, wenn eine Mehrzahl von Ideologien, ein buntscheckiges Angebot philosophischer und künstlerischer Richtungen uns bestürmt, dann kann es wirklich den Anschein haben, als könnte sich das Christentum im Wettbewerb nicht mehr behaupten, zumal dort, wo es sich ängstlich und engherzig nur an die alten Stereotypen des Denkens und der Anschauungen hält. Rahner ist aber überzeugt, daß die Angst, die diese Lage einflößt, eine klerikale und konservative Angst ist. Denn, so fragt er, was teilt das Christentum dem Menschen eigentlich mit? Gott? Den teilen auch andere Religionen mit. Eben deshalb schätzt auch Rahner die ontologischen Gottesbeweise nicht sonderlich. Er trägt sie gar nicht vor. Statt dessen bekennt er sich zu Pascals »Argument der Wette«: einen Einsatz auf die Existenz Gottes zu wagen, soweit nicht augenfällige Gegenbeweise geliefert werden, das ist durchaus logisch und fruchtbar für das Leben. Der Gott dieser neuen Theologie ist nicht Gott als Gegenstand, sondern Gott als Spannung zwischen »außer uns« und »in uns«: er ist Transzendenz und unendliches Geheimnis. Er ist das, was der *Mensch* ohne Unterlaß, mit seinem seiner selbst bewußten Wirken und seinem den Gegenständen zugewandten Streben immerfort zu entziffern trachtet, ohne daß er damit je zur Ruhe kommt. Dieser erlebt sich selbst als die »zu sich selbst gekommene Undefinierbarkeit«, er drückt sich selbst als eine unendliche Frage aus. Gott ist dann die unendliche, absolute Antwort auf diese Frage.

Für Rahner ergibt sich ein Übergewicht des Christentums über alle übrigen Religionen schlechthin dadurch, daß dieses Geheimnis ausgesprochen wurde, aber nicht aufhörte, ein Geheimnis zu bleiben: indem Gott dem Menschen im Gottmenschen, in Christus begegnete. Das Geheimnis des Menschen wurde dadurch geschichtlich abtastbar; der Mensch machte es sich schließlich bewußt und es wurde seither zur verborgenen Triebkraft für seine gesamte schöpferische Tätigkeit in der Geschichte.

Man kann Rahner die Großartigkeit seines Gedankens nicht bestreiten: ja, es stimmt, das ursprüngliche Christentum aus der Zeit Jesu bringt diesen hominististischen Anruf mit sich.

Es stimmt freilich auch, daß die theologische Vermittlertätigkeit ihn im Laufe der Zeit bis zur Unleserlichkeit verzeichnet hat. Wir haben ein Palimpsest vor uns: erst in der untersten Schicht liegt für uns der Text verborgen, den nicht Gott geschrieben hat, sondern ein Mensch. Diesem bringen wir Verehrung entgegen über alle Höhen und Tiefen der Zeitalter hinweg, wer immer er gewesen sein mag. Die Anthropologisierung der Theologie hilft Rahner nicht nur dabei, die klerikale Krisenangst zu überwinden, sondern führt ihn auch zu einem so *grenzenlosen* Christentum, daß der reflektierte und geläuterte Glaube an Jesus Christus nur dessen kleineren, wenn auch wichtigsten Teil bildet.

Wenn behauptet wird, daß wir in einer religiösen Krise leben, so bleibt für Rahner diese Beobachtung ganz an der Oberfläche. Gewiß, der Christ lebt inmitten einer Menge von Weltanschauungen, die dem Christentum fremd, gleichgültig, ja sogar feindselig gegenüber stehen. Er sieht rund um sich Tausende von Menschen, ganze Kulturen, ganze historische Epochen, die ausgesprochen unchristlich sind. Er weiß, daß die Zeit kommen wird, da das Christentum nichts Selbstverständliches mehr in Europa und in der Welt sein wird.

Das kann aber nach seiner Meinung den christlichen Glauben nicht erschüttern, sofern dieser sich nicht in Müdigkeit und Verzweiflung, die mit jeder grauen Welle des Alltagsdaseins herangespült werden, selbst aufgibt.

Auch das Hindernis, das die Kirche selbst dem Glauben in den Weg stellt, kann ihn nicht ins Wanken bringen. Rahner wendet sich gegen ein apologetisches Christentum, für welches die Kirche ein Tabu darstellt. Die Kirche ist nicht nur heilig; ebenso sehr ist sie sündig[4]; sie steht als Angeklagte vor uns; sie ist

4 Ich möchte mir gestatten, diese Stelle in ihrer Gänze zu zitieren. Nicht in schadenfroher Absicht und nicht um den Spieß umzukehren. Es interessiert uns einfach, wie tief die kritische Selbstreflexion reicht.

eine menschliche Einrichtung. Die Anklage betrifft einen jeden Christen, vom Laien bis hin zum Oberhaupt der Kirche. Heute ein gläubiger Mensch zu sein, das bedeutet, es mit der sündigen Kirche *zu wagen.* Dabei hilft den Gläubigen das Bewußtsein, daß Christus die geheimnisvolle Aussage über uns selbst ist. Ein Bewußtsein, das zu Taten entflammt, mittels derer der Mensch über sich selbst hinausschreiten würde, ohne an die

Denn an deren Ausmaß, von dem wir eine reale Vorstellung haben sollten, hängen in bedeutendem Umfang die Chancen der heutigen Kirche ab. In seiner Erwägung »Von der Möglichkeit des Glaubens heute« schreibt Rahner: »Es wäre törichte Selbstverblendung und klerikaler Hochmut, Gruppenegoismus und der Personenkult eines totalitären Systems, welcher der Kirche als der Gemeinde Jesu . . . nicht ansteht, wollte man dies leugnen oder vertuschen oder bagatellisieren oder meinen, diese Last sei nur die Last der Kirche früherer Zeiten gewesen und sei heute von ihr genommen. Nein, die Kirche ist die Kirche der armen Sünder, sie ist die Kirche, die oft nicht den Mut hat, die Zukunft ebenso als die Zukunft Gottes zu betrachten, wie sie die Vergangenheit als die Gottes erfahren hat. Sie ist oft die, die ihre Vergangenheit glorifiziert und die Gegenwart, wo sie sie nicht selbst gemacht hat, mit scheelen Augen anblickt und nur zu leicht verdammt. Sie ist oft die, die in den Fragen der Wissenschaft nicht nur langsam und bedächtig auf die Reinheit des Glaubens und dessen Unversehrtheit bedacht voranschreitet, sondern oft auch zu lange wartet, im 19. und 20. Jahrhundert zu rasch schon nein gesagt hat, wo sie schon früher ein wenn auch nuanciertes und unterscheidendes Ja hätte sprechen können. Sie hat schon oft mehr zu den Mächtigen gehalten und sich zu wenig zum Anwalt der Armen gemacht, sie hat schon oft ihre Kritik an den Mächtigen dieser Erde zu leise gesprochen, so daß es mehr so aussah, als wolle sie sich ein Alibi besorgen, ohne wirklich in Konflikt mit den Großen dieser Welt zu kommen. Sie hält es oft mehr mit dem bürokratischen Apparat der Kirche als mit dem Enthusiasmus ihres Geistes, sie liebt oft mehr die Ruhe als den Sturm, das Altbewährte mehr als das kühne Neue. Sie hat in ihren Amtsträgern oft schon Unrecht an Heiligen, an Denkern, an schmerzlich Fragenden, an ihren Theologen getan, die ihr nur selbstlos dienen wollten. Sie hat schon oft die öffentliche Meinung in der Kirche zurückgedrängt, obwohl sie nach Pius XII. für das Wohl der Kirche unerläßlich ist, sie hat die Abgeklärtheit einer guten Schulüberlieferung schon oft verwechselt mit der dürren Durchschnittlichkeit einer mittelmäßigen Theologie und Philosophie. Sie hat den Außenstehenden, den Orthodoxen und Protestanten gegenüber sich oft mehr in der Rolle eines anathematisierenden Richters gezeigt als in der einer liebenden Mutter, die ihrem Kind demütig und ohne Rechthaberei bis an die Grenze des Möglichen entgegengeht. Sie hat oft den Geist, der im Grunde ihr eigener ist, dann nicht als ihren erkannt, wenn er, wie er es eben tut, durch die Gassen der Weltgeschichte und nicht nur durch die sakralen Hallen der Kirche selbst weht wo er will. Sie hat sich schon oft durch Häresien und andere Bestrebungen gegen ihr eigentliches Wesen und entgegen der Fülle ihrer Wahrheit (wenn auch ohne sie zu leugnen) auf die Ebene der spießbürgerliche Bequemlichkeit einer Seligkeit nach dem Tod zu denken, sondern so, daß er die Ordnung der Liebe entfalte- te und den Anruf der absoluten Zukunft vernähme. Deshalb ist für Rahner das Christentum ewig und unvergänglich und exi- stiert in einer Unzahl von Gestalten. Überall dort, wo Menschen das Leben tapfer auf sich nehmen, wo sie in ihrem Wirken über sich selbst hinauszuschreiten trachten und eine Antwort

Einseitigkeit ihrer Gegner herabmanövrieren lassen und ihre Lehre nicht als das umfassende Ja zum ›eigentlich‹ und verborgen in der Häresie Gemeinten, sondern als scheinbar bloßes dialektisches Nein zu einer solchen Häresie dargestellt. Sie hat nach allem menschlichen Ermessen schon oft entscheidende Sternstunden ihrer Aufgaben ver- paßt oder sie wahrnehmen wollen, als der Kairos dafür schon vor- übergegangen war. Sie hat nicht selten, wenn sie meinte, die herrliche Unerbitterlichkeit des göttlichen Gesetzes zu vertreten (was gewiß ihre heilige Pflicht ist), doch die Rolle einer kleinbürgerlich nörgeln- den Gouvernante gespielt, mit engem Herzen und zu durchschnittli- chem Daseinsverständnis das Leben mit dem Beichtspiegel zu regle- mentieren versucht, der recht ist für das berühmte Lieschen Müller in der wohltemperierten Kleinstadt des 19. Jahrhunderts. Sie hat oft zu sehr gefragt nach der wohlgeordneten Gesittetheit, die sich nichts zu schulden kommen läßt, statt nach dem hochgemuten Geist und dem liebenden Herzen und dem tapferen Leben« (K. Rahner, Über die Möglichkeit des Glaubens heute, in: Schriften zur Theologie V, 1964, S. 25 f.).
Wir könnten die Reihe dieser Vorwürfe noch in sehr bedenklicher Art erweitern. Wir könnten z. B. auf das niedrige Bildungsniveau hinwei- sen, auf dem die Kirche – oft wissentlich und willentlich – durch Jahrhunderte hindurch die Masse der Gläubigen festgehalten hat, auf den Fanatismus, gegen den sie keine Dämme errichtete, auf die aber- gläubischen Vorstellungen, die sich mit ihrem Segen ausbreiten konn- ten, auf das Elend des Geistes, das bis zum heutigen Tage in vielen katholischen Gegenden ein Schandfleck der Menschheit ist. Wir könn- ten daran erinnern, daß sich die Kirche nicht nur in der Vergangen- heit, sondern auch heute noch in einzelnen Ländern mit den reaktio- när gesinnten politischen Parteien des Bürgertums und der Großbour- geoisie verbündet und daß sie diese Allianz mit der würdelosen Ar- gumentation bemäntelt, daß ihre metahistorische Sendung ihr dazu ein Alibi gebe. Wir könnten fragen, warum so viele Gläubige in politi- schen Parteien organisiert sind, die außer ihrer Bezeichnung nichts Christliches an sich haben. Wir könnten die gesamte antikommunisti- sche Literatur zusammentragen, die das Imprimatur und das Nihil obstat trägt, und das alles, um diejenigen zu beschämen, die als Glieder der Kirche ihre Sehnsucht nach der Wahrheit kundtun. Wir könnten ...
Aber wir halten das im Hinblick auf diejenigen Kirchenglieder für unnötig, die von alldem wissen und entschlossen sind, dagegen aufzu- treten: nicht nur anonym, sondern mit voller Anschrift und in jedem einzelnen konkreten Fall. Denn nur so ist es möglich, die Unbelehr- baren zu isolieren und diejenigen in einer Gruppe zu vereinigen, die für eine Zukunft optieren, für die alles noch getan werden muß.

auf ihr eigenes Geheimnis suchen, ist Christentum, wenn auch anonym, gegenwärtig. Auch wenn einer ein primitiver Positivist ist, wenn er sich an technische oder gesellschaftliche Utopien verloren hat, auch wenn er sich zu anderen Göttern oder zu gar keinem Gott bekennt, kann er einer von denen sein, die auf dem Wege sind, die sich dem Christentum nähern, ohne es selbst zu wissen; er kann »implicite« Christ sein. Er ist ein solcher immer dann, wenn er Sinn hat dafür, daß alles Schöpferische in der Geschichte aus Liebe und Hoffnung herkommt. Für Rahner gibt es keinen Menschen, der nicht auf irgendeine Weise Christ wäre. Der Mensch der Sehnsucht, der Mensch der Liebe, die nimmer aufhört...
Sein Lichtlein mag winzig sein, dennoch...

»Wer so sich aufmacht, mag weit vom amtlich verfaßten Christentum entfernt sein, er mag sich vorkommen wie ein Atheist, er mag bekümmert meinen, nicht an Gott zu glauben, die Konkretheit der christlichen Lehre und Lebensführung mag ihm seltsam und fast erdrückend vorkommen. Er soll weitergehen, seinem Licht im innersten Grund des Herzens folgen . . . Und der Christ fürchtet nicht, daß er nicht ankommen werde . . .«[5]

Die Idee vom anonymen Christentum ist der praktisch bedeutungsvollste Leitgedanke einer offenen Theologie, eines offenen Katholizismus. In ihr wird nicht nur in konstruktiver Weise der Pluralismus der Religionen und Weltanschauungen anerkannt, sondern auch eine offene Beziehung zu den sozialen Gebilden hergestellt, ohne Rücksicht darauf, welches ihr konkretes (ideelles oder politisches) Verhältnis zum Christentum ist. Auch dann, wenn dieses Verhältnis ersichtlich feindselig ist, heißt das für den offenen Katholizismus noch nicht, daß solche Gebilde in ihrem innersten Wesensgrund unchristlich seien. Aufgabe des Christen ist es, ihre wahren Werte zu erkennen und den Versuch zu machen, sie in einem Dialog zur eigenen reflektierten Gestalt zu führen.
Das gilt vor allem für die anderen nichtchristlichen Religionen, insbesondere für diejenigen, die älter sind als das Christentum. Auch wenn man ihnen verschiedene Deformationen und Irrtümer nachweisen kann, so ist Rahner doch überzeugt, daß sie in verschiedenen Abstufungen Elemente enthalten, die sie als legitime Religionen ausweisen.

5 K. Rahner, aaO. S. 31.

Das Christentum soll sich aber laut Rahner auch nicht ablehnend oder verächtlich zu denen verhalten, die sich als Atheisten deklarieren. Er glaubt fest daran, daß nur konservatives Denken den Atheismus aus bösem Willen herleite. Man müsse viel eher fragen, wieweit das Christentum selbst am Atheismus schuld sei, wieweit es die ursprüngliche »Frohe Botschaft« verzeichnet oder entstellt habe, bis schließlich die Menschen sich von ihr abgewendet hätten. Das offene Christentum ist ganz schlicht entschlossen, sein Ja zu allem zu sagen, was in den Weltanschauungen, Bewegungen und Entwürfen, mögen sie dem offiziellen Christentum noch so ferne stehen, die Chance der Liebe vergrößert, die das »ens primum« ist, die Urgestalt im Kosmos der menschlichen Beziehungen, ein ungemein schwerer, weil vorbehaltloser Einsatz des eigenen Ich zugunsten des Mitmenschen; denn dieser Einsatz allein vermag die im Kosmos nicht wiederholbare Geschichte der Menschheit so zu gestalten wie eine Tat Gottes.

5

Nichts wäre leichter, als den Gedanken der absoluten Zukunft und eines anonymen Christentums deshalb zurückzuweisen, weil er uns von der Theologie übermittelt wird. Uns scheint, daß das schade wäre: wir würden damit bestimmte Möglichkeiten einer offenen Zwiesprache zunichte machen, die sich hier anbieten; wir würden uns selbst einen der wichtigen Wege einer praktischen Politik versperren.
Gewiß, wir äußern unseren Zweifel, ob der Gedanke des anonymen Christentums für die orthodoxen Integralisten der katholischen Kirche akzeptabel sein wird, zumindest in seiner bisherigen Gestalt eines »Christentums ohne Grenzen«. Wir hegen alle Hochachtung vor der Radikalität, mit der die Probleme vor uns hingestellt werden und vor den hohen charakterlichen Anforderungen, die hier formuliert sind; trotzdem müssen wir die skeptische Frage aussprechen, ob nicht doch allzu stark von der politischen Realität abstrahiert wird, zumal wir konstatieren müssen, daß nicht einmal die offensten Theologen ganz frei sind von bestimmten Voreingenommenheiten gegenüber dem Kommunismus; ob einer so weitherzigen Auffassung unter bestimmten Umständen nicht die Gefahr droht,

daß sie gerade dort neutral wird, wo für niemanden, auch nicht für einen Christen, Gleichgültigkeit oder Opportunismus am Platze ist. Eine solche Gefahr besteht, wie es scheint, in der Tat. Der sogenannte Linkskatholizismus (A. M. Knoll, E. K. Winter, Fr. Heer, W. Daim) knüpft gedanklich an den offenen Katholizismus (insbesondere an sein kritisches Verhältnis zur kirchlichen Autorität) an, ist aber sowohl in seiner eigenen Domäne, der Theologie, als auch in der Deutung des Kommunismus nicht sehr tiefschürfend und gelangt zu dem neutralistischen Gedanken einer Koexistenz, die ebenso wenig akzeptabel ist für echte Katholiken wie für echte Kommunisten: nach dieser Auffassung hätte der Christ neutral zu bleiben im Hinblick auf den Gegensatz von Kapitalismus und Sozialismus; der Kommunist im Hinblick auf Theismus und Atheismus. In dieser Verwirrung der Bezüge fände aber wohl niemand einen Ausweg.

Und noch eines: ein Kommunist wird den Ehrentitel eines anonymen Christen nicht annehmen. Nicht etwa deshalb, weil ihm das auf die Nerven ginge. Und auch nicht aus irgendwelcher politischen Beschränktheit. Die Motive für diese Zurückweisung sind ernsthafter.

Ungeachtet aller grundsätzlichen ideologischen und philosophischen Vorbehalte, ungeachtet der Fragen, die den Marxisten am offenen Katholizismus unklar und nicht bis zu Ende durchdacht erscheinen werden, ungeachtet aller Zweifel, welche sie als politisch denkende Menschen aussprechen müssen, ungeachtet aller dieser Umstände ist dieser Wandel des theologischen Denkens so bedeutsam, daß man an ihm nicht gleichgültig vorübergehen kann. Es hatte nämlich nicht nur bei begrifflichen theoretischen Erwägungen sein Bewenden. Der Geist des offenen Katholizismus hat auch Zutritt gefunden in die Halle der Petersbasilika, in der drei Jahre lang das ökumenische Konzil der Kirche versammelt war. Er war bemüht, dessen Verhandlungen zu durchdringen. Nicht erfolglos, wenn auch nicht mit durchschlagendem Erfolg.

Für die Marxisten hat der offene Katholizismus jedoch noch eine weit maßgeblichere Bedeutung. Die Fragen, die seine Theologie auf den Tisch legt, betreffen die Grundlagen der Weltanschauung. Jeder Weltanschauung. Das Verdienst der Theologie der absoluten Zukunft besteht darin, daß sie diese

Fragen heute mit solcher Radikalität stellt: man kann ihnen mit Ausflüchten nicht entrinnen.
Nicht als ob es Fragen wären, von denen der Marxismus nichts wüßte oder für die ihm das Sensorium fehlte. Er hat sie sich von allem Anfang an gestellt, am ausgeprägtesten taten dies Marx, Engels, Lenin, Gramsci und eine Reihe anderer, wenn auch natürlich in Zusammenhängen und Denkstrukturen, die weitaus gegliederter waren, als die offene Theologie sie kennt. Das ist ein Plus für den Marxismus, aber auch ein Minus. Es könnte nämlich geschehen, daß diese Fragen unter bestimmten Umständen übersehen oder aus dem Zentrum der Aufmerksamkeit weggerückt werden. Es gab solche Zeitabschnitte in seiner Entwicklung, aber der Marxismus ist weder ein Positivismus, noch ein Szientismus, noch ein Rationalismus. Die scharfsinnigsten unter seinen Kritikern wissen oder ahnen das. Deshalb übt er eine Anziehungskraft auf sie aus.

Anziehungskraft

1

... sie war Menschenwerk, rundherum, voll Blut und Begeisterung, voll naiven Glaubens und tiefreichender Kenntnis wesentlicher Zusammenhänge, voll von Grausamkeit und phantasievoller Liebe, es gab in ihr Schmutz, Hunger, Läuse, Überläufertum, Verrat, eine einfältige und durchsichtig klare Reinheit des Tuns, Übersättigung mit Genüssen, die Schwinge eines Vogels, Rückfälle in die Zeit des Schießprügels, das Warten auf eine vom Haß gelenkte Kugel – die Summe alles dessen, was das Leben an äußersten Gegensätzen bietet, wobei aber immer das Beste das Schlechteste übertraf, Extreme, Grenzsituationen, eine Geburt unter Schmerzen ...

Die große Oktoberrevolution – auf sie bezieht sich die Charakteristik, deren Skizze Isaak Babel irgendwo aufgezeichnet hat – war nicht »heilig«. Sie bedarf keiner Mystik, keiner Heiligenlegende oder Theologie, um im Gedächtnis der Generationen lebendig zu bleiben, groß, nicht mehr wegzudenken.

Ganz in der Tiefe, dort wo die subjektive Motivation verborgen steckt, hat die Klasse mit der Revolution, die sie führte, den Anspruch auf die absolute Zukunft des *Menschen* erhoben, in der er sich zur Fülle all seiner Bestimmungen entfalten könnte.

Mag die sozialistische Revolution nun noch so verworren und im Zickzack verlaufen sein, selbst noch die alles vorwegnehmende Ungeduld und die Kodifikation ihrer Illusionen legt von diesem Anspruch Zeugnis ab. Und mag ihre Zukunft noch verwickelter werden als ihre Vergangenheit, sie hat diese grundlegende Dimension niemals verloren und wird sie auch niemals verlieren, wenn sie sich nicht selbst aufgibt.

Doch die sozialistische Revolution war nicht nur ein universaler hominischer Anruf »an alle, alle, alle«. Sie war, sie ist und sie wird sein ein praktisches Tun, ein bewußter Eingriff in das Gespinst der Geschichte von jenen Positionen aus, die erstmalig die Arbeiterklasse der Neuzeit einnahm. Für einen außenstehenden Beobachter kann in dem Gewirr ihrer Wandlungen die Klarheit und Durchsichtigkeit des ursprünglichen Anrufs verdunkelt werden oder verloren gehen. Und unter bestimmten Bedingungen kann auch der ihn nur schlecht hören, der mittendrin im Kampf steht. Für den aber, der dank ihrer Taten lebt, bewußt und anteilnehmend, für den ist ihre Forderung auf die Dauer lebendig und gegenwartsnah.

Über dieses »Bekenntnis« hinaus ist für einen Kommunisten der Titel eines anonymen Christen nicht zu akzeptieren. »Absolute Zukunft« – das ist wirklich ein beständig neu erhobener Anspruch, eine dauernde Forderung des Menschen als bewußten Lebewesens. Sie verlangt eine absolute, souveräne Antwort; ohne diese wäre er nicht imstande zu einem Wirken, das einen *produktiven* Wert hätte. Er würde sich nur als ein intelligentes Tier reproduzieren, nichts weiter. Dennoch stößt dieser Anspruch nicht nur auf das Faktum, daß die einzelnen Menschen nicht souverän sind, auf ihr geschichtliches Bedingtsein, die Beschränktheit ihrer dem Irrtum preisgegebenen Einsichten und Handlungen, sondern auch auf ein in ihrer Existenz angelegtes Nicht-Souveränsein, nämlich auf die Tatsache des Todes. Hier liegt ein Widerspruch vor, so bemerkt Engels, als er in seiner Polemik mit Dühring darüber Erwägungen anstellt.

Ein heutiger Marxist kann sich nur aufs höchste wundern, wie nachlässig positivistisch die Zeilen gelesen wurden, in denen Engels sagt, daß dieser Widerspruch nur auflösbar wäre, wenn man die Voraussetzung eines unendlichen Fortschrittes in einer unendlichen, wenigstens für uns praktisch unendlichen Abfolge menschlicher Geschlechter machen dürfte. Was sagt denn Engels damit anderes, als daß der absolute Anspruch, diese Realität, die so tief im Menschen verankert ist, die immer wieder von neuem ausgesprochen wird und immer von neuem für die Gesellschaft erforderlich wird – prinzipiell ohne Antwort bleiben muß? Die Voraussetzung einer unendlich langen Dauer der Menschheit ist nirgends gegeben und auf keine Weise gewährleistet; Engels selbst räumt an einer anderen Stelle durchaus auch die umgekehrte Möglichkeit ein. Die absoluten Postulate des Menschen bilden eine geordnete Reihenfolge von Fragen, keineswegs von Antworten. Wenn wir dies zugestehen, dann bleibt nur die Frage, welcher Gewalt der Mensch sich damit aussetzt. Dem Vakuum? Dem Nichts? Ja, sofern wir bloß in dieser Ordnung des Fragenstellens bleiben.

Damit nun aber der Kommunist diesen Anspruch *neu* formulieren kann, muß er hindurch durch die Sphäre des Wirkens, muß zu ertragen wissen, daß dieses Wirken verleumdet wird, zu ertragen wissen, daß das Nichts droht, zu ertragen wissen, daß er enttäuscht wird.
Seine existentielle Position ist leichter zu erschüttern als die des Christen. Sie gestattet es ihm nicht, die absolute Frage in einer Gleichung gegen die absolute Antwort aufzuwiegen. Dann würde er das verlieren, wozu ihn seine Forderung befähigt: die Tat, mit der er über sich hinausschreitet.
Deshalb kann er den Ehrentitel eines anonymen Christen nicht akzeptieren. Er würde damit sein Elend, seine Hoffnungslosigkeiten und seine Ansprüche auf allzu billige Weise los werden. Er wäre als Christ – wenn auch nur als anonymer – weniger, als er sein kann.

2

Die Dimension, die ausschließlich dem Kommunismus gehört, ist die geschichtsgestaltende Tat der Emanzipation. Die Tat, die eine Unruhe des Geistes bewirkt. Nicht die Tat eines geistlosen Pragmatismus.
Das hat zur Folge, daß es schwerer ist, ein Kommunist zu sein als ein Christ. Denn der Kommunist setzt sich einer Gefahr aus, die der Christ nicht kennt: der Gefahr, daß er auf diese Weise viele in ihren utopischen Hoffnungen und Erwartungen enttäuscht, die sie mit Recht hegen, die sich aber zu ihren Zeiten nicht erfüllen werden. Darum hat der Sozialismus seine Verräter, seine Renegaten, seine Feinde, die einst Freunde waren; er hat auch seine Lauen. Er führt seine Toten mit sich und die, die er hingerichtet hat. Seine Kraft liegt in dem Mut, mit dem er die eigene Schwäche, die er erkannt hat, dem Urteil der Geschichte unterwirft.
Und dennoch wird er seinen Posten nicht verlassen.
Warum?
Ja, warum eigentlich?

Dritter Teil

SELBSTREFLEXION DES ATHEISMUS

Der Atheismus im Sozialismus

1

Selbstreflexion: das ist der Augenblick des Innehaltens und der fruchtbaren Stille. Ein von Verantwortungsbewußtsein getragener Versuch, Erwägungen anzustellen über neue Sinngehalte dessen, was unveräußerlich ist, was wir nicht aufgeben können, ohne uns selbst aufzugeben. Wir trachten alles zu sammeln, was wir bisher getan haben, wie wir es taten und was uns dazu bewogen hat. Wir versuchen, Komplexe bekannter Gedanken und verflossener Taten einzuordnen in jene tieferen Schichten, in denen sich heute die Wirklichkeit für uns enthüllt. Wenn sie zu diesen Schichten nicht passen, dann wollen wir die Gründe dafür klarstellen. Wir wollen das begreifen, wir wollen *uns selbst* begreifen.
Darin sehe ich die Selbstreflexion unterschieden von der radikalistischen Kritik alles Vergangenen, ebenso aber auch von einer verschreckten Apologie vollbrachter Taten. Die radikalistische Kritik deckt Fehler und Deformierungen auf, stellt »unbegreifliche Versehen« bloß und bekrittelt auf billige Weise mit ihrem geschliffenen Witz ernsthafte Angelegenheiten; damit aber erweist sie ihr mangelndes Verständnis dafür, daß sich in der Geschichte ohnehin nichts verbergen läßt, und steht darin der konservativen Selbstrechtfertigung durchaus gleich. Wenn wir aber ernsthaft über die Dinge nachdenken, dann werden diese beiden extremen Haltungen einer Sachlichkeit Platz machen, die keine Furcht vor der Vergangenheit hat, ja sich um diese Vergangenheit überhaupt nicht viel Sorgen macht, weil sie weiß, daß wir Wege finden müssen, auf denen wir aus der Gegenwart in den morgigen Tag hineinschreiten.
Jawohl, in der Selbstreflexion wollen wir uns zuallererst geschichtlich begreifen. Nur so werden wir frühmorgens, wenn wir aus der Konzentration der Stille wieder in die Kämpfe des Alltags zurückkehren, über das eigene Gehäuse hinausschauen können.

2

Der Atheismus der ersten Jahre des Sozialismus in der ČSSR

erwuchs aus der Nötigung, gegen die klerikale Reaktion zu kämpfen, die sowohl in den politischen Parteien, die bereits vor dem Februar 1948 bestanden hatten, als auch in der Hierarchie der Geistlichkeit, namentlich bei den höheren kirchlichen Würdenträgern, vorherrschte. Dennoch fehlte es nicht an gutem Willen. Nach der Februarrevolution schritt der erste Präsident getreu einer alten Tradition vom feierlichen Wahlakt aus in den Sankt Veitsdom, um dem erzbischöflichen Tedeum beizuwohnen. Viele Kommunisten und Atheisten nahmen ihm das damals übel. Aber die kommunistische Partei war entschlossen, ihr Konzept einer Diktatur des Proletariats in Form einer Zusammenarbeit aller fortschrittlichen Kräfte der Bevölkerung auf breiter Basis zu verwirklichen. Die erste Verfassung hatte diesen Entschluß kodifiziert.

Eine weitere Quelle des Atheismus jener Zeit war die Überzeugung der Kommunisten – ihrer jedenfalls vor allem –, daß ein auf wissenschaftlicher Grundlage errichteter Sozialismus der Religion nicht bedürfe; daß diese, soweit sie noch vorhanden ist und weiter vorhanden sein wird, vielmehr ein Hemmschuh im Politischen und Ideellen, eine Dämpfung der schöpferischen Kräfte und ein Zersetzungsfaktor der zum Aufbau nötigen Begeisterung sei. Sie hatten damals recht: das offizielle Christentum hatte nicht nur keine Konzeption *zugunsten* des Sozialismus, sondern war mit seiner ganzen sozialen Doktrin und seinen politischen Bindungen offen antikommunistisch.

In dem kurzen Zeitabschnitt der Deformationen des ursprünglichen politischen Konzepts der kommunistischen Partei kam es zu einer Zuspitzung der atheistischen Überzeugung dadurch, daß in der praktischen politischen Arbeit zeitweilig das grundlegende politische Kriterium der marxistischen Auffassung vom Atheismus aus dem Blickfeld geriet: nämlich die Forderung, daß man die Gläubigen nicht mit der Kirche und die religiöse Überzeugung nicht mit dem politischen Klerikalismus gleichsetzen dürfe. Es wurde ein frontaler Angriff gegen die Religion geführt, von der Administrative, von der Politik und von der Ideologie her; er war Bestandteil einer breit angelegten politischen »Theorie« von der Verschärfung des Klassenkampfes. Das war die Zeit, in der sich bestimmte atheistische Stereotypen bildeten und Praktiken eingeführt wurden, die hier kürzer, dort länger im Schwange blieben, auch nachdem

sich die KP in der Mitte der fünfziger Jahre von ihnen ausdrücklich distanziert hatte.
Die atheistische Überzeugung, der dieser Zeitabschnitt Gestalt gab, ist von sehr rigoroser Art. Sie gründet sich auf die Ansicht, daß mit der Machtergreifung der Arbeiterklasse und dem Aufbau der sozialistischen Gesellschaft die klassenbedingten und sozialen Wurzeln der Religion bereits völlig ausgerottet worden seien. Soweit sich die Religion trotzdem noch am Leben halte, sei das nur mehr ein Restbestand im bourgeoisen Bewußtsein, der durch das Wirken der Kirchen bekräftigt und von diesen häufig zu ungunsten des Sozialismus mißbraucht werde. Daraus ergab sich eine scheinbar ganz logische Schlußfolgerung, daß jeder, der glaubt, schon wegen dieser Tatsache allein ein potentieller Widersacher des Sozialismus sei. Deshalb verlangte man in der sogenannten Kaderarbeit jener Jahre den Kirchenaustritt als Beweis für ein positives Verhältnis zur volksdemokratischen Verfassung, deshalb enthielt jede Beurteilung die stereotype Frage, ob der Mitarbeiter mit der religiösen Frage ordnungsgemäß ins Reine gekommen sei.
Man war der Meinung, die ideelle Einwirkung der Religion sei so weit als möglich einzuschränken, gleichviel, ob es sich um konfessionell gebundene oder nur in Gewohnheiten, kulturellen Traditionen, in Literatur oder Kunst enthaltene Religiosität handelte. Alte Sagen und Erzählungen wurden, soweit sie religiöse Motive enthielten, überarbeitet, alte Bräuche, die mit der christlichen Tradition verknüpft waren, wurden durch neue ersetzt, klassische Kunst- und Kulturgüter wurden, wenn man sie nicht atheistisch zurechtmachen konnte, aus dem öffentlichen Bewußtsein verdrängt.
Der Leser wird verstehen, daß wir nicht die Absicht haben, diese Praxis – wie es zuweilen geschieht – zu ironisieren oder nachträglich darüber zu Gericht zu sitzen; wir wollen etwas Wichtigeres tun – nämlich ihre Motive begreifen: es hatte den Anschein, als könnte es gelingen, mit einer solchen Handlungsweise ein religiöses Vakuum zu erzeugen, in dem die Religion sanft absterben würde, aus dem Bewußtsein der Menschen von selbst verschwinden und, wenn die alten Leute einmal aus dem Leben geschieden sein würden, völlig zugrunde gehen würde.
Zum Ersatz für die entschwundenen Ideen sollte die Wissen-

schaft werden: positive wissenschaftliche Einsichten und die Bildung eines allgemeinen sozialistischen Bewußtseins. Die atheistische Propaganda verwandte viel Mühe auf den Beweis, daß der religiöse Glaube den wissenschaftlichen Erkenntnissen ganz und gar widerstreite und daß an die Ausgeburten des religiösen Denkens zu glauben im Zeitalter der Wissenschaft ein unhaltbares Dunkelmännertum sei. Man trieb den Gegensatz zwischen Glaube und wissenschaftlicher Vernunft auf die Spitze.

Die Motive eines Atheisten aus jenem Zeitabschnitt waren also ausgesprochen politisch-pädagogisch: er wollte diejenigen, die sich noch nicht vom Einfluß der Kirche hatten freimachen können und den längst überlebten religiösen Vorstellungen noch hörig waren, bei der Hand nehmen, um im Sinne des Fortschritts des Sozialismus zu wirken. Er hatte das Empfinden, man müsse überall dort Druck ausüben, wo die Menschen diesen Dingen allzu lange oder allzu hartnäckig verhaftet waren. Er hatte die Zukunft im Auge und er glaubte, daß sie schon nahe herangerückt sei – jene Zukunft, in der wir endlich die ideale gesellschaftliche Struktur des Sozialismus erreichen würden, in der keine Überbleibsel ausbeuterischer Gesellschaftsordnungen mehr wuchern würden, in der man keine religiösen Gemeinschaften mehr würde unterhalten müssen, wo aus Domen möglicherweise Museen, vielleicht auch Konzertsäle werden würden, wo Gott endgültig tot sein wird. Eine solche Aussicht konnte einen Atheisten in vieler Hinsicht befriedigen: vor allem schien hier die theoretische Forderung des Marxismus erfüllt, der in der Tat nicht mit Gott rechnet; aus den gesellschaftlichen Beziehungen innerhalb des Sozialismus verschwindet ein heikler Faktor, der politische Komplikationen nach sich ziehen kann; die vernebelnde und demütigende Ideologie, die ein einheitliches weltanschauliches Wirken so überaus stark erschwert, wird zunichte. Dieses Bild besaß Anziehungskraft. Die Welt ohne Gott kam dem Atheisten klarer vor, durchsichtiger, leichter beherrschbar im Politischen und im Gesellschaftlichen.

Der Atheist wußte freilich aus seiner Praxis, daß zwischen dem gegenwärtigen Augenblick und dem Ideal ein Abstand besteht. Doch er glaubte, daß die Politik ihn überbrücken könne. Die allgemeinen politischen Prinzipien des Leninismus zur Lösung

der religiösen Frage waren ihm geläufig. Er nahm die Beschlüsse der Partei zur Kenntnis, welche die Auswüchse zurechtrückten. Aber er sah nicht ein, warum er im Interesse einer Sache, von der er überzeugt war, die Politik nicht überall dort, wo das möglich war, als Instrument zur Beschleunigung des ganzen Prozesses einsetzen dürfe.
An sich selbst zweifelte der Atheist nicht. Soweit er die Religion überhaupt noch gedanklich mit sich selbst in Verbindung brachte, war er froh, nicht von dem religiösen Durcheinander verwirrt zu werden. Er fühlte sich frei. Die Realität des Sozialismus unmittelbar genießen zu können, voller Begeisterung bei seinem Aufbau mitzuhelfen, die Freude an dem Erfolg, die Gewißheit über seine Zukunftsaussichten, die Überzeugung, daß die Grundprobleme gelöst seien – das alles führte zu einer sehr ausgeprägten zweckbestimmten Betrachtung und Beurteilung jeder Angelegenheit aus politischer Sicht, das alles war viel zu kraftvoll, als daß er es noch nötig gehabt hätte, seine Zeit mit unnützen Diskussionen zu vergeuden. Der Atheismus, der aus dieser unmittelbaren Freude an Freiheit und Sozialismus erwuchs, war ein Erlebnis gesellschaftlicher Art, hatte eine emotionale Kraft, war der Motor der gesellschaftlichen und politischen Aktivität. Insoweit ganz in sich selbst befangen, wünschte er, daß auch die gesamte Gesellschaft und jeder einzelne Staatsbürger sobald wie möglich zu einem solchen unmittelbaren Selbstverständnis finde. Es war eben, zumindest in der Gestalt, die für jene Zeit am kennzeichnendsten war, ein militanter Atheismus.
Heute müssen wir feststellen, daß dieser optimistische, engagierte, unnachgiebige, pädagogische Atheismus unwiederbringlich der Vergangenheit angehört; aber sollen wir das bedauern? Oder sollen wir etwa der überheblichen und spöttischen nihilistischen Kritik recht geben, die zuweilen nicht nur diese Art von Atheismus, sondern den Atheismus überhaupt für einen überwundenen Standpunkt hält?
Es erscheint uns dringend nötig, daß wir die Ideen und Motive jenes Atheismus kennenlernen und das Denkmodell rekonstruieren, das diese Motive virulent werden ließ.

3

Bemerkenswert an diesem historisch gewachsenen Atheismus ist, daß seine stärkste und unmittelbar wirkungsvollste Kraft seine Illusionen darstellen, seine Vereinfachungen und seine Irrtümer.

Er ist eng verknüpft mit den ersten Jahren und den ersten Schritten im Aufbau des Sozialismus. Er überschätzt die Bedeutung, die diese für das Absterben der Religion haben. Häufig verwechselt er diesen Prozeß mit einem einmaligen Geschehen, den langwierigen und komplizierten Kampf mit einem Dekret, das das Ergebnis vorwegnimmt. In die unvollkommene, ständig in Entwicklung begriffene Tatsachenwelt werden ideale und abstrakte Ziele hineinprojiziert, die den tragenden Grund allen Wirkens darstellen. Die Einheitlichkeit in der Ideologie, die man nur allmählich als eine Einheit in der Vielfalt erreichen kann, will man so rasch wie möglich herbeiführen, und zwar derart, daß sie die ganze Gesellschaft durchdringt. Auch wenn von Anfang an klar ist, daß hier eine Forderung auf lange Sicht vorliegt, wird daraus in der Praxis eine auf kurze Fristen berechnete Aktion des Atheismus. Da Ungeduld niemals Rosen erblühen läßt, müssen die Feldzüge noch und noch wiederholt werden. Hier fehlt offenbar der Sinn dafür, daß die Ausbildung einer Weltanschauung ein Vorgang ist, der eine Eigengesetzlichkeit besitzt und verwickelt und in relativer Selbständigkeit abläuft, die keine Manipulation von außen zuläßt.

Gegen den religiösen Glauben, gegen seine undeutliche Gefühlsseligkeit wird die Rationalität zuhilfe gerufen. Sie liefert dem Atheismus, was ihr zur Verfügung steht: positive wissenschaftliche Einsichten aus der Astronomie, Physik, Chemie, Biologie. Dieses naturwissenschaftliche Weltbild, das aus einzelnen Bruchstücken zusammengesetzt wird, enthält zwar eine Reihe von Gegengründen gegen die »naturtheologische« Auffassung, daß Gott der Große Uhrmacher des Weltalls sei. Aber weder denen, die es beeinflussen soll, noch sich selbst stellt es die Frage, worin denn eigentlich der Sinn einer Gottesidee oder Gottesvorstellung liege, wenn man sie unter dem Gesichtspunkt der naturwissenschaftlichen Kausalität nicht vertreten kann. Die naturwissenschaftliche Argumentation der

Atheisten endet dann gewöhnlich mit der Feststellung, die Religion sei etwas Sinn- und Vernunftwidriges; aber sie gelangt damit nicht einmal bis an jene Grenze, wo für die Naturwissenschaft die wirklichen Probleme erst anfangen. Wie geistlos sie ist, das zeigt sich darin, daß sie sich die Religion nicht anders als anthropomorph vorstellen kann und abweichenden Arten religiöser Vorstellungen gegenüber völlig hilflos ist; sie kann vor allem nichts mit religiösen Erlebnissen anfangen, weil sie außerhalb ihres Fassungsvermögens liegen. Die oft gestellte Frage, wie es möglich sei, daß ein hochgebildeter und aktiv wissenschaftlich arbeitender Naturforscher in gleicher Weise tief und aktiv an Gott glauben könne, kann ein so gearteter Atheismus überhaupt nicht beantworten.
Wenn der naturwissenschaftlich motivierte Atheismus aber nicht wenigstens danach fragt, ob seine Art, die Welt zu studieren, auch eine *menschliche* Bedeutung erlangen kann, dann mangelt es ihm an Geist, er bleibt weit unter dem geistigen Niveau des Christentums und mehr noch des Marxismus. Ein solcher Atheismus ist selbstbewußt, solange er das Gefühl hat, er könne sich auf absolut sichere, genaue und unwiderlegbare Einsichten stützen. Er gerät ins Wanken, sobald er feststellen muß, daß er mit seinen Argumenten kein Gehör findet.
Der Atheismus, über den wir hier sprechen, war seiner ganzen Verfassung nach antitheistisch. Die Vorstellung, daß in den Köpfen so vieler Menschen ein Gottesbild verankert sei, ließ den Atheisten nicht in Ruhe. Die Muffigkeit des religiösen Lebens, deren er sich noch aus seiner Kindheit erinnerte, die frömmlerische Haltung, die ihm von jeher zuwider war und die er ringsum immer noch erblickte, brachte er mit Recht in Verbindung mit der Primitivität religiöser Vorstellungen, die des Menschen unwürdig sind. Diesen kindischen Selbstbetrug zu widerlegen hielt er für seine Pflicht. Das war ein Tropismus[1] eigener Art: der Atheist wandte seinen Blick in die Richtung, aus der er das Dunkel auf sich zukommen spürte. Aber der Kampf gegen den tatsächlichen religiösen Obskurantismus, dessen Vorhandensein unbestritten ist, gegen die niederen,

1 Tropismus ist ein Begriff der Biologie; mit ihm wird die Krümmungs- und Wachstumsbewegung von Pflanzen und festsitzenden Tieren in Richtung eines äußeren Reizes oder von diesem Reiz hinweg bezeichnet. Meist erfolgt die Bewegung in Richtung auf das Licht (Anm. d. Übers.).

unkultivierten, auf tiefster Stufe stehenden Formen des christlichen oder religiösen Glaubens, gegen allerlei Arten von Aberglauben und Fanatismus hat nur eine relative Berechtigung und stößt an Grenzen. Wenn man diese nicht erkennt, wird der Antitheismus ungewollt zum Verbündeten des politischen Klerikalismus: er gibt ihm einen Wink, was alles in Mißkredit geraten ist und wovon er sich lossagen muß.

Der Gotteshaß, von dem der Antitheismus bewegt wird, ist ein wichtiges Moment eines entschiedenen Glaubens: es gibt kaum eine wahrhafte religiöse Überzeugung, die nicht wenigstens einmal durch das Feuer der antitheistischen Empörung hindurchgegangen wäre.

Die Illusionen, Vereinfachungen und Irrtümer dieser Art von Atheismus wären kaum so selbstgewiß und zählebig, wenn sie nicht auch noch einen theoretischen Halt fänden in den Lehrsätzen und der Denkweise, die der Stalinismus ausgebildet hat, nachdem er den dialektischen Materialismus zu einem mechanistischen Materialismus verkürzt hat, wie er vor Marx bestand. Hier hat offenkundig die weltanschauliche Verabsolutierung der Naturwissenschaft ihren Ursprung, die einer neuen, sehr vulgären Gestalt der spekulativen Naturphilosophie zur Entstehung verholfen hat; hier hat auch das unkritische Zutrauen zum sogenannten gesunden Menschenverstand und zur Möglichkeit von Manipulationen an Menschen seine Wurzel. Marxens materialistische Geschichtsauffassung wurde im »Kurzen Kurs« in eine Reihe miteinander nicht verbundener Themen aufgeteilt und verwandelte sich so in die akademische Disziplin des »historischen Materialismus«. Dessen Thesen über das Verhältnis von Unterbau und Überbau, seinerzeit nach scholastischer Weise diskutiert, wurden auf das Gebiet der Religion angewandt, konnten dort aber nicht als taugliches analytisches Werkzeug dienen.

Insoweit der historische Materialismus den Inbegriff der speziellen Gesellschaftswissenschaften ersetzte, war der theoretische Unterbau für den Atheismus zu eng. Daß man ihn »wissenschaftlichen Atheismus« nannte, war ein Anspruch, der sich nicht erfüllen ließ.

4

War also diese ganze opfervolle, erschöpfende Arbeit vieler Jahre vergeblich, überflüssig, schlecht? Nein, keineswegs. Sie war sogar zu einem großen Teil politisch notwendig und erfüllte ihre Aufgabe überall dort, wo der Klerikalismus bestrebt war, eine antisozialistische Politik zu betreiben. Sie war am Platz im Kampf gegen die obskursten, primitivsten und fanatischsten Formen und Erscheinungsweisen des religiösen Glaubens. Das Problem, auf das es jetzt ankommt, liegt anderswo: Wir müssen nachweisen, wie verwickelt die Zusammenhänge auch dieses elementar pädagogisch-politischen Atheismus waren. Diese Einsicht macht uns von der Illusion frei, als ob es eine selbstverständliche Sache sei, ein Atheist zu sein; als ob dies eine Haltung sei, die sich als Teilfolgerung aus der Gesamtheit der marxistischen Weltanschauung ergäbe.

In Wirklichkeit liegen die Dinge genau umgekehrt: der Marxismus ist seinem Wesen nach Atheismus. Oder anders gesagt: gerade der Atheismus ist die radikale Dimension der marxistischen Weltanschauung. Ohne ihn ist Marxens Konzept vom totalen Menschen ebenso unbegreiflich wie seine Auffassung vom Kommunismus.

Deshalb kann der marxistische Atheismus nicht für sich als eine spontane Ansicht entstehen und man kann ihn auch nicht theoretisch pflegen wie irgendeinen Wissenschaftszweig am Rande, als »wissenschaftlichen Atheismus«, der nur ganz lose verknüpft ist mit den »Hauptproblemen der Philosophie und Soziologie«.

Der marxistische Atheismus ist ein Standpunkt, der aus der Reflexion gewonnen wird. Er greift über die Religion hinaus; denn er schließt alle historischen Phasen der Entwicklung und der Kritik des Christentums in sich und bemächtigt sich ihrer. Er ist auf der Wanderschaft – mit allen Beschwernissen eines langen Weges.

Emanzipation des Atheismus

1

»Gott ist tot!«
Seit der Renaissance breitet sich diese Botschaft von Mund zu Mund aus, zuerst als ein Geheimnis, das nur im Flüsterton mitgeteilt wird, später immer lauter und selbstgewisser.
»Es lebe Gott!«, so hallt das Echo ausdauernd wider bis zum heutigen Tag.
Ein Marxist muß dem Inhalt beider Mitteilungen aufmerksam lauschen.

2

Der Atheismus der Neuzeit erreicht seinen ersten Gipfel in der französischen Aufklärung des 18. Jahrhunderts.
In den Werken der Aufklärer stürzt die Vernunft Gott und den König von ihrem Thron und verurteilt sie mit entschlossener Gebärde zur Guillotine; dann reißt sie ihnen das goldene Gewand vom Leib und setzt ihnen die Narrenkappe der Gaukler auf; damit aber leistet die Vernunft nur das, was etliche Jahrzehnte später die Bourgeoisie in ihrer Revolution tatsächlich tun wird.
Das Ergebnis ist der bourgeoise Atheismus; er sieht in *Gott* die komplementäre Ergänzung zu der bereits bestehenden Monarchie des *Tieres*: welch ein Tier ist doch unser Herr König! Aus dieser Allianz wird die Macht der Unvernunft geboren. Daß diese zur Herrin wird, legt Zeugnis ab von der Ohnmacht der Vernunft und ihrem Kranksein.
Das umfangreiche Werk der Aufklärer, von La Mettrie bis zu Holbach, von Diderot bis zu Helvetius, von Voltaire bis hin zu Rousseau, versucht sich in seinem kritischen Teil an einer Diagnose dieser Verhältnisse. Am Ende steht immer das gleiche Rezept für die Heilung: beide Monarchen so bald als möglich hinrichten. Auf dem Thron soll die Vernunft Platz nehmen. Die Aufklärer erwarten von ihr, daß sie endlich eine ordentliche Ehe mit der Natur werde eingehen können; denn schon jetzt, obwohl sie in einem bloßen Konkubinat zu leben gezwun-

gen sind, hat diese Verbindung reiche Früchte gebracht. Diese Früchte hat die Gruppe der Aufklärer in der »Encyklopaedie oder dem Wörterbuch der Wissenschaften, Künste und Handwerke« inventarisiert. Sie waren überzeugt davon, daß diese Eheschließung die endgültige Befreiung von den Fesseln der Religion mit sich bringen werde. Die Welt der Gegenstände wird dann nicht mehr in Bereiche entweichen können, in die die Vernunft nicht hinterher laufen kann und wo sich dann die Theologen der Dinge bemächtigen. Alles wird überschaubar werden, es wird *ausgeliefert* sein.

Sie glaubten, die Vernunft würde zur universalen Befreierin werden. Restlos nach außen gewandt, extrovertiert, würden sie endlich die Große Gebärerin erblicken, so wie sie ist, mit verlockenden Formen, ein Gegenstand ihrer Leidenschaft, das Fundament ihrer Macht. Deshalb mißt die bourgeoise Aufklärung der Wissenschaft und den technischen Fertigkeiten ein solches Gewicht bei: sie sind Werkzeuge des *Habens.* Für die Vernunft ist nur das annehmbar, was man haben kann, das heißt, was man sich als Gegenstand aneignen und womit man willkürlich – wenn auch im Rahmen unabänderlicher Naturgesetze – verfahren kann. Alles, was sich auf irgendeine Weise dem Zugriff des Habens entzieht, ist der Vernunft verdächtig: es vermittelt ihr die Ahnung von etwas Irrationalem, vom alten Herrentum der Theologen. Was nicht auszurechnen ist, ist ihr unerträglich, weil es auch nicht rationalisierbar ist. Brutal schließt sie deshalb aus ihrem Reich alles nichtkonformistische aus: sie kann nicht damit *rechnen.* Die aufklärerische Vernunft steht immer in der Nähe des Terrors. Sie hält eine Ordnung dann für vernünftig, wenn sie die unterschiedlichsten Erscheinungen nach dem primitiven demokratischen Prinzip des Abzählens untereinander in Vergleich setzen kann – jenes Abzählens, das die Voraussetzung der Technik und der Manipulation ist. Sachen und Menschen erscheinen dann als gegenständliche Einheiten, welche nach rationalen Richtlinien in strenger Disziplin von Ort zu Ort bewegt werden. Die Vernünftigkeit der Ordnung wird durch ihre Effektivität bewiesen, durch den Nutzen, den Gewinn, das Kapital, das sie einbringt. Wissen ist Macht.

Das Reich der Vernunft, das sich die Aufklärer ausdachten, war die Idealvorstellung des Reichs der Bourgeoisie; das Werturteil von Engels trifft wirklich den Kern der Sache. Die Vernunft haßte die unvernünftige Religion um ganz praktischer Interessen willen. Deshalb war ihr Atheismus auch kein totaler, kein Wert, der den Menschen als Menschen definieren würde. Es war ein besonderer Standpunkt, der sich aus dem Machtanspruch der Bourgeoisie erklärte. Er hatte mehr einen operationellen als einen innerlichen Charakter. Er stand für etwas anderes ein, nicht für sich selbst.

Es gibt freilich auch positive Seiten dieses aufgeklärten Atheismus der Bourgeoisie, und diese bilden einen dauerhaften Bestandteil des modernen Denkens und damit auch *ein Moment* im marxistischen Atheismus. Die Elemente, die wir an der Aufklärung bejahen, sind im marxistischen Atheismus immer da gegenwärtig, wo unser Streben nach einer vernünftigen Bereinigung der Angelegenheiten (bei dem sich der quantitative Gesichtspunkt nicht hinwegdenken läßt) mit der mythischen Betrachtung der gegenständlichen Welt zusammenprallt; wenn wir in der kämpferischen Auseinandersetzung mit dem politisch-klerikalen Christentum den Atheismus als einen besonderen, klassenbetonten Standpunkt bewußt bejahen.

Das muß gesagt werden, damit die Verabsolutierung dieser Elemente, die für den aufklärerischen Atheismus so kennzeichnend ist, mit Entschiedenheit zurückgewiesen werden kann. Denn sie muß zurückgewiesen werden, weil sie weitreichende Folgen hat. Die Aufklärung hat die Vernunft gleichgesetzt mit der Macht. Alles, was der Vernunft widerspricht, kann ausgeschieden werden, wenn man nur ihre Mittel in geeigneter Form anwendet. Hier mystifizieren sich die Aufklärer selbst. Sie halten dafür, daß in der Geschichte die Vernunft herrsche und deshalb die Vernunft die Geschichte auch willkürlich ausschalten könne. Ganz gefangengenommen von der Vision eines universalen *Habens,* haben sie nicht wahrgenommen, daß die Vernunft nicht nur Satzungen aufstellt und auferlegt; sie wird diesen Satzungen auch unterstellt und sie werden ihr auferlegt. Sie haben sich nicht eingestanden, daß in dem Maße, in dem die Vernunft sich die Dinge aneignet und wie sie mit ihnen umgeht, sie auch selbst von ihnen überwältigt und manipuliert wird; daß sie nicht nur Souverän ist, sondern auch Untertan.

Deshalb muß den Aufklärern das Mißgeschick widerfahren, daß

der fruchtbare Gedanke der Rationalisierung in der *Praxis* in Brutalität, Gewalt, Aggression, aber auch in den Gegenstoß der irrationalen Kräfte umschlägt. Die Vernunft der Aufklärung bringt im Leben »mit Notwendigkeit die Unvernunft hervor« (Kosik)[1].

Früher noch als die Bourgeoisie, die auf zynische Art alle Werte zu Waren, Habe und Kapital erniedrigen wollte, erbrachte die Aufklärung selbst vorausahnend hierfür eine Bestätigung. Zur Aufklärung gehört auch der Marquis de Sade. In seiner Philosophie der Grausamkeit gibt de Sade ein ausdrucksvolles Bild dessen, was sich hinter dem verhüllten Antlitz der aufgeklärten Vernunft verbirgt. Sein Atheismus führt am Ende nicht nur zur Hinrichtung Gottes und zur Idealisierung einer glückverheißenden Regierung der Vernunft, sondern er verrät auch etwas von dem, was sich hinter den Kulissen, im Intimbereich ihrer Alltagsherrschaft abspielt, der gut getarnt ist durch eine allgemeine Konvention von moralischen und rechtlichen Normen. Wenn alles bloß ein Gegenstand ist, dann ist die Manipulation der Gipfel der Macht und wird zum Selbstzweck; je rücksichtsloser, brutaler, aggressiver sie ist, desto näher kommt sie an ihre Sendung heran. Sie gewährt den orgiastischen Genuß eines Glücks, das sich aus Macht und Willkür herleitet.

Die Philosophie de Sade's ist der Ausdruck der zynischen Vernunft, die ihr tugendsames Antlitz zu einer Grimasse verzerrt, weil sie bereits ahnt, wohin es einmal mit ihr kommen wird.

Die aufklärerische Vernunft verkündet den Tod Gottes. Sie macht dadurch dem Menschen einige wichtige Wege des Fortschritts frei. Sie nimmt aber die Subjektivität nicht ernst, die sich ihrem Zugriff entwindet und über die Grenzen des bloßen Habens hinaus entflieht, und deshalb greift sie zur Gewalt und vernichtet so mit einem Schlage ihre eigene prahlerische Würde. Der von ihr nicht bewältigte Geist des Irrationalismus zerfrißt ihren Thron.

3

Gott ist tot! So tönt es dazumal, am Ende des 18. Jahrhunderts, auch in Deutschland. Aber welcher Unterschied gegen-

1 K. Kosik, Die Dialektik des Konkreten, 1967.

über Frankreich! Dort führen die Aufklärer im Namen der Vernunft einen vernichtenden Schlag gegen die Religion. Nach dem Abklingen des Gewitterdonners wird die Bourgeoisie zu einer vernünftigen Macht: sie nimmt weder ihren Atheismus noch ihre aufklärerischen Ideale allzu ernst.

Der Atheismus der deutschen Bourgeoisie, der Marx vorausgeht, hat seine verborgenen Wurzeln in der Reformation Luthers. Das Elend der Verhältnisse in Deutschland bewirkt, daß die Deutschen ihre wirklichen Interessen in religiöse und philosophisch-religiöse umwandeln müssen, um ihrer überhaupt inne zu werden. Deshalb ist ein Atheismus, der die Religion für einen bloßen Unsinn erklären würde, dort die Ausnahme. Für die Deutschen, ja selbst für die deutschen Aufklärer, hat die Religion immer irgendeinen Sinn: sie dient ihnen zur Widerspiegelung ihrer in der Geschichte ausgetragenen Kämpfe. Das ist freilich ein Nachteil. Die Geschehnisse werden nicht begriffen, nackt, wie sie sind, sondern als Erscheinungen des historisch-religiösen Wandels. Man überschätzt in außerordentlichem Maße die Bedeutung der Religion; dadurch wird die gesellschaftskritische Schärfe des Atheismus, das heißt im gegebenen Fall der Atheismus als besonderer gegen den Feudalismus gerichteter politischer Standpunkt, stumpf.

Der Nachteil gleicht sich aber dadurch aus, daß auch die Neigung abnimmt, den Atheismus als bloßes Mittel im politischen Ringen um die Macht zu verabsolutieren, und daß stattdessen seine viel allgemeinere Bedeutung ins Blickfeld gerät.

Der Hauch der Freiheit, der über die Rheingrenze nach Deutschland hereinweht, trifft dort auf eine solche Muffigkeit, daß an umstürzlerische Taten nicht zu denken ist: er wird zum philosophierenden Geist, zu *Hegel*. In den Arbeiten aus seiner theologischen Epoche tritt die Freiheit als eine Forderung auf, die allem, was dem Bewußtsein als offenbarte Wahrheit, als *positum* vorgestellt wird, zuwiderläuft. Vor allem das Christentum ist eine solche positive, sich selbst absolut setzende Religion. Die historischen Voraussetzungen für diese unkritische Position des Christentums findet Hegel im Zusammenprall des Geistes der Antike mit dem des Judentums. Im Gegensatz zur Antike war dem Judentum bewußt, daß Endlich und Unendlich, Leben und Tod, Individuelles und Gesellschaftliches in einem Zerwürfnis stehen. Jesus will durch seine Lehre dieses Zer-

würfnis heilen. Aber er wird auf die Richtstätte getrieben und stirbt, ohne sein Ziel zu erreichen. Es hat sich gezeigt, daß sein Königreich nicht von dieser Welt ist. Das Christentum bekräftigt dann nochmals die Entzweiung von Subjekt und Objekt. Es spaltet den Menschen auf zwischen diese und jene Welt, zwischen Leib und Seele, Leben und Tod, Endlichkeit und Unendlichkeit. Für Hegel sind jedoch in dieser entfremdeten Gestalt des Religiösen sehr reale Probleme enthalten: daß der Einzelne von »jener Welt« – nämlich der Gesellschaft, dem Universum der Beziehungen, aufgesaugt wird; daß dem Höhenflug des Geistes der Körper im Wege steht; daß im Tode alles Leben erlischt; daß alles Endliche in den Abgrund des Unendlichen stürzt; daß die Verzweiflung sich dem Glück an den Hals gehängt hat. Das Christentum verabsolutiert diese Sachverhalte: es macht das menschliche Bewußtsein zu einem *unglücklichen Bewußtsein. Deshalb* kann es sich nicht anders denn als positive Religion behaupten.
Für Hegel ist demnach die Religion nichts Unsinniges. Die Inhalte, die ihr das Christentum gibt, kommen ihm nicht als etwas Obskures vor, das nicht der geringsten Beachtung wert wäre. Im Gegenteil: er findet darin einen geschichtlich berechtigten Lösungsversuch für ein *allgemeines* Problem, der durchgespielt werden *mußte,* damit seine Ausweglosigkeit zum Vorschein käme.
Seine Kritik am Christentum ist deshalb gleichermaßen eine Kritik am Positivismus des antiken Geistes. Die griechische Polis hat trotz der durchsichtigen und klar gegliederten *Einheit* ihres Kosmos nicht verhindern können, daß der Mensch seines Unglücks inne werde; das Christentum hat auf der anderen Seite in seiner *Gespaltenheit* nicht zugelassen, daß er seines Glückes inne werde. Aber der Mensch ist in gleicher Weise dem Unglück preisgegeben und des Glückes mächtig. Es bedarf einer Synthese auf höherer Ebene, die beide Momente des Daseins zugleich bewahrt und aufhebt: der fortschreitenden Arbeit des sich selbst emanzipierenden Bewußtseins. Der Mensch muß über die Grenze des Unglücks hinausschreiten, um des Glückes habhaft zu werden, das in menschenwürdiger Freiheit bestünde. Das ist für Hegel keine Phrase.
Wir spüren, daß er ein tiefreichendes Verständnis für den Ernst und die Last des Lebens hat. Er weist den sorglosen

Optimismus zurück, der da meint, letzten Endes sei alles »machbar«, wenn wir nur taugliche Mittel dazu haben. Diesen Optimismus sieht er in dem leichtfüßigen und in allen Fertigkeiten tüchtigen Geist der Antike verkörpert. Der andere Pol des Daseins, das Unglück, lagert darüber wie eine Wolke des Schicksals, deren Blitzen man nicht entrinnen kann. Leben hieß genießen, solange der Tod und nach ihm der düstere Hades noch nicht da ist. Leben war Haben. Der Mensch war bloßes Sein: glückliches Unbewußtsein.

Das Christentum hebt nun diesen Zustand auf, indem es über ihn nachdenkt. Es besitzt ein tiefreichendes Verständnis für alles, was im Dahinströmen der dreidimensionalen Zeit entsteht, was in ihr abstirbt und der Ewigkeit verfällt. Es rechnet mit den schweren Augenblicken des Daseins, es kennt das Grenzerlebnis: den Tod. Doch das Christentum setzt diese Last der Existenz absolut: es möchte über sie hinwegschreiten, aber es ist nicht fähig dazu. Es zahlt schließlich einen Preis dafür, indem es das *Nichts* zum *All* aufwertet. Wie die Antike einen leichten Sinn hat, so hat das Christentum einen schweren; es ist unglückliches Bewußtsein.

Hegel beschließt seine Beurteilung der beiden sich gegenseitig aufhebenden Entwicklungsstufen des Bewußtseins wie folgt:

»Wir sehen, daß dies unglückliche Bewußtsein die Gegenseite und Vervollständigung des in sich vollkommen glücklichen, des kosmischen Bewußtseins ausmacht... es ist die vollkommene *Entäußerung* der *Substanz.* Jenes hingegen ist umgekehrt das tragische Schicksal der an und für sich sein sollenden *Gewißheit seiner selbst.* Es ist das Bewußtsein des Verlustes aller *Wesenheit* in *dieser Gewißheit* seiner und des Verlustes eben dieses Wissens von sich – der Substanz wie des Selbsts, es ist der Schmerz, der sich als das harte Wort ausspricht, *daß Gott gestorben ist.*«[2]

Der erste *wirkliche* Begriff, der der Stellung des Menschen in Raum und Zeit gerecht wird, ist weder das Sein, noch das Nichts, sondern das *Werden.* Dieses schließt beide Grenzlagen als überwundene Momente in sich ein: es ist das tatkräftige Wirken des Geistes, der von der Endlichkeit seiner Bemühungen weiß und sie sehr ernst nimmt; zugleich ist es die Sorge und der Schmerz über diese Endlichkeit, die seine Tatkraft

2 G. W. F. Hegel, Phänomenologie des Geistes, Jubiläumsausg. Bd. 2, 4. Aufl. 1964, S. 571 f.

beständig anstacheln. Der Mensch stirbt, aber der Tod bringt neues Leben zum Leben; das Nichts verschlingt jedes Werk, aber immer von neuem wird es durch jede neue Tat des Bewußtseins zunichte gemacht; wir verlieren alles unter Schmerzen, aber nur um diesen Preis kommt das Glück ans Licht; wir sind in uns selbst verschlossen, aber nur so können wir durchbrechen zu den anderen und über uns hinausgreifen.
Auf dieser Stufe, so meint Hegel, wird jegliche Entfremdung aufgehoben. Das Bewußtsein wird frei, es kommt zu sich selbst. Die Substanz – so drückt Hegel dies aus – ist zum Subjekt geworden. Auf diese Selbstbewußtwerdung legt Hegel größten Wert; sie erachtet er als die befreiende Tat par excellence. Er findet keinen Geschmack daran, irgendwelche gesellschaftlichen Utopien zu entwerfen: er hat den Niedergang der Ideale der Aufklärung miterlebt, und das hat ihm genügt. Deshalb bemüht sich seine Philosophie gar nicht darum, den Zeitgenossen übertriebene gesellschaftliche Ansprüche einzureden. Alles Wesentliche ist in seiner Philosophie bereits getan. Paradoxerweise wird Hegel zum offiziellen Philosophen Preußens. Sein »Gott ist gestorben« ist zwar insofern ein Atheismus, als er die absolute Geltung des christlichen Glaubens ablehnt; es ist aber zugleich eine Bekräftigung für die Meinung, daß die Philosophie im wesentlichen eine religiöse Haltung ist: es soll anerkannt werden, daß sie das Rätsel des Menschen und der Geschichte gelöst hat. Insoweit verdrängt Hegels absoluter Geist Gott von seinem Thron, indem er sich selbst zur *positiven* Philosophie erklärt. Aber die radikale Kritik läßt nicht lange auf sich warten.

4

Bald nach Hegels Tod findet Ludwig *Feuerbach* mit viel Scharfsinn den schwachen Punkt in seiner Religionskritik heraus. Hegels Absoluter Geist ist ein Bewußtsein, welches seinen schöpferischen Radius ausgeschritten und seine Arbeit damit beendet hat, daß es sich mit sich selbst identifizierte. Jetzt öffnet sich die ganze leere Ewigkeit vor ihm, so wie sie vor Gott am siebenten Schöpfungstag dalag. Feuerbach empfindet das nur als philosophische Verfeinerung der Theologie.

Aber auch er entgeht nicht der Versuchung des Religiösen. Gegen den Geist stellt Feuerbach den Menschen als ein Naturwesen, ein natürliches Gebilde aus Fleisch und Blut. Hegels leiblose Subjektivität lehnt er ab als ein wesenloses Abstraktum. Die Überwindung der Entfremdung hat ihren Gipfel bei Feuerbach in der *Liebe.*

Das erste gegenständliche Unterscheidungsmerkmal, das dem Menschen von Natur aus gegeben ist, das erste Prinzip der Personwerdung und die erste anthropologische Beziehung ist das Geschlecht. Hier beginnen »Ich« und »Du«. Die Liebe ist aber für Feuerbach nicht eine bloße Beziehung, sondern eine Bindung: das zwiefältige »Ich« ist zunächst wechselseitiges Objekt, Gegenstand von Leidenschaft und Sehnsucht, ein Gegenstand, den wir uns zuerst anzueignen wünschen, um ihn zum Subjekt zu machen. Es zeigt sich, daß dies möglich ist, wenn jedes »Ich« gegenüber jedem anderen auf seine Subjektivität verzichtet und bereit ist, für diesen anderen zu *dessen* Objekt zu werden. Aber weil diese Selbstaufgabe eine wechselseitige ist, nimmt jeder den anderen, indem er sich ihm ausliefert, als sein Objekt in sich auf, macht ihn zu seinem Eigentum, während er sich als Subjekt schlechthin aufgibt. So wird fortwährend und in gesteigertem Ausmaß im Liebesakt jeder der beiden Partner als Gegenstand und als »Ich« gesetzt und wieder aufgehoben; dadurch überwinden sie ihr Fernsein und ihre Fremdheit und durchdringen einander. Die Sexualität ist nur ein Bruchteil dieser Überschreitung der Subjektivität; sie ist eine Selbsttranszendenz und zugleich ein Akt der Aneignung. Hier liegt die Grundlage der Sittlichkeit.

»Warum scheust du dich also die Natur Gottes bei ihrem wahren Namen zu nennen? Offenbar nur deswegen, weil du überhaupt eine Scheu vor den Dingen in ihrer Wahrheit und Wirklichkeit hast, weil du alles nur durch den trügerischen Nebel des Mystizismus erblickst.«[3]

Die Liebe ist für Feuerbach die Sphäre, in der sich eine materielle Bindung verwirklicht, die verwirklichte *religio,* und damit auch eine wirkliche Religion. Der Mensch wird dem Menschen, wenn er liebt, zum Gott. Damit wird nur ausgesagt, daß wir in der Liebesbindung im anderen, im »Du«, unser eigenes Wesen

3 L. Feuerbach, Das Wesen des Christentums, herausgegeben von K. Quenzel, 1904, S. 267 f.

finden, unsere anthropologische Vollkommenheit, die wir vorher nicht erreichen, nicht verkörpern, nicht vergegenständlichen konnten. Und wir selbst werden in gleicher Weise zu einem Gott für diesen andern, indem wir menschliches Wesen erschaffen. Als Folge der körperlichen Liebe wird ein Mensch geboren.

An dieser Stelle beginnt Feuerbach mit seiner Religionskritik, die er an der christlichen Gestalt der Religion durchführt. Die Religion hat in eine mystische Form gekleidet, was in der körperlichen Liebesbindung seinen Ursprung und Beginn hat. Die Beziehung des Menschen zu Gott ist ausschließlich nur eine Beziehung des Menschen zu sich selbst, zu seinem eigenen Wesensgrund, freilich zu seinem Wesensgrund, der ihm als ein anderes, fremdes Wesen begegnet, dem er die höchsten Prädikate seiner Gattung zuerkennt. Der religiöse Mensch wird sich dessen gar nicht bewußt, daß er sich selbst in Gott hineinprojiziert hat. Darin eben liegt das Wesen des Religiösen. Deshalb können wir sagen: wie der Mensch, so sein Gott. Die Folgerung daraus ist, daß nicht Gott den Menschen erschaffen hat, sondern der Mensch einen Gott, andererseits allerdings auch, daß wir, indem wir ein bestimmtes Gottesmodell zu erkennen bemüht sind, auch eine Aussage über dessen Schöpfer, den Menschen, bekommen. Die Theologie ist immer eine mystisch verkleidete Anthropologie. Aber die theologisierte Religion ist – im Gegensatz zur Liebe – nicht nur eine mystische Einkleidung tatsächlicher Bindungen, sondern sie führt auch zu einer Verarmung des Menschen. Denn je vollkommener der Gott ist, den sich der Mensch schafft, umso weniger vollkommen ist der Mensch selbst; macht der Mensch seinen Gott um vieles reicher, so macht er sich selbst um ebenso viel ärmer. Und mehr noch: vergegenständlicht der Mensch in Gott sein eigenes Wesen, indem er es in ein fiktives Subjekt umwandelt, so wird er nun selbst zum Gegenstand dieses Subjekts und gibt sich ihm für seine Zwecke in die Hand. Ist Gott allmächtig, so ist der Mensch ohnmächtig.

Die Religion bedeutet für Feuerbach eine erniedrigende Entfremdung. Deshalb behebt eine Kritik der theologisierten Religion, die in ihrem Kern auch eine Kritik jeder Art von Idealismus ist, diese Entfremdung und führt den Menschen zu sich selbst, zu seinem natürlichen Wesen zurück. Die mystische

Einkleidung, die Entfremdung, der Absolutheitsanspruch des Glaubens, der Idealismus, ist zerschlagen. Wir stehen an der Schwelle des anthropologischen Materialismus.

5

Wie weit sind wir doch schon von der Aufklärung entfernt, wenn das irreligiöse Bewußtsein begriffen hat, daß uns die Anthropologie das Geheimnis der Theologie verraten kann! Auf der Suche nach jener Wesenheit, mit der es die Menschheit ganz umgreifen könnte, erfährt es allmählich, daß die Liebesbeziehung nicht in das ideale Reich der Sittlichkeit führt. Ja, sie ist ein Herrschaftsbereich der Wollust, aber zugleich erscheint in diesem Verhältnis sinnlich, auf ein anschauliches Faktum reduziert, inwieweit dem Menschen das menschliche Wesen zur Natur, oder – was dasselbe ist – inwieweit sein *natürliches* Verhalten *menschlich* geworden ist[4]. Die Intimsphäre, die er betritt, bietet in ihrer zufallsbedingten Inbrunst noch keine Gewähr dafür, daß jener andere für ihn als Mensch zum Bedürfnis geworden ist, und er hat in ihr auch noch keinen Beweis dafür erbracht, inwieweit er in seinem individuellsten Dasein zugleich Gemeinwesen ist. Aus den Gärten der Liebe in die weite Welt zurückkehrend, stellt der Mensch fest, daß weder er noch jener andere abstrakte Wesenheiten sind, die in Seligkeit außerhalb dieser Welt thronen, sondern daß sie beide im Schnittpunkt gesellschaftlicher Beziehungen stehen, die einen Appell an ihre Subjektivität richten.
Der Urheber dieser Gedanken ist Marx und er wußte, daß die Religion nicht in ausreichender Weise ad fontes zurückgeführt ist, wenn man sie zur Anthropologie verkürzt. Der Mensch ist nicht bloß menschliche *Natur,* sondern *menschliche* Natur, das Ergebnis eines Entwicklungssprunges. Deshalb muß man die Quellen der religiösen Vorstellungen in jener Sozietät suchen, in der die materiellen Beziehungen zwischen den Menschen verkehrt sind und diese Verkehrtheit kodifiziert ist. Dann ist die Religion ein allgemeiner Deutungsversuch für diese mit einem Tabu belegten Beziehungen; angesichts dieser Bezie-

4 Dieser und die folgenden Sätze sind eine fast wörtliche Paraphrase aus K. Marx, Nationalökonomie und Philosophie, in: Die Frühschriften, herausgegeben von S. Landshut, 1953, S. 234 f. (Anm. d. Übers.)

hungen stellt sie ein subjektives menschliches Bedürfnis dar. Sie ist nämlich die einzige Sphäre, in der der Mensch sich – wenn auch nur fiktiv – als Mensch verwirklichen kann, sein Menschsein in der blutleeren Dürftigkeit des Traumes durchleben kann.

»Das *religiöse* Elend ist in einem der *Ausdruck* des wirklichen Elends und in einem die *Protestation* gegen das wirkliche Elend. Die Religion ist der Seufzer der bedrängten Kreatur, das Gemüt einer herzlosen Welt, wie sie der Geist geistloser Zustände ist. Sie ist das *Opium* des Volks.«[5]

Marxens Begriff vom religiösen Elend hat ursprünglich nichts gemein mit der Auffassung, Religion sei etwas Primitives oder Obskures. Marx wußte freilich, daß kindlich naive und obskur phantastische religiöse Vorstellungen in Umlauf sind. Er stand aber der aufklärerischen Überheblichkeit fremd gegenüber. Sein Gedanke von der Religion als Opium stand in direktem Gegensatz zur Deutung des Rationalismus. Er besagt, daß, solange entfremdende materielle, ökonomische und soziale Verhältnisse bestehen, der unterdrückte Mensch in ihnen nur so leben könne, daß er sich einen Bereich von Beziehungen schafft, die über seine elende Stellung hinausgreifen. Die Transzendenz vermittels der Religion bietet eine Möglichkeit, dieses Hinausgreifen individuell zu verwirklichen: der Mensch gelangt so zu einem Glauben und zu einer Hoffnung auf ausgleichende Gerechtigkeit, er erhebt sich über die teuflische Welt mit seiner individuellen Frömmigkeit und einem Leben der Selbstentsagung, das ein Muster dafür ist, wie man leben *sollte,* eine Ausnahme von der allgemeinen Regel. Aber die daraus hervorgehende individuelle Sittlichkeit ist nur eine scheinbare Lösung: indem er menschlich in unmenschlichen Verhältnissen verfährt, erweckt er die Illusion, als käme es auf diese Verhältnisse gar nicht an. Er vollzieht eine Flucht in die Religion. Und ohne daß er es verhindern könnte, reiht sich diese Flucht an andere Arten der Flucht an: der Schwärmer, die Dirne, der Alkoholiker sind seine illegitimen Geschwister.

Marx kritisiert *jegliche* Flucht, die sich in der Form einer Fiktion abspielt, jegliches Opium, nicht nur das religiöse. Die Religion hat allerdings vor den übrigen Arten den Vorzug, daß

5 K. Marx, Einleitung zur Kritik der Hegelschen Rechtsphilosophie, in: Die Frühschriften, S. 208.

sie eine artikulierte und institutionalisierte Form der Flucht ist und daß demnach ihre kritische Analyse den Ausgangspunkt bilden muß für eine Kritik dieser Welt und der Politik. Man läuft Gefahr, den Marxschen Atheismus aufs äußerste mißzuverstehen und zu vulgarisieren, wenn man aus ihm nur das Bedürfnis nach einer Kritik der Religion herausliest und alle anderen Formen, in denen sich eine Flucht in Fiktionen abspielt, nur deshalb beiseite läßt, weil sie keine ausgesprochen religiöse Gestalt aufweisen. Unter diesem Aspekt ist die moderne Gesellschaft religiöser, als sie sich eingesteht. Häufig freilich auch von primitiverer Religiosität. Marx hat aber auch noch eine andere Beziehung zwischen der Religion und der Welt der Tatsachen wahrgenommen: die Flucht ist eine negative, passive und passiv machende Form der Kritik an der gesellschaftlichen Misere. Deshalb schlägt sie an einem bestimmten Punkt um: die menschlichen Werte, zu denen sich das unglückliche religiöse Bewußtsein flüchtet, treffen auf unerträgliche Verhältnisse. Das religiöse Bewußtsein wird aktiviert und beginnt zu protestieren. Das ist ein von der Religion vermittelter Protest, und er wird auf der Ebene dieser Vermittlung ausgetragen. Das Elend unserer Erdenwelt tritt dem Gläubigen zuerst als Deformation der Religion vor Augen. Das Ringen, welches dieser Protest hervorruft, stellt sich ihm als Kampf um eine gerechte Gesellschaftsordnung im Sinne des Evangeliums dar. Aber die religiöse Motivierung ändert nichts daran, daß bei dem Zusammenprall letzten Endes die materiellen Grundlagen der entfremdenden Macht betroffen werden, wenn auch nicht mit jener unmittelbaren Kraft, über die jene Klasse verfügt, die ohne religiöse Vernebelung sieht, was eigentlich gespielt wird.

Marx unterscheidet also zwischen der Religion als Ausdruck des Elends und der Religion als Protestation gegen das Elend; das ist methodologisch überaus bedeutsam. Es zwingt uns zu einer konkreten Analyse der religiösen Haltungen in der Geschichte in jedem einzelnen Falle; zu einer Differenzierung, die erst die Grundlegung einer realen Politik sein kann: mit wem, gegen wen und wie. Marxens Kritik der Religion kann deshalb weder damit zu Ende sein, daß der Mensch die Religion im Bereich der Akte des reinen Bewußtseins, nur für sich, außer Kraft setzt, noch damit, daß er dies mit administrativen Mitteln tut. Damit das »illusorische Glück« aufgehoben werde, muß man über die Verhältnisse hinausschreiten, die jeden Tag diesen Illusionen Nahrung geben. Deshalb ist die Kritik der Religion »im Kern die Kritik des Jammertals, dessen Heiligenschein die Religion ist... Die Kritik des Himmels verwandelt sich damit in die Kritik der Erde, die Kritik der Religion in die Kritik des Rechts, die Kritik der Theologie in die Kritik der Politik«[6]. Man muß es einfach zur Kenntnis nehmen, daß die Kritik der Religion für Marx kein Selbstzweck ist: sie ist nicht antitheistisch, nicht gegen Gott gerichtet. Für Marx ist in den Religionen (und er faßt sie ganz konkret auf als jüdische, christliche usw.) immer ein bestimmtes Konzept vom Menschen als gesellschaftlichem Wesen enthalten. Es ist Aufgabe der Kritik, dieses Konzept in seiner religiösen Chiffrierung zu entlarven und es über sie hinauszuheben, damit deutlich werde, welche wirklichen menschlichen Bedürfnisse und Interessen sich hinter den scheinbaren verbergen. Wenn erst einmal die Anhänger verschiedener Religionen damit anfangen werden, ihre Bekenntnisse als verschiedene Entwicklungsstufen des menschlichen Geistes zu erkennen, »als verschiedene von der Geschichte abgelegte Schlangenhäute, und den Menschen als die Schlange, die sich in ihnen gehäutet«[7], dann wird für sie die religiöse Unterschiedlichkeit an Bedeutung verlieren, weil dahinter eine tatsächliche Unterschiedlichkeit auftaucht: sie sind als Menschen in eine bestimmte *politische* Gemeinschaft gestellt. Sie werden es nicht als die wichtigste Frage ansehen, wie sie von der Religion loskommen sollen, sondern wie sie in der realen Umgebung der ökonomischen und politischen Beziehungen sich selbst als Menschen verwirklichen können. Marx kennzeichnet dieses Problem als den Widerstreit zwischen der politischen und der menschlichen Emanzipation, oder konkreter zwischen der Gesellschaft der Staatsbürger und dem Staat. Solange dieser Widerstreit wiederholt auftritt – und er wird sich so lange erneuern, wie der Staat als besondere Gewalt bestehen bleibt –, wird auch der Kampf um die Selbstverwirklichung des Menschen im Rahmen einer politischen Gemeinschaft seine Kehrseite in religiösen und pseudoreligiösen Erscheinungen haben. Marx macht die Bemerkung

6 K. Marx, aaO. S. 208 f.
7 K. Marx, Zur Judenfrage, in: Die Frühschriften, S. 173.

– und wir können das heute beobachten –, daß die religiösen Unterschiedlichkeiten unter diesen Umständen an Bedeutung verlieren werden, daß es dem Christentum nicht mehr auf das Christentum ankommen werde, sondern auf die Religion überhaupt, auf die Gottesidee, mag sie sich in dieser oder jener Religion oder Weltanschauung ausdrücken. Dadurch allein, daß eine politische Gemeinschaft sich von der Religion emanzipiert, trifft sie noch nicht deren Existenz. Gewiß, sie hebt die Privilegien der Religion auf, aber dadurch, daß sie die Religion aus der Sphäre politischer Unterscheidungen als einen privaten Bereich ausschließt, macht sie sie scheinbar zu einer unpolitischen Angelegenheit. So wird sie zu einem universalen Ort der Anziehungskraft überall dort, wo die Politik noch nicht bis in die Tiefen *menschlicher* Selbstbefreiung hinabreicht.
Diese Wahrnehmungen hat Marx in seiner Arbeit zur »Judenfrage« niedergelegt; sie gestatten dem marxistischen Atheisten nicht, seine Kritik an der Religion dort abzubrechen, wo hinter den religiösen Ideen das Gewebe gesellschaftlicher Beziehungen zum Vorschein kommt; dies noch weniger, wenn die Religion realiter in der politischen Struktur zu einer »unpolitischen«, privaten Angelegenheit wird. Aufstieg oder Niedergang der Religiosität kann ihm wie ein Barometer den Erfolg oder Mißerfolg seines politischen Einsatzes für die Emanzipation des Menschen anzeigen. Wir beschuldigen auch nicht das Barometer, daß es schlechtes Wetter zeigt, ebenso wenig darf das Anwachsen der Religiosität einen Anlaß für uns bilden, sie künstlich zu unterdrücken; vielmehr müssen wir uns selbst fragen: wo gibt es in unserer praktischen Arbeit Stellen, an denen ein Bürger unseres Staates seine Bedürfnisse als Mensch nicht verwirklichen kann? Wenn wir diese Frage nicht in einer utopistischen Haltung stellen, dann wissen wir gleichzeitig, daß die Wurzeln der Religion nicht nur in dem Antagonismus ökonomischer Interessen gelegen sind und mit deren Liquidierung absterben, sondern daß sie auch Nahrung finden in den Konflikten zwischen dem Interesse der Staatsbürger und der Macht des Staates. Es ist nahezu gewiß, daß wir noch lange unter gesellschaftlichen Bedingungen leben werden, die der Religion Nahrung geben.
Der Mensch wird seine eigene Kraft als Kraft des Gesellschaftlichen erkennen und organisieren müssen und sie nicht gegen

sich selbst als eine fremde *politische* Kraft absondern dürfen; *erst dann* wird er seine *menschliche* Emanzipation ins Werk setzen. Deren geistiger Wert besteht darin, daß er dann ohne Religion sehend wird. Ein marxistischer Atheist zu sein, ist darum nicht etwas, was *auch*, gewissermaßen zusätzlich, den Kommunisten auszeichnet. Es ist auch nicht nur eine bloß auf einen Teil bezügliche Erklärung oder ein ganz besonderer ideologischer Standpunkt neben anderen. Es ist die Urdimension seiner geistigen Ausstattung. Aller Illusionen über seine Stellung ledig und ihnen bei jedem Schritt von neuem Widerstand leistend, hat er ein Bild des Menschen vor Augen, der sein Leben als Mensch führen will. Immer von neuem fragt er sich, was das bedeutet, immer von neuem sucht er nach der Tat, die dem am meisten gerecht wird. So oft er eine Niederlage erleidet, so oft steht er wieder auf. Ohne überirdische Hoffnungen durchleidet er Grausamkeit und Ruhm des Lebens, Hoffnung und Enttäuschung. Er versucht der Geschichte ein neues Antlitz zu geben, wird aber von ihr ob seines Mutes nicht selten ungerecht bestraft und besitzt auch nicht die Gewißheit einer endgültigen Gerechtigkeit. Er empfindet seine Armseligkeit. Dessen ungeachtet geht er hin und kämpft für eine Sache, von der er weiß, daß sie nicht vollkommen ist und niemals vollkommen sein wird. Und er denkt nicht einmal daran – ja er läßt es sich gar nicht in den Sinn kommen –, daß gerade darin seine menschliche Größe liegt.

6

Bisher steht uns eine detaillierte Geschichte des Atheismus, die uns die Möglichkeit gäbe, die Verwirklichung des Marxschen Modells vom atheistischen Bewußtsein in der Arbeiterbewegung zu verfolgen, nicht zur Verfügung. Wir können aber kaum annehmen, daß dieses Modell von allem Anfang an jene Dimensionen besaß, die Marx ihm auf der Ebene philosophischer Reflexion zu geben bemüht war. Es ist unmöglich, über das Schicksal des marxistischen Atheismus Erwägungen anzustellen, wenn man ihn nicht im Zusammenhang mit den konkreten historischen Gestalten des Klassenkampfes sieht, welchen die Arbeiterbewegung seit der Mitte des vergangenen Jahrhunderts geführt hat. Daß der Atheismus dieser Bewegung nicht immer Marxens Niveau erreicht hat, das kann nur einer bedauern, dem die sterile Sauberkeit einer Idee mehr bedeutet als die das Leben umgestaltende Praxis. Diese aber bewegt sich stets auf verschlungenen Pfaden.

Zur Zeit der Ersten Internationale war der Marxismus eine unter vielen Richtungen innerhalb der Arbeiterbewegung; es scheint ziemlich sicher, daß damals andere als die Marxschen Vorstellungen über den Atheismus am Werk waren, ja sogar vorherrschten. Das Proletariat war so gut wie absolut rechtlos im Staat der Bourgeoisie und fühlte sich in der bürgerlichen Gesellschaft enterbt und heimatlos; das mußte mit Notwendigkeit auf der einen Seite zu einem elementaren plebejischen Antiklerikalismus führen, auf der anderen Seite zu blasphemischen Formen des Atheismus, genauso wie im Proletariat sich damals vom Sozialismus und Kommunismus Vorstellungen ausbildeten, die sehr nahe an Ansichten ethischer, ethisch-religiöser oder ketzerisch-chiliastischer Art herankamen. Und man wird wohl einräumen müssen, daß diese von ihrem Geist her näher zu den revolutionären Ideen standen als ein kleinbürgerliches Konzept des Sozialismus, das durchaus utilitaristisch war.

Antiklerikale Tendenzen innerhalb der Arbeiterbewegung verstärkten sich offensichtlich noch in jenen Ländern, in denen die Bourgeoisie einen gegen die Kirche gerichteten »Kulturkampf« führte. Dieser sollte die feudalen Ansprüche der Kirchenfürsten niederzwingen. Dabei kam zeitweilig wieder eine Welle des aufklärerischen Atheismus hoch, diesmal von Seiten der herrschenden Bourgeoisie, aber nur mehr in der Form politischer Demagogie. Doch auch so zwang sie die führenden Kreise der katholischen Kirche zu realeren Erwägungen politischer Art; und auf der anderen Seite blieb sie offenbar auch nicht ohne Einfluß auf das Proletariat, in welchem das Erbe der Aufklärer den Widerstand gegen die Fesselung durch einen klerikalen Dogmatismus für immer bekräftigte. Dabei verband sich der Antiklerikalismus nicht selten mit dem Nationalismus und Chauvinismus. In Deutschland richtet im letzten Viertel des 19. Jahrhunderts der bourgeoise Antiklerikalismus im Namen eines deutschnationalen Protestantismus seine Stoßkraft gegen die katholische Kirche und entwickelt sich als Bestandteil eines Angriffs gegen die »drei Internationalen«, die rote, die schwarze und die gelbe. In Österreich-Ungarn verbündet sich der gegen den Katholizismus gerichtete Atheismus mit den nationalen Befreiungsbestrebungen. In dem traditionell katholischen Italien erlischt nach und nach der antikirchliche Widerstand, der einst die revolutionäre Romantik der italienischen Carabinieri und Garibaldisten begleitet hatte. Man kann sich nur schwer vorstellen, daß die Erlebnisse der bürgerlichen Gesellschaft auf die Arbeiterbewegung und ihre atheistische Denkweise ohne Einfluß geblieben sein könnten.

In den Ländern, die die bürgerliche Revolution nicht zur rechten Zeit zuwege brachten, die sie nur zögernd, voller Furcht vor dem Proletariat, feig, unkonsequent und stückweise ins Werk setzten, wurde der Kompromiß im Verhältnis zwischen Bourgeoisie und Feudalismus stets dadurch verschleiert, daß man einen eingeschränkten Antiklerikalismus zur Schau trug und die Aufklärung auf Zeit wieder belebte, auch wenn sie schon zur dekadenten Irrationalität tendierte.

Wie immer wir heute das Übergewicht des plebejischen Antiklerikalismus in der Arbeiterbewegung auch beurteilen mögen, er stand selbst in dieser Form auf einer höheren Stufe und war von einem anderen Denken und anderen Strömungen der Praxis getragen als der ihm äußerlich ähnliche Antiklerikalismus der Bourgeoisie und des Kleinbürgertums. Von Zeit zu Zeit ist er letzterem zwar erlegen, immer aber war er um einen Schritt voraus, mindestens so lange, als er nicht resignierend auf eine revolutionäre Änderung der Zustände innerhalb der Bourgeoisie verzichtete. Namentlich Engels hat sehr viel für seine geistige Einstellung geleistet. Jedenfalls blieb der Arbeiterbewegung der bürgerlich-aristokratische Atheismus fremd, den z. B. Friedrich *Nietzsche* verkörperte. Wir finden in der Literatur kaum einen gehässigeren Ausfall gegen das Christentum. Dennoch aber ist dieser entschlossene antichristliche Standpunkt unannehmbar. Ungewollt spiegelt er die Katerstimmung wider, die die aufgeklärte Vernunft befallen hat, als sie erkannte, wie enttäuschend ihr Auftreten in der Geschichte war, und einen Sündenbock suchte, dem sie ihre eigene Schuld aufladen könnte. Ihr Haß wendet sich vor allem gegen das Christentum; sie erblickt in ihm eine Art Pestbefall, der alles befleckt und entwertet hat, womit er in Berührung kam: er hat den klaren männlichen Geist der Antike, der von schönen Instinkten erfüllt war, herabgewürdigt; er hat die Renaissance verseucht und sich von allem Anbeginn in ihr wie ein Bazillus eingenistet, der ihren fortschreitenden Niedergang verursachte. Daß es versuchte, das Raubtier Mensch in ein zahmes und versklavtes Haustier zu verwandeln – darin erblickt Nietzsche den verderblichen Einfluß des Christentums. Heute – so ruft er aus – darf man das nicht verheimlichen, wie es der Spießbürger tut, sondern man muß es offen aussprechen: die Zukunft gehört den Starken, den Raubtieren, den Übermenschen. Gott ist längst tot. Nun gilt es noch, ihn auch öffentlich zu Grabe zu tragen.

So wie einst de Sade die Kehrseite der Ideale der »gesunden« Menschenvernunft aufdeckte, so reißt jetzt Nietzsche der kranken Vernunft die züchtigen Kleidchen herunter und erhebt die Pathologie der Vernunft zum Prinzip des Lebens und der Gesellschaft. Der vulgäre Antiklerikalismus konnte sich bei Nietzsche eine Menge von Argumenten gegen das Christentum holen; dem echten Atheismus, der im Marxismus verkörpert ist, sind Geist und Einstellung seines Werkes fremd. In der vom Marxismus bestimmten Arbeiterbewegung haben sie niemals einen Widerhall gefunden.

Die Verstärkung antiklerikaler Tendenzen innerhalb der Arbeiterbewegung und des marxistischen Atheismus wurde nicht wenig beeinflußt durch die revolutionären Verhältnisse in Rußland. Die orthodoxe Kirche hatte dort seit jeher eine ganz andere Stellung als die christlichen Kirchen in Europa. Das zaristische Rußland war zu Beginn des 20. Jahrhunderts das reaktionärste Reich in Europa, die Orthodoxie war die reaktionärste christliche Kirche. Staatsmacht und Kirchenmacht gehörten zusammen wie die rechte und die linke Hand an demselben Körper. Weil das zaristische Regime das Analphabetentum aufrechterhielt, stand die orthodoxe Kirche weit unter dem kulturellen Niveau der übrigen christlichen Kirchen Europas. So mußte der Kampf der Revolutionäre um den Sturz des Zarentums, ob man wollte oder nicht, in einen heftigen Antiklerikalismus ausklingen, obwohl er nicht daran vorbeigehen konnte, daß die Orthodoxie einen ausgedehnten Einfluß auf die Massen hatte. Die Bewegung der Narodniki[8] schließt in glei-

8 Die Bewegung der »Narodniki« (von russ. narod-Volk) umfaßte in der Zeit zwischen 1865 und 1895 große Teile der russischen politischen

cher Weise den Radikalismus, den Antiklerikalismus wie auch starke Elemente der Aufklärung in sich ein. Zu welchem Ende sie führt, das wissen wir aus der Geschichte. Die marxistische Partei, die V. I. Lenin begründet, weiß, daß der Weg der Emanzipation nicht in diese Richtung geht. Ihr Hauptanliegen gilt ganz anderen Fragen. So, wie die Dinge zusammenhängen, ist es aber sehr wahrscheinlich, daß auch sie sich nicht ganz dem Druck eines oberflächlichen Antiklerikalismus und eines allzu schroffen Rationalismus entziehen konnte, umso mehr, als selbst in den Reihen der Avantgarde der revolutionären Bewegung nach der Niederlage der ersten russischen Revolution Stimmungen der Abtrünnigkeit, der Skepsis und der Gottsuche aufkommen. Lenins Richtlinien über die Beziehung von Sozialismus und Religion laufen auf die Forderung der Trennung von Staat und Kirche hinaus; sie ziehen eine Trennungslinie zwischen der Religion als Privatsache und der Beziehung zum sozialistischen Staat, halten sie aber innerhalb der marxistischen Partei keineswegs für etwas Gleichgültiges; unter den spezifischen russischen Verhältnissen haben sie die gleiche hervorragende politische Bedeutung wie seine Auffassung vom kämpferischen Atheismus, der sich auf die Ergebnisse und Einsichten der Naturwissenschaften stützt.

Man kann gar nicht darüber hinwegsehen, daß Lenins Ausgangspunkt eine sehr reale Überlegung ist: die Trennung von Kirche und Staat bedeutete unter den russischen Verhältnissen, daß die orthodoxe Kirche als ein Bestandteil der politischen Macht des Zarismus zu liquidieren sei. Die Ausschaltung der Orthodoxie aus dem politischen Leben bedeutete jedoch unter den russischen Verhältnissen automatisch auch ihre Verdrängung aus dem Leben der Staatsbürger: Rußland war gegenüber der Entwicklung des Kapitalismus im übrigen Europa so ungeheuer verspätet, daß dort gar keine bürgerliche Gesellschaft im Sinne der Marxschen Terminologie[9] (das ist ein

und literarischen Intelligenz; sie war eine Art verspäteter »Aufklärung« im zaristischen Rußland und strebte eine Erneuerung des Landes durch solidarische Gemeinwirtschaft an. Sie stieß aber bei den absolut ungebildeten Kulaken auf Unverständnis und nahm zeitweise anarchistische Formen an. Ihr gehörte auch Lenins Bruder an, der nach einem Attentat auf den Zaren hingerichtet wurde (Anm. d. Übers.).

9 Es bestehen erhebliche Übersetzungsschwierigkeiten im Hinblick

System bourgeois-demokratischer Einrichtungen als Gegengewicht zum Staat der Bourgeoisie) entstehen konnte. Es konnte gar nicht anders kommen, als daß die Religion neben dem Verhältnis zum sozialistischen Staat zu einer ganz privaten Angelegenheit werden mußte, weil dieser ja erst noch die Aufgabe vor sich hatte, demokratische Institutionen für eine *sozialistische* Gesellschaft von Staatsbürgern zu entwickeln. Eine solche Auffassung war von tiefem Respekt vor den historischen Tatsachen getragen, innerhalb derer das russische Volk Jahrhunderte hindurch gelebt hatte. Lenin wußte, daß das religiöse Bewußtsein in die Sphäre der Weltanschauung gehört und damit auch in die der ganz persönlichen Lebensentscheidung, deren Motive von Traditionen, kulturellen und psychologischen Faktoren und dem Bildungsniveau bestimmt sind. Eben deshalb verlangte er mit der gleichen Entschiedenheit von der Avantgarde der Arbeiterschaft einen bewußten und kämpferischen Materialismus, ein ausgeprägt klares Verhältnis zur Religion und die so sehr notwendige Propaganda für wissenschaftliche Erkenntnis.

Durch den viele Jahre dauernden Kampf der Arbeiterklasse wurden in den westeuropäischen Ländern Einrichtungen einer bürgerlichen Gesellschaft ausgestaltet, und es hat auch niemals eine so absolute Gleichsetzung von Kirche und politischer Macht der Bourgeoisie wie im zaristischen Rußland gegeben; eine Folge davon war, daß auch das Christentum innerlich politisch differenzierter war; so kam es, daß sich dort für die politische Haltung der kommunistischen Parteien gegenüber den Kirchen und somit auch für die Entfaltung des marxistischen Atheismus einigermaßen andere Voraussetzungen

auf die klassische Terminologie Marxens. Marx spricht im allgemeinen, vor allem im kommunistischen Manifest, überall dort von »bürgerlicher« Gesellschaft, wo zu dem Adjektiv »bürgerlich« das Hauptwort »Bourgeoisie« paßt. Gardavský unterscheidet schärfer: Er verwendet an den meisten Stellen auch das Eigenschaftswort »bourgeois«, wo er von Einrichtungen und Erscheinungen der Bourgeoisie redet. Wir haben uns dieser Terminologie angeschlossen und verwenden das Eigenschaftswort »bürgerlich« nur in wenigen Zusammenhängen, wie eben hier, wo G. direkt auf Marx Bezug nimmt. An einigen voraufgehenden Stellen haben wir uns so geholfen, daß wir nicht von »bürgerlicher« Gesellschaft sprechen, sondern von einer Gesellschaft der »Staatsbürger«. Auch diese Terminologie ist in den Frühschriften Marxens zu finden und schien uns an einigen wenigen Stellen die angebrachteste (Anm. d. Übers.).

ausbildeten. Diese treten dann auch in der politischen Praxis der Parteien in Erscheinung, sowohl zur Zeit der Volksfront, als auch nach dem zweiten Weltkrieg, in den ersten Jahren der volksdemokratischen Entwicklung jener Länder, in denen die Arbeiterklasse die Macht ergriffen hatte. Das revolutionäre Rußland mußte also in seinem Verhältnis zur Kirche und zur Religion durch seine »Französische Revolution« hindurchgehen. Dann wurde freilich die Politik Lenins viele Jahre lang deformiert, und das hatte zur Folge, daß es in dieser Phase wahrscheinlich gar zu lange verharrte.

Es ist kaum zu bezweifeln, daß auch dies einen Einfluß hatte auf die besondere Ausprägung des Antiklerikalismus und aufklärerischen Antitheismus, wie er in der westeuropäischen kommunistischen Bewegung während einiger Nachkriegsjahre zur Geltung kam. In erster Linie trägt daran freilich der fast ein halbes Jahrhundert währende militante Antikommunismus und Antisowjetismus der westeuropäischen christlichen Kirchen die Schuld. Hier wirken viele Beweggründe zusammen; unter anderem auch der, daß einige Werke von Marx, die für seine Auffassung des Atheismus grundlegend sind, erst viele Jahrzehnte nach seinem Tod veröffentlicht wurden. Das hat den Gang der Entwicklung des marxistischen Atheismus kompliziert.

Wir können in dem allen eine Herabwürdigung der »reinen Ideen« sehen und im Namen dieser Ideen die antiklerikalistische Haltung verspotten oder ihr Vorwürfe machen. Das eine wie das andere werden wir in den beiden gegensätzlichen ideologischen Gruppierungen vorfinden; aber es ist nur ein nicht ernst zu nehmender und im Grunde auch unpolitischer Versuch, Zugang zur historischen Problematik des marxistischen Atheismus zu finden. Es geht jedoch auch anders: nämlich Achtung zu haben vor den Emanzipationsbestrebungen der revolutionären Arbeiterbewegung. Dann werden wir auch Verständnis aufbringen für die Hindernisse, die ihr Voranschreiten aufhielten, und Bewunderung für die Zähigkeit, mit der die atheistische Bewegung diese Schranken überwunden hat. Und selbst die vollkommen irrigen Versuche werden uns nicht mehr lächerlich oder vergeblich erscheinen.

Das ist die rechte Art einer historischen Selbstreflexion.

Der marxistische Atheismus wird bereichert daraus hervorgehen: er weiß jetzt, daß er mehr ist als nur ein Antiklerikalismus, mehr auch als die Vernünftelei der Aufklärung. Er weiß, daß keine Anstrengung der Stimmbänder die Kirchen und keine vermeintliche Macht der Vernunft den Glauben überwältigen wird. Er findet sich selbst vor als die geistige Grundlage dieser Bewegung, die bis in die letzten Tiefen begriffen hat, daß der Mensch auf dieser Erde ein durch niemanden gesichertes und ganz und gar auf sich selbst gestelltes Wesen ist; zugleich ein Wesen mit vielen offenen Möglichkeiten. Er weiß, daß wir nichts sind, daß wir aber alles sein wollen: nicht im Sinne eines Gottes, sondern voll und ganz im Sinne des Menschen.

Profile des Atheismus

1

. . . Der Genosse hat ein positives Verhältnis zu den volksdemokratischen Einrichtungen. In seinem Arbeitskollektiv ist er wegen seines offenherzigen, fröhlichen und geselligen Charakters beliebt. Er ist verheiratet, hat zwei Kinder und lebt in einer geordneten Ehe. Mit der religösen Frage ist er ordnungsgemäß ins reine gekommen. Wir empfehlen daher, ihn mit der vorgesehenen Funktion zu betrauen.

Diese während eines bestimmten Zeitabschnitts in allen Kadern gebrauchte stereotype Formel haben viele von uns noch gut in Erinnerung. Religiös zu sein, das galt damals sozusagen als Charakterfehler, bestimmt aber als politisch belastendes Merkmal. Die alles einebnende Phrase stellte mit Befriedigung ein Endergebnis fest, aber es interessierte sie nicht, was vorausgegangen war. So konnte die Meinung entstehen und sich verfestigen, daß sich in unseren Ländern der Atheismus als ein gesellschaftlich bedeutsamer Faktor weltanschaulicher Reifung und Vereinheitlichung ausbreite.
Im Grundsatz stimmt diese Meinung. Eine vor kurzem durchgeführte soziologische Untersuchung über die Religiosität hat sie bestätigt, zugleich jedoch rücksichtslos ihre Selbstzufriedenheit widerlegt. Sie hat mit der Vorstellung aufgeräumt, daß die Atheisten eine einzige ununterschiedene, geistig und ideologisch kompakte Masse derer bilden, die nicht an Gott glauben. Und dabei hatte sich diese Untersuchung noch nicht einmal zur Aufgabe gestellt, das Niveau der atheistischen Überzeugung zu erforschen.
Der Genosse ist ordnungsgemäß mit der religiösen Frage ins reine gekommen. Also ist er Atheist.
Ist er Atheist? Was heißt eigentlich Atheist sein? Wie ist ein jeder von uns, der sich dafür hält, dazu geworden? Worin liegt der Maßstab und wie sieht er aus?
Das ist eine höchst persönliche Frage. Es gibt auf sie in unserem Land einige Millionen von Antworten. Eine jede von ihnen einzigartig, unwiederholbar, sehr intim. Vorfälle, die man als Biographie erzählen kann, als persönliche Beichte, als Roman.

Den einzigen Maßstab, nach dem man die Theisten von den Atheisten unterschieden hatte, bildeten bis vor kurzem im wesentlichen nur statistische Angaben, welche die religiösen Bekundungen erfaßten: den regelmäßigen Besuch von Gottesdiensten, die Teilnahme an den hauptsächlichen Zeremonien der Kirche (Taufen, Firmungen, Trauungen und Beerdigungen), den Prozentsatz der Kinder, die von den Eltern zum Religionsunterricht angemeldet wurden. Über das hinaus, was aus den standesamtlichen Registern und anderen offiziellen staatsbürgerlichen Dokumenten an Angaben über die Konfessionszugehörigkeit abfiel, war die einzige Grundlage zur Bestimmung der weltanschaulichen Qualifikation eines Staatsbürgers seine subjektive Aussage. Man setzte stillschweigend voraus, daß jener Teil der Staatsbürger, der in den statistisch ermittelten Angaben über die Religionszugehörigkeit nicht auftauchte, zu den Atheisten gehörte.
Soziologische Untersuchungen bei uns und im Ausland haben diese oberflächlichen und unrichtigen Vorstellungen zerstört. Man wandte genauere Maßstäbe an, faßte die qualitativen Merkmale der religiösen oder atheistischen Überzeugung ins Auge und wurde auf diese Weise genötigt, zwischen die Atheisten und die Gläubigen eine große Gruppe von Unentschiedenen einzuschieben. Und wenn auch unsere Untersuchung nur die Absicht hatte, Stand und Entwicklung der Religiosität, keineswegs schon das Niveau der atheistischen Überzeugung festzustellen, so förderte sie dennoch bereits einige Einsichten zutage, die auch noch innerhalb der Gruppe der Atheisten Unterscheidungen nötig machen.
Andere Forschungen, im Ausland und bei uns, vertiefen diese Differenzierung noch weiter. Sie zeigen z. B., daß sich eine theistische oder atheistische Überzeugung bis hinein in unterschiedliche gesellschaftliche oder politische Haltungen erstreckt, daß sie in gegensätzlicher Art auf Werturteile einwirkt, daß sie ein verschiedenartiges Verhalten in der Gesellschaft heraufführt. Es werden Korrelationen zwischen der Ableistung der religiösen Pflichten und der Einstellung zum Geld ermittelt, man erkennt, daß das Absinken des religiösen Glaubens in einem bestimmten gesellschaftlichen Milieu gekoppelt ist mit dem Anstieg des Glaubens an die Zukunft des Kommunismus, aber auch mit einem Absinken der Prüderie und mit

freieren Ansichten über den Sexualverkehr. Man erkennt, daß ein Anstieg der religiösen Überzeugung zugleich bestimmte Beziehungen zu ethischen Werten befestigt, aber auch die Neigung zu einem gesellschaftlichen und politischen Konservativismus verstärkt usw.

Aber auch diese Maßstäbe, obwohl sie bereits tieferreichend und genauer sind, reichen über eine bestimmte Grenze nicht hinaus. Sie werden ermitteln und verläßlich beschreiben können, wie sich der Atheist vom Theisten unterscheidet. Aber sie können uns nicht sagen, warum er sich unterscheidet. Sie können uns allenfalls zur Einsicht in die Entstehungsgeschichte der atheistischen Überzeugung verhelfen.

Nur eine Summe spezieller gesellschaftswissenschaftlicher Untersuchungen, die von einem ganzheitlichen philosophischen Konzept gelenkt werden, kann eine Analyse des atheistischen Bewußtseins erbringen. »Das Phänomen des atheistischen Bewußtseins ist bisher bei uns noch nicht in der ganzen Komplexität seiner Existenz, seiner Entstehung und seiner Wandlungen untersucht worden (es existieren Untersuchungen der Religiosität, keineswegs des Atheismus), uns stehen keine Aussagen über die Internalisierung[1] der Wertwelt des atheistischen Bewußtseins zur Verfügung. Wir wissen nicht, ob man heute vorwiegend durch Einwirkung exogener oder endogener sozialer und anderer Faktoren zum Atheisten wird, ob man dazu wird durch Arbeit an sich selbst, oder eher durch Arbeit an anderen, ob der Atheist seine eigene Bestimmung in erster Linie auf dem Weg der Anpassung, des Konformismus, oder durch eine authentische kritische weltanschauliche Selbstgestaltung gewinnt.« (J. Krejčí)[2]

Es fehlt eine Studie der Verknüpfungen zwischen dem Wandel der ökonomischen und sozialen Struktur und der Ausbildung

1 Wir übernehmen hier und später nochmals an einer Stelle das heute geläufige Fachwort der Sozialpsychologie »Internalisierung«; es bedeutet soviel wie: Ins eigene Bewußtsein integrieren, dem eigenen Denkgefüge einverleiben.

2 J. Krejčí, Kriterien der atheistischen Erziehung innerhalb der weltanschaulichen Erziehungsarbeit insgesamt und der Jugenderziehung im besonderen. Diese Studie, vom Verf. dem Zentralkomitee der KPČSSR im Jahre 1966 vorgelegt, existiert nur als Schreibmaschinenmanuskript in tschechischer Sprache. Vgl. J. Krejčí, Ein neues Modell des wissenschaftlichen Atheismus, in: Internationale Dialog Zeitschrift 1 1968, H. 2, S. 191–207.

verschiedener Typen des Atheismus, es fehlt eine differenzierte Vorstellung darüber, wie sich in die allgemeine atheistische Überzeugung die verschiedensten ethischen, axiologischen und philosophischen Systeme oder Ansichten einfügen werden und welche innerlichen Unterscheidungen dies verursacht, es fehlt eine plastische Information über das Innenleben eines Atheisten, es fehlt ...

Der Genosse ist mit der religiösen Frage ordnungsgemäß ins reine gekommen.

Wir wollen ungeachtet alles dessen, was fehlt, hypothetisch zu skizzieren versuchen, was eine solche Feststellung bedeuten kann.

2

Die atheistische Überzeugung entsteht nicht aus dem bloßen Denken, auch wenn sie eine Form des Bewußtseins ist, ja im besten Falle Selbstbewußtsein ist. Man wird weder als Theist noch als Atheist geboren. Man wird zum einen oder zum andern kraft der Verhältnisse, in die man hineingeboren wurde und die man dann auf sich genommen hat, und zwar je nach der Art und Weise, wie man sie sich bewußt angeeignet, sie internalisiert hat.

Wenn die religiös eingestellte wie auch die nicht religiös eingestellte Soziologie einmütig feststellt, daß der Tatbestand einer »religiösen Krise« gegeben sei, ein langfristiger geschichtlicher Prozeß, in dessen Verlauf die Gesellschaft sich von der Religion abwendet, ein Prozeß, der sich dauernd beschleunigt, dann kommt es vorweg gar nicht darauf an, ob sie diesen Prozeß positiv wertet, als einen Fortschritt, oder negativ, als eine Tragödie. Sie hilft uns damit nur, den Blick auf die objektiven Ursachen dieser Beschleunigung hinzuwenden.

Die Ausbreitung des Atheismus geht auf den Prozeß der Industrialisierung zurück, gleichviel, ob dieser unter kapitalistischem oder sozialistischem Vorzeichen ablief. Die Industrialisierung hat die ursprünglichen organischen Bande entflochten, das Gewebe eines Lebens, das mit der Erde verwachsen war, mit einem einzigen naturgegebenen Milieu, dem der landwirtschaftlich tätige Mensch verbunden war. Ein keiner Dynamik unterworfener regelmäßiger Lebensrhythmus in immer gleichen Kreisläufen der Natur, welche die sich regelmäßig wiederholenden Kreisläufe der Erzeugung bestimmten und das Leben in Tag und Nacht schieden, wurde von der Industrialisierung zunächst gründlich gestört und dann zunichte gemacht. Der christliche Glaube war noch von der Zeit des tiefsten feudalen Mittelalters her im Geistigen eine Widerspiegelung dieses zyklischen Lebensablaufs und gab ihm auch im Kulturellen seine Gliederung. Das Kirchenjahr, die regelmäßige Wiederkehr der Adventsfeierlichkeiten, des Festes von Christi Geburt, seiner Darstellung im Tempel, seiner insgeheimen und entsagungsvollen Zurüstung in der Wüste, seines öffentlichen Wirkens, seiner Verfolgung und Kreuzigung, seines Todes, seiner Himmelfahrt und der Ausgießung des Heiligen Geistes bildeten eine zweite Schicht des Bewußtseins, die dem Zyklus der Arbeit und dem der Natur ihren Sinn gaben. Innerhalb dieser allgemeinen Wiederkehr spielte sich der Zyklus des individuellen Lebens ab, von der Geburt bis zum Tode, und ließ sich in verständlicher Weise von den breiteren konzentrischen Kreisen umfangen.

Dies alles hat der Vorgang der Industrialisierung an den Rand des gesellschaftlichen Geschehens gerückt. Relativ am stabilsten blieb der kirchliche Zyklus noch auf dem Land, in den bäuerlichen Gebieten. Die politische Praxis bestätigte in vielfältiger Form, daß die fortschrittlichen Parteien, die allzu sehr dem Antiklerikalismus huldigten, Schwierigkeiten mit der Inkraftsetzung ihrer Agrarpolitik bekamen und umgekehrt. Die Industrialisierung brachte nicht nur tiefgreifende Veränderungen des gesellschaftlichen Gefüges, Verschiebungen in der Stellung der gesellschaftlichen Klassen und Schichten, sie ersetzte auch den statischen zyklischen Lebensrhythmus durch einen dynamischen, nach vorwärts geöffneten, aufsteigenden, sich beschleunigenden; überdies aber gliederte sie dieses Leben völlig anders, ohne daß irgendeines dieser Gliederungsprinzipien für endgültig hätte gelten können. Als Folge dieser Wandlungen entstanden vollkommen andere Beziehungen zur Heimat, zum Geburtsort, zu Grund und Boden, zur Natur, zu Reisen, die einer unternehmen muß, zur Familie, zur Ehefrau, zu den Kindern, zu den Nachbarn. ... Sie verschaffen der Jugend, dem Erwachsensein und dem Alter, dem Geld und dem Besitz einen ganz anderen Stellenwert; sie begründen andere Sehnsüchte, andere Wünsche, andere Motivationen, anderes Verhalten. Sie ordnen den Menschen auf ganz andere Weise in die Welt ein; sie nötigen ihn, anders zu leben und anders zu sterben.

Ein statisch aufgefaßter Gott, statische Dogmen, ein statisches Kirchenjahr – die *agrarische Religion* verliert mit fortschreitender Industrialisierung ihre Einflußmöglichkeiten. Sie ist in der Stadt, insbesondere in der Großstadt, die ja ein ganz anderes zivilisatorisches und kulturelles Gefüge hat, ein fremdes Element, das auf Gleichgültigkeit stößt. Das will nicht heißen, daß sie unter bestimmten Umständen ihre Anziehungskraft ganz eingebüßt hätte: man findet sie oft noch im Reservat romantischer Erinnerungen an die schöne Stabilität organischer Kreisläufe, die zuweilen in dem abgehetzten und müde gewordenen Menschen als Sehnsüchte nach Rückkehr zu längst Vergangenem an die Oberfläche drängen. Überdies bemühen sich die Kirchen um eine Anpassung an den modernen Rhythmus, wenn auch bislang weitaus nicht so nachdrücklich, daß die Folgen der Industrialisierung keine Geltung mehr für sie hätten.

Fabrik, Unternehmen, Geschäft, Amt, Kino, Sportstadion, Kirche; Gassen, Verkehr, Taxis, Straßenbahnen, Telefone, Rundfunk, Fernsehen, schnelle Kommunikationskanäle; Kopplungen und Rückkopplungen; Demokratie, Proteste, Treffen in der Öffentlichkeit und ganz intim zu zweit, das Spiel hinter den Kulissen, Streiks, religiöse Veranstaltungen; Bildungsfragen, Karriere, Dienstreisen, Flugzeug, Ägypten, Neuseeland; Krieg, Raumflüge, Manöver, UNO, große Politik, kleine Politik, Raketen, Atombomben, Jazz, Revuen, Pin-up-Girls, Alkohol; Arbeit, Schufterei, der Tag, der zur Nacht, die Nacht, die zum Tage wird, Geld, steigende Preise, Lebensstandard; Verbrechen. Morde, Katastrophen, Havarien; Sehnsucht nach Flucht, Fluchtversuche; Sehnsucht nach Stille, Sehnsucht nach Lärm. Ein anderes Lachen, ein anderes Weinen.

In all dem ist für eine statische Religion kein Platz; oder nur ganz an der Peripherie. Das heißt aber auch, daß dieser Prozeß der Industrialisierung, dieser tiefgreifende Wandel im Gefüge und Rhythmus des gesellschaftlichen und individuellen Lebens aus sich selbst heraus neben vielen anderen Folgeerscheinungen den Atheismus als Zustand der religiösen Gleichgültigkeit und des unreflektierten menschlichen Bewußtseins erzeugt; daß er Bedingungen schafft, unter denen der Mensch von dem Augenblick an, da er das Licht der Welt erblickt, schon ein Gottloser ist. Sind wir nun mit Recht überzeugt, daß die wissenschaftlich-technische Revolution dieses Geschehen immer noch rascher werden läßt, so ist gar nicht daran zu zweifeln, daß eine statische Religion keine Chancen mehr hat und mit der gleichen Beschleunigung die religiöse Indifferenz zunehmen wird.

Das ist aber nur für einen sehr naiven Atheisten ein Anlaß zur Freude. Wir müssen uns nämlich fragen, bis zu welchem Grad diese Art von Atheismus und Gottlosigkeit wirklich ein Wert ist, oder ob sie nicht, was ganz paradox erscheinen mag, den Verlust aller jener kulturellen Werte bedeutet, die das Christentum in sich schließt. Wir müssen uns ebenfalls fragen, inwieweit der Atheismus in unserem Land eine Frucht *unserer* ideellen Einwirkung ist, *unseres* weltanschaulichen Einflusses, ein Produkt der Anziehungskraft des marxistischen Atheismus, oder ob er nicht eher als Begleiterscheinung des zivilisatorischen Aufstiegs und der Industrialisierung zu werten ist. Drittens müssen wir uns fragen, was denn bei solcher Gottlosigkeit an die Stelle der Funktionen tritt, die früher das statische Christentum ausgeübt hat, und ob eine statische Konzeption die einzige ist, mit der das Christentum existieren kann; ob es nicht vielleicht auch Modelle entdecken könnte, die weitaus besser der Dynamik und den Bedürfnissen der modernen Lebensweise entsprechen.

Es wäre allerdings allzu einseitig, wollte man die Ursachen für die Zunahme der Gottlosigkeit oder, wie man gelegentlich auch sagt und schreibt, die Laisierung des öffentlichen und privaten Lebens ausschließlich im Prozeß der Industrialisierung suchen. Auch die sozialökonomischen Verhältnisse in diesem oder jenem Land haben auf die Ausbreitung des Atheismus, oder umgekehrt gesagt, auf Wachstum oder Niedergang der Religiosität einen unbestreitbaren Einfluß. Hier ist einerseits ein langfristiger Trend zu erkennen, der die religiösen Werte in nichtreligiöse verwandelt: in dieser Hinsicht trägt der Kapitalismus eher zur Aufrechterhaltung des religiösen Bewußtseins bei und die sozialistische Gesellschaftsordnung zu seinem schnelleren Zerfall. Dafür sind die Unterschiede in zwei traditionell katholischen Ländern wie z. B. Österreich und Polen ein genügend eindrucksvoller Beweis. Einen noch nachhaltigeren Einfluß aber hat das subjektive Wirken der herrschenden politischen Kräfte und Gruppen. Es wäre ganz und gar unangebracht, die Einwirkung der christlich-demokratischen Regierungen und Parteien in einer Reihe westeuropäischer Länder auf die Stabilität des Prestiges der Konfessionen außer acht zu lassen; genauso wie es unangebracht wäre, z. B. den Einfluß der KP als führender politischer Kraft unseres Landes auf Ausbreitung und Entfaltung einer von der atheistischen Idee bestimmten Erziehungsarbeit im gesamten öffentlichen Leben nicht zu beachten[3].

Daneben ist noch eine Reihe weiterer bestimmender Ursachen am Werke, die sich in größerem oder auch geringerem Maße auswirken: das Bildungsniveau, die Überlieferung, die Intensität familiärer Bindungen, Bande des Gefühls, Gewohnheiten, Konventionen, psychologische Bezüge ...

Die primitive Gottlosigkeit gleichwie die reflektierte atheistische Überzeugung umfaßt stets mehrere Schichten, und in diesen gibt es eine Reihe von Brennpunkten und Verbindungslinien; einige sind bereits fixiert, andere noch ohne Konturen. Ihre Summierung in dem einzelnen Individuum führt jedoch immer zu einer bestimmten Variante eines bestehenden Typus der atheistischen Überzeugung.

Eine wissenschaftliche Bestimmung dieser Typen fehlt vorläufig. Es fehlt auch eine soziologische Klarstellung, die uns unterrichten könnte, in welchem Verhältnis und in welchen spezifischen Abweichungen diese Typen in unserer Gesellschaft vertreten sind. Und doch wäre die Kenntnis dieser Fakten unerläßlich, um den Bestrebungen zur geistigen Ausrichtung des sozialistischen Menschen und zur geistigen Grundlegung des Sozialismus einen Sinn zu geben. Es folgt der Versuch einer

3 Das gilt freilich nur für einen bestimmten Typus der sozialistischen Herrschaft. Der seit Januar 1968 laufende Demokratisierungsprozeß in der ČSSR zeigt uns auch noch eine ganz andere Möglichkeit: gleiche Bedingungen für Marxismus und Atheismus auf der einen, für die religiösen Bekenntnisse auf der anderen Seite, eine volle Garantie verfassungsmäßiger Rechte und ein echtes dialogisches Verhältnis beider. Darin will sich das tschechoslowakische Modell des Sozialismus von den anderen unterscheiden (Anm. d. Verf. zur deutschen Ausgabe).

Typologie des Atheismus, der aber durchaus hypothetischen Charakter hat.

3

Der praktische Atheist. Ein Gottloser ohne Idee: ein Mensch, wie ihn der Zivilisationsprozeß erschafft, die alles durchwaltende Laisierung des Lebens. Von dem, was wirklich geschieht, von der Geschichte, spiegelt sich in ihm nur das Alltägliche, was sich rasch wie Schaum an der Oberfläche verändert. Er erkennt in vagen Umrissen, ob es drohend oder friedlich, versöhnlich aussieht. Die Begebenheiten der Welt, der Politik, kommen ihm nur als dürre Fakten vor Augen, als Äußerlichkeiten, vielfältig und widersprüchlich verstrickt; sie sind für ihn etwas Fernes, schwer Verständliches, Bedrohliches. Im Gewirr der einander überstürzenden Ereignisse verliert er das Gefühl für den Zusammenhang, für Sinn und Bedeutung. Er spürt eine Beengung oder er ist gleichgültig. Alles liegt in so weiter Ferne und ist so fremd!

Lebendig und von Belang ist für ihn nur der Bereich seiner unmittelbaren Sorgen. Aber er kann nicht unterscheiden, wo in diesem Bereich die Einflüsse und Eingriffe der sogenannten großen Politik, der Geschichte, erfolgen. Den alltäglichen, stereotypen, sich nahezu in allen Einzelheiten wiederholenden Ablauf der Dinge erlebt er gewissermaßen als die gemeinhin langweilige Umrahmung, innerhalb derer er eine seinem Glücksstreben gemäße Daseinsweise sucht.

Zu überindividuellen Werten hat er ein unreflektiertes oder nur schwach reflektiertes Verhältnis. Den Sozialismus nimmt er hin als empirische Gegebenheit seines Lebens. Politische Veränderungen wägt er unter Nützlichkeitsgesichtspunkten. Ideen schätzt er nicht sonderlich.

Der Religion gegenüber ist er vollkommen indifferent. Er besitzt keine Gottesvorstellung. Ebenso gleichgültig ist er aber auch gegenüber einem von einer Idee her motivierten Atheismus und gegenüber jeder anspruchsvolleren ideellen Motivation überhaupt. Religion hält er für baren Unsinn. Den Sozialismus hält er nicht für baren Unsinn, aber nur deshalb, weil ihm dieser Gedanke gar nicht kommt, da er im Sozialismus lebt.

Seine Weltanschauung ist nicht zu einem Ganzen abgerundet. Sie ist zusammengesetzt aus vulgär-materialistischen Vorstellungen und idealistischen Ansichten, die er der Konvention zuliebe übernommen hat. Er ist kaum bereit, sich zu exponieren und hat keine Lust, etwas zu riskieren. Er hat Furcht vor dem Unbekannten, das dann folgen könnte. Er ist egozentrisch: eine Mischung aus Vorsicht und Aggressivität. Dinge, Beziehungen und Ereignisse wägt er nur unter dem Gesichtspunkt des Nutzens. Er ist eben »praktisch«.
Diese Skizze ist freilich zwangsläufig abstrakt. Im echten Leben treten weit unterschiedlichere Gestalten auf: sie weichen voneinander ab in Alter, Beruf, Geschlecht, Bildungsgrad; sie können ein sehr verschiedenes Profil haben: von biederer Betriebsamkeit und behäbiger Protzerei bis hin zur Grobheit, Unkultiviertheit und gesellschaftlichen Entwurzelung. Wie immer aber das Verhältnis der einzelnen psychosozialen Charakterzüge sein mag, immer dominiert die utilitaristische, pragmatische Einstellung zum Leben, eine tief verwurzelte Gleichgültigkeit in religiösen Fragen, ein ungenügend ausgebildeter Sinn für die überindividuelle Motivation des eigenen Handelns, eine geringe Fähigkeit zu objektiver Reflexion und Selbstreflexion und eine mehr oder weniger elementare Reaktionsweise auf jene Vorgänge, die über den Menschen hinausgreifen und denen er unterworfen ist. Natürlich können in jedem dieser Merkmale auch Ausdrucksweisen eingestreut sein, die in scheinbarem Widerspruch zu der Grundmelodie stehen.
In der modernen, industriell hochentwickelten sozialistischen Gesellschaft ist der Typ des ideenlosen, praktischen Atheismus ein Minuswert. Hier stößt man in ein Vakuum ohne Gott, aber auch ohne Geist: in eine Geistlosigkeit, die man auch als nicht bewältigten, nicht ausrechenbaren, irrationalen luftleeren Raum kennzeichnen könnte. Sie ist sich selbst in elementarer Weise ein Greuel und sucht immer nach Wegen, auf denen sie sich selbst entrinnen könnte.
Weil sie überhaupt keine Werte unterscheiden kann, weil sie auch die Religion, die darüber durchaus ausgeprägte Vorstellungen hat, nicht richtig erkannt hat, und weil sie andere Wertskalen ebensowenig anerkennt, nimmt sie ihre Zuflucht zu Pseudowerten: sie verwechselt das wirkliche Leben mit einem Spiel. Spielend durchläuft sie ihr Leben, ihre Auseinander-

setzungen, ihre Liebe und ihren Haß, und dadurch wird aus der Wirklichkeit ein Mythos.
Ich weiß, daß ich stark gefühlsbetonter Kritik gegenüberstehe, wenn ich die Meinung ausspreche, daß ein derartiges modernes Betäubungsmittel pseudoreligiöser Art die Manie der Sportfans ist. Ich denke dabei nicht an das ganz natürliche Interesse, das von den dramatischen Höhepunkten eines sportlichen Spiels hervorgerufen werden kann, an die Erregung und die seelische Entspannung und Kompensation gegenüber dem Ernst des Lebens, wo nicht alle Regeln schon vorher festgelegt sind und wo nach den Zusammenstößen die Gefallenen tot auf dem Kampfplatz liegen bleiben können. Ich betrachte diese Manie vielmehr als ein soziologisches Phänomen; auch weiß ich, daß im Hintergrund in der Regel ganz nüchtern berechnende Taktiker der eigenen Branche stehen. Mir geht es um jene falsche Begeisterung der Fans, die als Betäubungsmittel wirkt. Da wird eine Welt aufgebaut, in der man aus der Wirklichkeit flieht, dann aber nochmals ihre jämmerlichen Seiten wieder erlebt, indem man sie einer genau fixierten Gruppe, dem feindlichen Club, zuschreibt, die wünschenswerten idealen Seiten aber dem eigenen, »unserem« Club. Die einen wie die anderen Seiten sind hier verkörpert. »Unser« Club ist seinem Wesen nach etwas Gutes, der fremde Club seinem Wesen nach etwas Schlechtes. Es liegt deshalb in erster Linie gar nicht daran, welche einzelnen Menschen im konkreten Fall die Mannschaft bilden; entscheidend ist nur der Name des Clubs, seine Farben, seine Flagge, seine Abzeichen, seine Symbole. Er wird angebetet, zu ihm erhebt sich unser Flehen, die Mitglieder gewähren ihm mit Freude materielle und moralische Unterstützung. Das Ringen der beiden Mannschaften ist dann für ihre fanatisierten Verehrer nur ein Symbol für *ihre eigenen,* nicht ausgefochtenen Kämpfe, eine Projektion *ihrer eigenen,* nicht vollbrachten mutigen Taten, eine Idealisierung *ihrer eigenen* Furcht vor echten Risiken. Je feiger sie in echten Kämpfen sind, um so aggressiver sind sie hinter der Barriere. Der Gegner ihres Sportclubs verkörpert fiktiv ihre wirklichen Feinde und hier kann der Fan mit lauter Stimme rufen, man solle sie erschlagen. Die Spieler des eigenen Clubs, die sich auf dem Rasen oder auf dem Eis abplagen und Spitzenleistungen zeigen, eine staunenswerte Körperbeherrschung und ein

Vorbild an Selbstdisziplin, sind für den berauschten Mann auf der Tribüne die Offenbarung seiner eigenen Idealvorstellungen, die ihm jedoch leider nicht erreichbar sind. Zu sich selbst ist er voll Versöhnungsbereitschaft; wenn aber der, der da auf dem Spielplatz umherläuft und »seine Eigenschaften« verkörpern soll – jene Tugenden, die der Zuschauer selbst gern besäße –, wenn der nur ein wenig ins Wanken gerät, dann wird er umso unversöhnlicher; denn er feuert ja sich selbst mit seinen Zurufen an, und er kritisiert sich selbst mit seiner Kritik – aber all dies nur fiktiv, spielerisch, nebelhaft, in restloser Selbstentfremdung.

So werden jedoch aus den Clubs kryptoreligiöse *Sekten,* deren Rauschgift der Haß und die Aggression sind. Die beiden Extreme des Sektierertums im Clubleben – Enthusiasmus und Brutalität – deuten uns ein Geheimnis an, sie verraten uns, was die ohnmächtige und feige Subjektivität tun würde, wenn sie an der Macht wäre. Das gefährliche Anwachsen des sportlichen Sektenwesens, der Fan-Manie als einer fiktiven Flucht aus der Wirklichkeit und eines Betäubungsmittels kann als ein Symptom dafür gelten, daß inmitten der gesellschaftlichen Wirklichkeit jene Beziehungen gestört sind, in denen der Mensch realiter er selbst sein kann. – Hier ist freilich die Bemerkung angebracht, daß der Fanatismus der Clubs nur stellvertretend genannt wird für eine wachsende Zahl kryptoreligiöser Sekten in dieser gänzlich irreligiösen, gänzlich atheistischen Welt.

Der ideenlose Atheismus krankt an dieser Haltlosigkeit aus Ohnmacht. Er ist den obskursten Formen des Aberglaubens, den trügerischsten Leidenschaften, den primitivsten Trieben preisgegeben. Er ist das Material für jede Art von politischer Reaktion. Er ist himmelweit entfernt von einer kultivierten Religiosität und auch von einem reflektierten Atheismus.

Andererseits überrascht er uns damit, wie gierig er seinen Schnabel öffnet, weil er gar so unausgefüllt ist. Er wartet nämlich beständig auf etwas oder auf einen, der kommen und zu ihm als Menschen sprechen könnte. Er ist nur scheinbar übersättigt mit Genüssen. In Wirklichkeit hat er dauernd Hunger.

Dieser Hunger ist in den industriell entwickelten Gesellschaften, die auf einer hohen Stufe des Verbrauchs stehen, immer verdeckt vorhanden. Solange man ihn äußerlich stillen kann, indem man sich Gegenstände aneignet, kommt sein wahres Wesen nicht immer zum Vorschein: nämlich die Sehnsucht nach etwas, das dem Menschen die Möglichkeit gäbe, über sich hinauszugreifen, sich voller, vollkommener zu verwirklichen. Stattdessen scheint es ihm, daß die Gegenstände ihm den Wert vermitteln, den er nicht hat. Ein gottesfürchtiger Mensch schreibt Gott eine übernatürliche Macht und Vollkommenheit zu; der pseudoreligiöse Mensch, der schon längst nicht mehr an Gott glaubt, oder niemals an ihn geglaubt hat, tut das gleiche mit den Dingen und erwartet von ihnen Hilfe in seinem Streben nach gesellschaftlichem Prestige. Er verwandelt sie in Fetische. Mehr zu *haben* bedeutet ihm, mehr zu *sein.*

Doch sobald die Sättigung über den gesellschaftlichen Durchschnitt hinausgeht, oder sobald es einem bestimmten Menschen deutlich wird, daß er auf völlig falschem Wege ist, tritt plötzlich der Hunger auf den Plan als das, was er wirklich ist.

Das ist der Augenblick, wo es den Menschen nach einem menschlichen Wort verlangt, nach Ausdrucksmöglichkeiten, mittels derer die Subjektivität Werte zu schaffen vermag.

Gerade hier liegt eine Chance für die kultivierten Formen der Religion. Sie ist aber auch eine Chance für den Marxismus und für den marxistischen Atheismus. Man sollte sie in einer sozialistischen Gesellschaft nicht ungenützt verstreichen lassen. Sie zu realisieren und die Leere auszufüllen, ist wesentlich für den Beweis, daß der Sozialismus Vorrang vor dem Kapitalismus hat.

4

Der konformistische Atheist: er hat verstanden, daß der Atheismus eine von den politischen Forderungen ist, die einem bewußten Sozialisten oder Kommunisten gestellt werden. Er weiß in einer ganz vagen und abstrakten Form, daß der Marxismus zugleich Atheismus ist. Dank seiner Allgemeinbildung hat er noch im Kopf, daß die Religion den Einsichten der Wissenschaft widerspricht. In seiner eignen Praxis und in der Erfahrung mit einer sozialistischen Gemeinschaft hat er herausgefunden, daß Kirchen und religiöse Vereinigungen gegen den Sozialismus aufgetreten sind; er weiß aus seiner Umwelt, daß die Religion die passive und noch mehr die aktive Übernahme

des Sozialismus erschwert hat. Soweit er Parteimitglied ist, weiß er, daß diese Mitgliedschaft im Grundsatz unvereinbar ist mit der Zugehörigkeit zu irgendeiner Kirche oder mit dem Bekenntnis zu Gott. Im übrigen hat aber die Religion für ihn aus den mannigfaltigtsen Ursachen niemals zu den grundlegenden Werten des Lebens gehört. Sofern er in einer Familie aufwuchs, die dieser oder jener christlichen Konfession angehörte, hat er die Religion als etwas Kindertümliches erfahren. Dem Erwachsenen erschien sie als eine äußerliche Konvention und ein formales Gebilde, in dem nichts steckte, was für sein eigenes Leben hätte fruchtbar werden oder es allzu sehr hätte komplizieren können. Er bleibt aus Trägheit Glied dieser oder jener Kirche und wird als solches in den Registern geführt. Von Zeit zu Zeit ging er vielleicht auch noch in die Kirche, ohne aber recht zu erfassen, was in den Gottesdiensten eigentlich vor sich geht. Er hatte gewisse, nicht ganz klare Vorstellungen davon, daß das Christentum sittliche Grundsätze verkündet, die dem allgemeinen Wohl dienen und die man den Kindern von klein auf beibringen sollte. Deshalb dachte er bei sich, daß es möglicherweise gut wäre, wenn seine Kinder den Religionsunterricht besuchten. In der Regel ließ er sie taufen, firmen oder konfirmieren, selbst aber wohnte er den Gottesdiensten als Erwachsener nur ausnahmsweise bei. Auch bei weiteren außergewöhnlichen Anlässen im Leben, z. B. bei der Trauung oder bei einem Begräbnis, wandte er sich an seinen Geistlichen, legte dem aber kein größeres Gewicht bei.
Erst die aktive Teilnahme am politischen Leben und ganz entschieden der Eintritt in die KP nötigte ihn, sich über seine bisherigen konventionellen und formellen Haltungen und Einstellungen, darunter auch zur Religion, klar zu werden. Der Abschied von ihr war keineswegs schwer. Er sah ihn als politisches Erfordernis an, zugleich gab er ihm aber auch ein Stückchen Selbstachtung. Überdies waren freilich auch konformistische Rücksichten am Werk, manchmal sogar ziemlich stark. Das neue Parteimitglied sah ein, daß es sich nicht gehöre, als Kommunist in einer kirchlichen Gemeinschaft zu bleiben, zur Kirche zu gehen oder die Kinder in die Religionsstunde zu schicken. Es mangelte bestimmt auch nicht an Fällen, in denen die öffentliche Abkehr von der Religion aus reinem Opportunismus geschah.

Der konformistische Atheismus steht der Religion teilnahmslos gegenüber. Ebenso aber auch dem Atheismus, wenn er als eine für die *Gesellschaft bedeutungsvolle Haltung* auftritt. Die Abkehr von der Religion ist für den konformistischen Atheisten in einer ganz konkreten geschichtlichen Situation eine persönliche Pflicht bzw. ein Anspruch, der an ihn gestellt wird. Sobald er ihm gerecht geworden ist, betrachtet er die ganze Sache bei sich als erledigt.
Sein Sinn ist den *praktischen* Fragen im Aufbau des Sozialismus zugewandt. Der Atheismus scheint ihm eine Angelegenheit ganz am Rande. Deshalb denkt er nicht weiter darüber nach, was er selbst als Atheist *aktuell* zu tun hätte. Der Atheismus ist für ihn keine echte Dimension des Bewußtseins, er bestimmt sein Denken nicht auf Dauer.
Deshalb *sind* für ihn auch Sozialismus und Kommunismus kein geschichtliches Problem, sondern sie *haben* größere oder geringere empirische Probleme.
Der konformistische Atheismus ist beim Sozialisten und beim Kommunisten noch ungenügend reflektiert. Er ist ein Atheismus, der weder über sich selbst, noch über seine Möglichkeiten etwas Genaues weiß.

5

Antiklerikalismus und Antitheismus sind im Gegensatz zum konformistischen Atheismus prinzipielle Widersacher der Religion, namentlich der christlichen und ihrer Kirchen. Sie haben eine bestimmte ideelle und eine sehr starke gefühlsbetonte Motivierung.
Der Antiklerikalismus erblickt in den Kirchen und in ihren Repräsentanten sehr gefährliche Feinde der Gattung Mensch überhaupt und des Sozialismus im besonderen. Er schöpft aus einem umfangreichen geschichtlichen Material, in dem die Kirchen dargestellt sind als die Kräfte der Finsternis, der schlimmsten Reaktion, als Hemmnisse jeglichen Fortschritts, geschickt taktierend und sich jederzeit so anpassend, daß ihr unermeßlicher Reichtum und ihre Machtpositionen unangetastet bleiben. Er kennt eine Menge historischer Belege, die ihm ein Recht zu dieser Haltung geben, angefangen bei den Schrecken der mittelalterlichen Inquisition über die raffinierte und zer-

setzende Demagogie, die der Arbeiterklasse gegenüber angewandt wurde, bis dorthin, wo die Waffen der Faschisten gesegnet wurden, zu den Verbrechen gegen die Menschlichkeit geschwiegen wurde und sich ein haßerfüllter Antisowjetismus und Antikommunismus in den Kirchen breit machte.

Bei jeder Gelegenheit wartet er mit Enthüllungen über den politischen Klerikalismus auf, macht sich eine riesige Mühe, um Dokumente zu sammeln über dessen gegen die fortschrittlichen Kräfte der Welt gerichtetes Wirken, kennt im Detail die ökonomischen und politischen Bindungen, die ihn an die imperialistischen Kräfte fesseln und verzeichnet sorgfältig jeden Fall, wo die kirchliche Prominenz feindselig auftritt, um ihn in seiner Anklageschrift auszuwerten.

Dennoch ist das noch kein marxistischer Atheismus. Nicht etwa deshalb, weil seine Enthüllungen nicht zuträfen oder er vorsätzlich Tatsachen verdrehen oder verzeichnen wollte. Auch dann, wenn der Antiklerikalismus streng objektiv bleibt und wenn seine Aufzählung verabscheuungswürdiger Taten der Kirchen ganz genau ist und die Enthüllungen, die er vorträgt, allen wissenschaftlichen Maßstäben standhalten, ist er trotzdem aus mehreren Gründen für einen Marxisten unzureichend.

Der grundlegende Mangel des Antiklerikalismus ist methodischer Art: er geht a priori von der Voraussetzung aus, daß das Christentum stets fortschrittsfeindlich war und ist und daß es dies demnach auch bleiben werde. Er stellt sich aber nicht grundsätzlich die Frage, warum dies so sein sollte. Weil er diese seine Ausgangsthese nicht kritisch prüft, erscheint ihm jegliche Tätigkeit des Christentums und seiner Kirchen unterschiedslos, damit aber auch ungeschichtlich, als reaktionär. Er ist zu keiner realen historischen Differenzierung fähig: die verurteilenswerten Taten der Kirche, ihre nach rückwärts gewandte Politik bestärken ihn in seinem Konzept; was aber in diese Wertung nicht paßt, das betrachtet er als bloße Taktik, als eine feinere und geschicktere Art von Demagogie, ohne daß er zu analysieren vermöchte, ob seine Anschuldigungen zutreffen oder haltlos sind. Seine Aussagen über das Christentum sind von Ideologien durchtränkt und geben ihm nicht die Möglichkeit, vorurteilslose Politik zu treiben.

Eine Begleiterscheinung, vielleicht auch nur eine Spielart des

Antiklerikalismus ist der *Antitheismus.* Wie dem antiklerikal Eingestellten das Wirken der Kirchen keine Ruhe läßt, so fühlt der Antitheist sich von der Idee eines Gottes, der außerhalb seiner selbst in der Gedankenwelt der Gläubigen existiert, herausgefordert. Sie kommt ihm als eine Ausgeburt priesterlichen Denkens vor, aber auch wie eine ganz absurde Vorstellung, deren Träger man nur als einen geistig primitiven Menschen von besonderer Art qualifizieren kann.
Doch auch der Antitheismus ist für einen Marxisten nicht akzeptabel. Sein Denken orientiert sich am aufklärerischen Rationalismus und an den dürftigen philosophischen Grundlagen dieses Rationalismus. Weil für ihn nur das wirklich ist, was vernünftig ist, wird jede Illusion des »gesunden Menschenverstandes« zur Wirklichkeit. Die Wirklichkeit bildet sich für ihn in den Begriffen des mechanistischen Materialismus oder Naturalismus ab; daraus aber wird die Vergöttlichung des rein Irdischen: die Materie, die Natur, die Vernunft, ein gegebener gesellschaftlicher Zustand wird als Gegengewicht und Gegensatz zu dem Gott angesehen, den die Religionen bekennen.
Der Antiklerikale und Antitheist weiß gar nicht, daß er auf diese Weise ungewollt zum Verbündeten seiner Gegner, der wirklichen Klerikalen, wird und daß diese ihn auch noch ausnützen: er erleichtert ihnen die Situation allzu sehr. Mit all seinen Enthüllungen hilft er ihnen, zur rechten Zeit darüber zu befinden, was geändert werden und was besser verschlüsselt oder verdeckt werden muß.

6

Der abstrakt humanistische Atheist: sein Atheismus ist zumeist die Folge dessen, daß er einen Ausweg aus einer persönlichen religiösen Krise gefunden hat, die ihn in seiner ganzen Existenz betroffen hatte. Sein Glaube an Gott, in dem er bislang die rettenden Werte der Menschheit gefunden hatte, ist erschüttert worden; das mochte mehrere Gründe haben: es könnte sein, daß er ihn mechanisch handhabte und der Glaube sich angesichts der einander widersprechenden Meinungen im Leben nicht behauptete; vielleicht auch war der Erlebnisgehalt von Tragödien persönlicher oder überpersönlicher Art so stark, daß er mit dem Bekenntnis zur Existenz Gottes nicht mehr zu vereinbaren war; vielleicht auch hatte sich ein solcher

Mensch zu einem anderen philosophischen Lebenskonzept hindurchgearbeitet, in dem für Gott kein Raum mehr war. In jedem dieser Fälle können die religiösen Werte des Innenlebens nicht mit einer Handbewegung abgetan oder einfach ausgeklammert werden, sondern sie müssen im Verlauf eines Konflikts überwunden werden, in dem alles Für und Wider neu gegeneinander abzuwägen ist; in einem inneren Ringen, dessen Ergebnis ein vollständiger Umbau des geistigen Gefüges dieses Menschen ist, ein Akt des Wählens, der sich aller Folgen bewußt ist, zumindest derjenigen, die die eigene Existenz betreffen.

Ein solcher Akt des Wählens vollzieht sich nach außen häufig unter schweren Konflikten in der Familie, mit den Freunden, und ist begleitet von Entschlüssen, die oft auf lange Frist oder gar auf Dauer geistige sowie praktische Konsequenzen haben.

Eine solche atheistische Überzeugung ist der Religion gegenüber niemals gleichgültig. Sie erliegt aber nicht ihren Suggestionen. Sie ist innerlich durchdrungen von dem Wissen, daß die religiöse Überzeugung Werte in sich birgt, die dem Gläubigen Kraft und Trost gewähren können, und daß sie eine Reihe sittlicher und allgemein menschlicher Vorzüge besitzt, die den wahren Christen vor dem vulgären Atheisten auszeichnen. Sie kennt aber auch die inneren Mechanismen religiöser Gemütsbewegungen und vermag sie unvoreingenommen zu beobachten: Die Psychologie der Gläubigkeit birgt für den humanistischen Atheisten keine Geheimnisse.

Im Unterschied zum Antitheisten bringen ihn die infantilen Formen der religiösen Überzeugung nicht aus der Fassung, weil er weiß, daß das Christentum kräftigenden Trost in einer breiten Skala von Möglichkeiten zu bieten imstande ist, beginnend bei den einfachsten, das Gemüt durch Bilder ansprechenden, bis hin zu den intellektuell sehr ausgereiften. Er weiß allerdings, daß diese Tröstungen zwar sehr wirkungsvoll, leider jedoch illusionär sind. Wirklich abgestoßen fühlt er sich nur von der Geistlosigkeit, sei sie nun religiös oder irreligiös.

Von der positiven Seite her stützt sich sein Atheismus auf eine der von Sokrates hergeleiteten Philosophien oder auf ein eklektisches Gemisch daraus, das seinen inneren Bedürfnissen und seinen Vorstellungen davon entspricht, wie der Mensch eigentlich sein und zu welchen Werten er sich bekennen sollte. Seine Weltanschauung bildet er sich aus seinen Lebenserfahrungen und unter dem Einfluß seiner Lektüre als seine ganz persönliche Lebensweisheit. In ihr stecken ebenso sehr Elemente des Stoizismus wie solche des Epikuräertums, ein bißchen moderne Skepsis und ein paar materialistische Vorstellungen, der Abglanz von Zuständen und Gefühlen, mit denen er in seinem Dasein fertig geworden ist, ein offener Sinn für ästhetische Genüsse, ein ausgeprägtes Bewußtsein der eigenen Persönlichkeit, Mitgefühl mit den anderen oder auch die umgekehrte Überzeugung, daß bloßes Mitgefühl sinnlos sei, Abscheu vor aller Gewalt, besonders wenn sie brutal und terroristisch auftritt, und als Folge davon nicht selten auch Abscheu vor jeglicher Politik, Sehnsucht nach Freiheit, der Glaube an den »kleinen Mann« oder umgekehrt eine insgeheim aristokratische Haltung. –

In einen solchen humanistischen Atheismus kann so ziemlich alles einfließen, was *an sich* einen konstruktiven Sinn für die Menschheit haben könnte. Weil aber im wirklichen Leben weder Liebe noch Mitgefühl, weder Freundschaft noch Abscheu vor der Gewalt außerhalb konkreter Zusammenhänge bestehen können, die ihnen immer erst eine bestimmte bejahende oder verneinende Bedeutung geben, kann der abstrakt humanistische Atheismus sich nur dadurch behaupten, daß er diesen oder jenen Wert vergöttlicht und in der Praxis des täglichen Lebens einen Kompromiß unter Nützlichkeitserwägungen schließt.

Der Antitheismus erwächst aus dem Bewußtsein von der Kraft, der Macht und der Autonomie des Menschen; wo es dem Menschen an Souveränität mangelt, ist ihm nicht in gleicher Weise deutlich. Der abstrakt humanistische Atheismus mündet in das Gefühl und ein allgemeines undeutliches Bewußtsein von der Schwäche und Armseligkeit des Menschen, ohne daß er die realen Quellen seiner Kraft finden könnte. Der Antiklerikalismus verabsolutiert seine Art von Atheismus als einen besonderen politischen Standpunkt; der abstrakte Humanismus verabsolutiert gewisse allgemeine Ausmaße seines Atheismus, hat aber keinen Sinn für die Politik, ja manchmal sogar Abscheu vor ihr.

Politik aber ist kein Selbstzweck; und der Mensch kann sich außerhalb der politischen Sphäre nicht voll verwirklichen.

7

Der marxistische Atheist: sein Atheismus muß nicht unbedingt auch antiklerikal oder antitheistisch sein. Er ist freilich immer ein Kritiker des politischen Klerikalismus und wird das auch stets bleiben, so lange letzterer partikulare, kapitalistische Klasseninteressen der Bourgeoisie unterstützt oder verficht oder sich mit diesen Interessen identifiziert. Er ist und wird immer ein Kritiker der kirchlichen Politik sein, wenn diese zu verbrecherischen politischen Handlungen schweigt oder sich von ihnen zu allgemein oder zu behutsam distanziert. Er wird sich immer kritisch äußern, wenn er innerhalb der Kirchen auf antikommunistische Aversionen stößt. In einem sozialistischen Land wird ein marxistischer Atheist den christlichen Kirchen kritisch gegenübertreten, wenn sie die Loyalität zum sozialistischen Staat, zu seiner Verfassung und seinen Gesetzen verletzen. Er wird auch dann kritisch sein, wenn er beobachtet, wie sich ihre ganze Lebensauffassung, ihr Konzept von Politik und Religion von jenen allgemein menschlichen Idealen und Werten fortbewegt, die dem wirklichen Christentum zugehören. Der marxistische Atheist wird mit seiner Kritik an Christentum und Kirchen überall dort auf den Plan treten, wo im Bereich der Philosophie, der Geschichte, der sozialen Beziehungen und der Politik das Christentum nicht selbstkritisch genug verfährt.
Dieses kritische Verhältnis zwischen marxistischem Atheismus und christlichen Kirchen entstammt nicht irgendeiner besonderen gefühlsbetonten Abneigung oder einem Bedürfnis nach Verfolgung »Andersgläubiger«. Die politische Kritik verliert ihren Sinn und ihre gesellschaftliche Rechtfertigung, sobald das Christentum sich selbst findet und allen politischen Bindungen an partikulare Klassen oder an reaktionäre Ideen und gesellschaftliche Entwürfe entsagt, sobald es von seiner theistischen Motivierung her bemüht ist, die derzeit die Menschheit bedrohenden Probleme zu lösen; wenn es – möge dies auch auf seine Weise geschehen – eine Anstrengung macht, die Schranken zu überwinden, die den Menschen noch von seiner totalen

Dimension trennen und den Aufbau einer Gesellschaftsordnung vereiteln, in der der Mensch sich als »Gemeinwesen« ganz entfalten könnte.
Der marxistische Atheist wird zwar weder den Ausgangspunkt des Christen als richtig anerkennen können, noch sein Ziel; aber unter dieser Voraussetzung wird er ihn als Menschen ernst nehmen, wird zu ihm Vertrauen haben, wird mit ihm gemeinsam über manches reden, Erwägungen anstellen, sich auseinandersetzen und schweigen können; er gibt damit seine ideologische Kritik nicht auf, aber er wird mit dem Christen zusammen zu jenen praktischen Aktionen schreiten, in denen der Gläubige aus *eigener* Verantwortung dem Wohle der Menschheit oder der Gesellschaft dienen will. Der Marxist wird dabei erwarten, daß der Christ in gleicher Weise seine Initiativen, seine Aktionen, seine Bemühungen, seine Anstrengungen unterstützt. In einem sozialistischen Land wird ein marxistischer Atheist in freundschaftlicher Zwiesprache verlangen, der Christ möge sich um ein echtes Verständnis der kommunistischen Politik bemühen, auch wenn er weiß, daß aus dem Christen nicht ein Marxist oder ein Atheist werden wird. Es wird ihm nicht an einer opportunistischen Anpassung gelegen sein. Er ist überzeugt, daß der Christ, je radikaler er seine eigene Sache vertritt, umso näher an den Sozialismus herankommen kann. Die Kritik des Christentums und der christlichen Kirche, die der marxistische Atheist vornimmt, ist demnach eine besondere Form klassenbewußter Kritik: er wendet sich gegen die Religionen, insoweit sie irgendein partikulares Klasseninteresse als gemeinsames, allgemein verbindliches, universales durchsetzen wollen. Er verficht aber auch keineswegs ein in sich *abgeschlossenes* Interesse der Arbeiterklasse: denn deren besonderes Interesse war und ist immer, daß sie für sich den Ehrentitel der Menschheit in Anspruch nehmen könne und auf diese Weise der im Verlauf der Geschichte entstandene gesellschaftliche Bruch zwischen den Klassen vernarbe. Solange dies bloß ihr besonderes Interesse ist und sie mit partikularen und egoistischen Klassenbestrebungen zusammenstößt, solange also der Kampf um den universalen Ehrentitel der Menschheit sich auf dem dornigen Feld der Politik abspielt, so lange wird der marxistische Atheismus als klassenbewußte und politisch engagierte Ideologie auftreten. Damit ist noch

nicht gesagt, daß deren gegenwärtige Vorstellungen vom Sozialismus und Kommunismus die Gültigkeit unveränderlicher Dogmen besitzen. Das wird durch die Praxis der kommunistischen Parteien von selbst widerlegt. Aber es sind Entwürfe, denen – wenn auch in historisch unvollkommener Weise – jener universale und auch universal akzeptable Gedanke innewohnt, für den die Menschheit Marx wirklichen Dank schuldet. Die Entwürfe diesem Gedanken gemäß zu entfalten und zu konkretisieren – das ist der Sinn der kommunistischen Politik.

Deshalb ist auch der Antitheismus kein unabdingbarer Bestandteil des marxistischen Atheismus. Ein Marxist betrachtet die Religion nicht ständig und unter allen Umständen als »Opium des Volkes«. Wenn er, in Übereinstimmung mit Marx, erkennt, daß die Religion einesteils der Ausdruck des wirklichen Elends ist und andernteils die Protestation gegen das wirkliche Elend, dann weiß er auch, daß diese Koppelung des Religiösen mit dem Sozialen historisch bedingt ist. Er weiß – genauso wie der Christ, der zu einer kritischen Selbstreflexion imstande ist –, daß die Neigung, alles in einen besänftigenden Trost zu verkehren, also die Tendenz zu illusionärer Lösung von Problemen innerhalb der christlichen Religion sehr ausgeprägt ist; er weiß, daß eine Verankerung des Religiösen im »Paradies des Herzens« und im »Zentrum der Gewißheit«[4] nicht nur dann erschlaffend wirkt, wenn man an diesen Ankerplätzen den Mut zu Taten im Alltag schöpfen will. Der marxistische Atheist weiß, daß letzten Endes sogar ein religiös motivierter Protest zu einem Rauschgift werden kann, wenn er in eine christlich-soziale Utopie ausmündet. Aber Gott muß für den Christen nicht nur ein Prisma sein, in dem sich für ihn die Welt abspiegelt, sondern er kann auch unmittelbar der Anruf zu einer gesellschaftlich und menschlich verantwortbaren Entscheidung für eine Tat sein. Dann verliert die Gottesvorstellung ihren traumhaften Charakter und ruft mit menschlicher Stimme das Handeln wach.

Zum anderen ist der Marxismus auch kein abstrakt humanisti-

4 Hier wird angespielt auf ein Hauptwerk des tschechischen Theologen und Pädagogen J. A. Comenius (1592–1670), Labyrinth der Welt und Paradies des Herzens, ins Deutsche übersetzt von Baudnik 1908.

scher Atheismus, selbst wenn er dessen allgemein menschliche Absichten zu verstehen vermag. Er schätzt dessen Bemühungen, aber er kann die Art seines Nachdenkens, die nicht dem Klassengegensatz Rechnung trägt und ihn immer wieder in den Utopismus hineinführt, nicht gutheißen. Der Mensch ist nicht bloß ein Einzelwesen; nur in der Abstraktion können wir überhaupt über ihn als Mensch an sich Erwägungen anstellen. Der Mensch als Einzelwesen schließt in sich eine Summe von gesellschaftlichen Beziehungen ein. Außerhalb dieser Beziehungen hört er auf, verständlich und wichtig zu sein. Er wird zur reinen Subjektivität, zu einem Bewußtsein, das zwar weiß, was es möchte oder sollte, aber nicht weiß, wie es das zustande bringen soll. Marxens historischer Materialismus geht demgegenüber davon aus, daß die allgemein menschliche Emanzipation nicht zu erzielen ist durch einen Akt des Bewußtseins oder auf der Ebene abstrakt verstandener zwischenmenschlicher Beziehungen, wie es z. B. Liebe, Tugendhaftigkeit, Gerechtigkeit u. ä. sind, sondern nur durch ein in der Geschichte wirkendes praktisches Handeln, das den Stoffwechsel zwischen Mensch und Natur so aufbereitet, daß seine Wirkungskraft und Zweckmäßigkeit die universale Entfaltung des Menschen als eines universalen Wesens für die Dauer gewährleistet. Dieses Handeln muß demnach durch lange historische Zeitabschnitte hindurch wirken, muß in ihnen mit Entschlossenheit – und oft auch unter Blutvergießen – mit den Kräften, Klassen, Gruppen und Völkern, die auf ihren partikularen Interessen beharren, ringen und muß auch wissen, daß es nicht leicht ist und niemals leicht sein wird, die Verwaltung der öffentlichen Angelegenheiten so einzurichten, daß jedem einzelnen ein sich ständig erweiternder Freiheitsraum zugesichert werden kann.

Marxens historischer Materialismus vermag uns von dem illusionären Denken wegzuführen, von den Bemühungen, die Menschheit mit eitlen Hoffnungen zu erfüllen, mit tröstlichen Betäubungsmitteln, die den Leuten nur schöne Träume vorgaukeln. Er ist eben ein Atheismus; grundsätzlich ein Atheismus.

Es wäre ein Fehler, aus dieser Aussage den Schluß ziehen zu wollen, er sei ein »Theotropismus«. Keineswegs: Die Beschäftigung des marxistischen Atheismus mit Gott ist nur sein ganz besonderer, historisch bedingter Zug in dem Sinn, daß er eine Religion kritisiert, die noch nicht zu sich selbst gefunden hat, zu der für sie authentischen Gestalt. Von seinem Wesen her ist jedoch der Atheismus für den Marxisten die alleinige Dimension seines Denkens, Fragens und Antwortens. In diesem Sinne könnte man diesen Atheismus als die *erste Philosophie* im Sinne des Aristoteles betrachten, als marxistische Metaphysik.

Der marxistische Atheismus als Metaphysik

1

Wenn Marxens Atheismus dazu werden soll, was er von seinem Ursprung her schon ist, dann ist es unvermeidlich, aus der Verengung herauszufinden, die ihm nur einen Platz am Rande des Denkens gewährt.
Ein marxistischer Atheist zu sein, bedeutet doch nichts Geringeres, als ein aktives Glied jener Gemeinschaft zu sein, die aus der Stellung, welche die Arbeiterklasse in der Geschichte einnahm, Schlußfolgerungen für reale Chancen des Menschen und der Menschheit gezogen hat; eine solche Gemeinschaft muß konsequenterweise alle Probleme unter einen radikal menschlichen Aspekt stellen, jegliche Vermittlung durch illusionäres oder religiöses Denken zurückweisen und in ebenso radikaler Art an ihre Lösung herangehen. Wenn man die ganze Reichweite eines solchen freien Entschlusses überdenkt, dann endet man schließlich bei dem Versuch, etwas auszuarbeiten, was in der Philosophie seinem Wesen nach stets Metaphysik geheißen hat.
Es sei gleich von vornherein ausgesprochen, daß die Bemühungen um eine Metaphysik des Marxismus ihn nicht in irgendeine neue Religion verwandeln kann. Er wird vielmehr dadurch zur Metaphysik, daß er über alle Illusionen, einschließlich der religiösen, hinausgeht oder hinauszugehen versucht.
Man muß aber auch noch einen anderen Zweifel zerstreuen. Für einen Marxisten mit landläufigem Bildungsstand ist die Metaphysik der direkte Gegensatz zur Dialektik. Wenn man im Marxismus Erwägungen über die Metaphysik anstellt, dann kommt ihm das im besten Fall wie ein Widerspruch vor. Insofern aber z. B. Engels von der Metaphysik spricht, hat er jene Denkweise im Sinn, die sich im Gefolge der gegenständlich orientierten Naturwissenschaft der klassischen Epoche ausgebreitet hat als Weltanschauung des sogenannten gesunden Menschenverstandes oder gesunden Empfindens, für das die Dinge entweder da sind oder nicht. Überall dort, wo die Wirklichkeit einer solchen vereinfachenden Gegenüberstellung entgleitet, fühlt sich »der gesunde Menschenverstand« verwirrt

und greift nach einer Deutung über seine Grenzen hinaus, zu irgendwelchen angenommenen, übernatürlichen Kräften. Engels schließt also nur die schlechte Metaphysik aus. Ihr stellt er die Dialektik als die Negativität gegenüber, welche die Praxis nötigt, jede *historische* Stufe in dem Augenblick zu überschreiten, in dem sich bei den Menschen die Neigung verstärkt, sie in etwas *Naturgegebenes* umzuwandeln. Er umreißt so für die philosophische Reflexion den Bereich der fiktionsfreien metaphysischen Probleme und deutet zugleich die Wege an, auf denen man sie ohne Spekulationen lösen könnte.

Es wäre auch verwunderlich, wenn das anders sein sollte. Der Marxismus ist eine Philosophie der Praxis und als solche erschließt er auf jeder historischen Stufe, die die kämpfende Arbeiterklasse und im weitesten Sinn die Menschheit erreicht, neues Gelände für das Denken und die praktische Aktivität des Menschen; er zwingt uns stets von neuem an den Wendepunkten, die grundlegenden Fragen neu zu formulieren und nach neuen, angemesseneren Antworten auf sie zu suchen. Die sogenannten ewigen Probleme der Menschheit sind nicht deshalb ewig, weil die Menschheit sie dauernd mit sich herumschleppt, auch nicht deshalb, weil sie darauf bis zum Überdruß immer die gleichen Antworten erteilt. Ganz im Gegenteil: sie sind ewig, weil sie fortwährend neu gestellt werden und immer neue Möglichkeiten der Lösung auftauchen.

In diesem Sinn gibt es objektiv ein gesellschaftliches Bedürfnis nach einer Metaphysik: die Menschheit entfaltet sich, indem sie über sich hinausschreitet und durch ihr vielseitiges praktisches Handeln die ihr von der Natur gesetzten Grenzen in historische Grenzen verwandelt. Metaphysik ist dann die Reflexion bzw. die Theorie dieses praktischen Vorgangs. Dadurch dürfte bereits der Gegenstand, mit dem sie sich beschäftigt, bezeichnet sein. Sie stellt Erwägungen an über das Problem der Subjektivität, die über sich hinausschreitet, zugleich aber beständig unter der Bedrohung steht, sich in etwas Totes zurückzuverwandeln, von der unersättlichen Natur wieder verschlungen zu werden und dadurch ihre Bedeutung für die Menschheit zu verlieren; zugleich steht sie aber noch unter der anderen Bedrohung, aus Furcht vor einem solchen Ende sich in ihre Ausschließlichkeit zurückzuziehen und durch ihre eigenen Spekulationen alle Möglichkeiten zu verspielen.

Der Atheismus als Metaphysik des Marxismus ist der Versuch einer Theorie der Subjektivität, die nicht subjektivistisch wäre, einer Theorie der Transzendenz, des Über-sich-selbst-Hinausschreitens, die nicht objektivistisch wäre.

Diese Metaphysik ist unausgesprochen in der ganzen Marxschen Philosophie enthalten. Ihr Grundgedanke ist aber auch ausdrücklich an mehreren Stellen skizziert, z. B. in den Thesen über Ludwig Feuerbach, in den ökonomisch-philosophischen Manuskripten aus dem Jahr 1844, im Kommunistischen Manifest, in den Grundrissen, in der ganzen Konzeption des »Kapitals« und anderswo.

Geschichtliche Umstände und konkrete Erfordernisse des Klassenkampfes haben bewirkt, daß diese Seite am Marxismus niemals so nachdrücklich in den Vordergrund gerückt wurde wie heute. Wir stehen deshalb offenbar wieder am Beginn einer überaus folgenschweren Denkbemühung, die für die Entfaltung des Marxismus, für das Wachstum seiner Anziehungskraft und für die Konstruktion seiner auf lange Frist berechneten gesellschaftlichen Entwürfe maßgebliche Bedeutung hat. Die folgenden Erwägungen wollen und können nicht den Anspruch auf die ehrenvolle Bezeichnung einer Metaphysik des Marxismus erheben. Sie sind ein noch sehr unsystematischer Versuch, über bestimmte Dinge nachzudenken und sie so offen und rückhaltlos, als das überhaupt nur möglich ist, zu erörtern; der Autor spürt es und ist davon zuinnerst durchdrungen, daß sie als unausgesprochene Fragen hinter den bereits ausgesprochenen stehen.

2

Durch das unendliche Weltall, das von unausweichlichen Gesetzen beherrscht ist, rollt der dunkle Erdball – durch den unendlichen Raum, durch die unendliche Zeit, ein riesenhaftes, dunkles, frostiges Unendliches im Unendlichen – und auf ihm hüpft ein Häuflein von Geschöpfen mit hypertroph ausgebildeten Gehirnen und lärmt in seiner sehr endlichen Zeit mit viel Geschrei: »Wir haben die Erde bezwungen, wir werden das Meer bezähmen, wir werden über die Natur herrschen, wir werden uns das Weltall unterwerfen!« – und die Erde rollt durch den unendlichen Raum, folgt den unausweichlichen Gesetzen und achtet nicht auf das Quietschen der Mäuse – und der Menschen.

Das ist ein Zitat jüngeren Datums aus unserer Presse. Ein beklemmendes Bild, bei dessen Anblick mit einem Schlag alles zunichte gemacht wird, was wir erstreben, unsere ganze Geschichte, auch die, die erst noch kommen wird. Es ist als endgültige letzte Antwort für den Menschen und die Menschheit unannehmbar. Aber als Frage muß man es zulassen. Sie meldet sich ja auch in einer weniger auffälligen Form, wenn man häufig genug von den Marxisten wissen will, was denn nach dem Kommunismus kommen werde.

Wir führen üblicherweise eine Menge von Gründen an, warum man so nicht fragen kann, und doch tritt die Frage immer von neuem auf; sehen wir also zu, welches reale Problem in ihr steckt.

Dem Frager wird es nicht genügen, wenn wir ihm die Zukunft in den rosigsten Farben schildern. Es interessiert ihn, welche Zukunft *diese* Zukunft hat. Er möchte die Motive kennenlernen, die ihn zu einem Engagement für die Zukunft bewegen sollen. Er weiß nämlich, daß er mit größter Wahrscheinlichkeit nicht mehr in ihr leben wird; selbst wenn er sie aber erlebte — auch dann hätte er noch eine neue Zukunft vor sich, die ihn neuerdings zwänge, zu fragen: was wird dann sein?

Kurz und radikal ist hier die Frage formuliert, warum eigentlich jeder einzelne unter uns für den Kommunismus sein soll. Warum er für diese Idee, für diese menschliche Perspektive, für diesen gesellschaftlichen Entwurf sein Leben drangeben soll, die paar Jahre, die ihm zur Verfügung stehen. Etwa deshalb, damit seine Kinder und Kindeskinder besser leben als er selbst? Damit ihnen keine Atombombe, keine Hungersnot und keine andere Katastrophe mehr drohe? Wo ist die Garantie, daß dies zu erreichen ist? Und selbst wenn es erreicht würde, werden dann die Nachkommen wirklich besser leben? Wo gibt es Sicherheiten, und welche sind es, daß er in seinem unwiederholbaren Leben nicht zu kurz kommen werde? Wenn es aber keine solchen Sicherheiten gibt, hat es dann einen Sinn, sich für dieses Ziel einzusetzen? Warum soll man überhaupt Kräfte aufwenden für eine weit entfernte Zukunft und nicht das Leben lieber heute genießen? Warum soll man die Verwirklichung der Träume, in denen die Menschen das bessere Morgen herbeisehnen, fortwährend hinausschieben und das Leben in der Gegenwart für etwas Minderwertiges ansehen, das geopfert werden kann, ja vielleicht geopfert werden muß? War-

um soll man etwas, was noch nicht ist, für wirklicher und wichtiger halten als das, was jetzt ist, wenn nicht einmal sicher ist, daß es überhaupt einmal sein wird? Ist das nicht ein Utopismus? Setzen wir hier nicht bloß an die Stelle eines Glaubens einen anderen?
Für den Marxisten ist das ein Anruf. Es gibt keine Situation, in der er ihm ausweichen *könnte*. Es gibt keinen Grund, warum er ihm ausweichen *soll.*

3

Zukunft: stimmt es, daß der Marxist oder der Kommunist sie in solchem Maße absolut setzt, daß die Gegenwart ihm als hingeopfert vorkommt? Stimmt es, daß er die Gegenwart nur als bloße materielle Grundlage auffaßt, die keinen Eigenwert hat? Die Antwort war für den revolutionären Marxismus niemals eindeutig. Es gab harte Zeitabschnitte in der Geschichte, die Opfer für den Sozialismus oder überhaupt für die Aufrechterhaltung einer menschenwürdigen Existenz forderten; Zeitabschnitte, die ganze Generationen aufzehrten. Wir dürfen uns nicht wundern, wenn in den Augen der Geopferten der Kommunismus die Gestalt eines absoluten Ziels angenommen hat, vor dem alles, auch sie selbst, zu einem bloßen Mittel geworden sind. Die Absolutsetzung des Zieles war gleichwertig der Absolutsetzung der Opfer, die in der Geschichte der Klassenkämpfe verlangt wurden. Solche geschichtliche Situationen können naturgemäß immer wieder auftauchen.
Um so nötiger ist es, daß wir uns, soweit wie möglich, von Illusionen freihalten. Weder der Sozialismus noch der Kommunismus kann als ein absolutes Ziel in dem Sinn angesehen werden, daß vor ihm alles zum bloßen Mittel wird; auch nicht in dem Sinn, daß er ein Endzustand der Menschheit sein wird, weil nur in diesem Fall eine solche instrumentale Auffassung der Gegenwart zu rechtfertigen wäre. Schließlich aber auch nicht in dem Sinn, als ob die Zukunft des Kommunismus bereits jetzt eine *absolute* Gewißheit der Geschichte wäre, so daß an unserer gegenwärtigen aktiven Existenz gar nicht allzuviel gelegen wäre. Es ist eher so, daß der Wert der Gegenwart, ihr Selbstzweck, in dem liegt, wozu wir sie gerade machen, was

wir aus ihr erschaffen, und sie erst dann ein taugliches oder weniger taugliches Mittel zur Erreichung des Zieles wird.
Wozu wir jedoch unsere Gegenwart machen, das ist identisch mit dem, *zu wem* wir uns selbst machen im Gefüge der Gemeinschaft, der wir konkret angehören. Der Gedanke an die Zukunft, an den Sozialismus, ist für einen Marxisten das Konstruktionsprinzip dieser bewußten schöpferischen Tat.
Ein wunderliches Prinzip: es verkündet von sich selbst, daß es nicht absolut, also niemals restlos durchsetzbar und auch historisch nicht völlig gesichert sei.
Das bedeutet praktisch, daß der marxistische Atheist vor sich nicht die absolute Zukunft hat, sondern eine offene Zukunft: offen im Sinne aller menschlichen Möglichkeiten, offen aber auch in dem Sinn, daß es fraglich und unsicher bleibt, ob sie zustande gebracht werden kann, ob sie überhaupt sein wird. Mit einem Ausblick in die Zukunft ist stets Unsicherheit verknüpft, sie ist für die Menschheit unserer Tage eine Grundfrage ihrer Existenz: es ist nicht sicher, ob sie das gegenwärtige historische Stadium eines fürchterlichen Provisoriums überleben wird; deshalb ist auch die Aussicht auf den Kommunismus nicht absolut sicher. Wir glauben an sie, wir arbeiten für sie, aber Sicherheit schlechthin besitzen wir nicht.
Soll man darüber schreiben?
Soll man davon schweigen?
Den Zustand der Ungewißheit führen wir nicht erst mit unseren Überlegungen herauf. Wir stellen diese Erwägungen vielmehr an, weil er uns *vor Augen* steht.
Die heutige Welt ist in der Tat vorläufig. Wir stellen das übrigens immer dann fest, wenn wir den Prozeß der beginnenden wissenschaftlich-technischen Revolution untersuchen, wenn wir unsere Zeit als die des Übergangs vom Kapitalismus zum Kommunismus bezeichnen, als eine Zäsur zwischen zwei Geschichtsepochen. Zwei Prozesse durchdringen und komplizieren einander wechselseitig. Die Formen und Gebilde des gesellschaftlichen und individuellen Lebens sind vorläufig. Diese Vorläufigkeit sagt einiges aus über die großen Perspektiven, aber auch, so wie die Klassenverhältnisse heute beschaffen sind, über die existentielle Ungesichertheit unserer Welt. Die Leute haben das Gefühl, daß der Boden unter ihren Füßen ununterbrochen bebt. Sie sehen zwar voraus, daß Erdstöße

kommen werden, aber sie wissen nicht wann, und deshalb schlafen sie draußen, auf freiem Feld, außerhalb der zweifelhaften Sicherheit ihrer Mauern. Sie sind auf dem Wege, den Gefahren von Katastrophen und Vernichtung preisgegeben.
Woher soll man die Kraft, die Lust, den Mut zum Wirken schöpfen, wenn es den Anschein hat, daß jeder Schritt nach vorwärts die ganze Labilität nur noch steigert? Und wie verhüten, daß sich nicht eine alles zunichte machende Skepsis ausbreitet, jene schreckliche Gleichgültigkeit, die da sagt: »Ich lebe nur einmal, also will ich jetzt leben!«?
Moralische Appelle werden da nicht viel helfen. Unmittelbar und bald werden offensichtlich auch objektive Veränderungen der Wirklichkeit nicht helfen. Deren vorläufigen Zustand zu überwinden, das ist ein langwieriger Prozeß. Aber es ist ja eine Bewegung da, eine Avantgarde, die sich dieser Vorläufigkeit von allem Anfang an bewußt ist und gegen sie einen unaufhörlichen Kampf führt.
Die innersten Motive ihres Handelns kommen nicht aus messianischem Denken, auch nicht aus einem utopischen Glauben, daß der Kommunismus der letzte endgültige Hafen der Menschheit an den Inseln des Paradieses sei. Sie erwachsen aus dem Bemühen um die Erkenntnis dessen, was und wer der Mensch ist, wem der Ehrentitel Mensch zukommt.

4

Der Marxismus, eben deshalb, weil er Atheismus ist, weiß, daß der Mensch über sich selbst nur zwei grundlegende Einsichten von absoluter Gewißheit besitzt: ich bin ein gesellschaftliches Wesen, das über sich hinauszuschreiten fähig ist; ich besitze die unumstößliche Gewißheit, daß ich sterben muß.
Diese zwei Gewißheiten bedingen einander wechselseitig: weil ich sterblich bin, bin ich gesellschaftlich; die Gesellschaft kann leben, sich entfalten und vermenschlichen, indem ihre einzelnen Glieder sterben. Das ist eine ausschließlich menschliche Abhängigkeit.
Gleichzeitig aber klafft zwischen diesen beiden Gewißheiten ein tiefer Widerspruch: der Tod bringt mich um alles, auch um mich selbst, die Gesellschaft jedoch wird weiterleben. Ihr Leben ist, weil es dauernd belastet ist mit dem Tod ihrer Glieder,

niemals absolut gesichert und deshalb auch niemals absolut fertig.

Mein Tod ist für mich das Ende der Hoffnungen, trotzdem aber eine Hoffnung für andere, für die Gesellschaft. Und umgekehrt: Das Leben der Gesellschaft ist eben deshalb die dauernde Überwindung von Enttäuschung und Hoffnungslosigkeit.

Diesem Widerspruch läßt sich weder dadurch entrinnen, daß wir dem Leben des Einzelwesens einen absoluten Wert beimessen, noch dadurch, daß wir es zur Gänze in der überdauernden menschlichen Kollektivität aufgehen lassen. Das Einzelwesen ist ersetzbar. Wer sich für unersetzbar hält, unterliegt einem Irrtum. Wenn dagegen die Gesellschaft den einzelnen für ersetzbar erklärt, dann ist Einspruch geboten. Der Gesellschaft gegenüber muß das Individuum stets als unersetzbar gelten. Die *Unersetzbarkeit* des einzelnen ist geradezu die Voraussetzung der Gesellschaft und darf nicht von ihr beseitigt werden.

Die Theorien der Subjektivität, die das nicht zur Kenntnis nehmen wollten, verfielen dem Subjektivismus: sie stellten Erwägungen an über das Individuum außerhalb seiner Bindungen an die Gesellschaft und kamen zu dem Postulat, daß es eine unsterbliche Seele, eine Ewigkeit, einen Gott geben müsse. Wenn sie diese Fiktion vermeiden wollten, hypostasierten sie stattdessen die Ewigkeit der Gesellschaft. Im ersteren Fall konnte der Mensch erst im Augenblick seines Todes über sich hinausschreiten: durch den Tod verwirklichte er sich für alle Ewigkeit. Das war ein frommer Selbstbetrug. Im zweiten Fall wurde der Tod für nichtig erklärt, und dadurch erhielt die Verwirklichung gesellschaftlicher Pläne und Entwürfe den Anschein der Endgültigkeit und Dauerhaftigkeit – wurde also dem Wesen nach zu etwas Nichtigem, und es stellte sich eine destruktive Enttäuschung ein.

Die marxistische Theorie der Subjektivität und der Transzendenz ist materialistisch und dialektisch.

Subjekt ist sowohl das Individuum wie die Menschheit, die in der Geschichte aufgetreten ist. Das Individuum, das »Ich«, läßt sich nicht auf eine bloße Summe gesellschaftlicher Beziehungen reduzieren, weil es auch ein Brennpunkt ist, in dem sich diese Beziehungen treffen und wandeln; die Gesellschaft wiederum ist Subjekt, nicht als bloße Summe der Individuen,

sondern als eine immerwährende Brandstätte, an der beständig an Stelle der niedergebrannten neue Flammen emporlodern.
Dieses Bild darf nicht als Ausdruck eines billigen Optimismus aufgefaßt werden. Der individuelle Tod ist *mein* Tod, das läßt sich nicht wegdiskutieren. Er ist meine Gewißheit für die Zukunft und grundsätzlich das einzige ganz gewisse Ereignis des menschlichen Lebens. Seine Last, seine Tragik, all das, um dessentwillen das menschliche Leben ein Schmerz über die Endlichkeit genannt wurde, kommt aber nicht nur aus dem rein Individuellen, sondern daher, daß wir in überindividuelle Bezüge *verflochten* sind. Ein Tier, auch ein Säugling, der noch nicht sprechen kann, empfindet beim Sterben nicht diesen Schmerz. Er ist nur dem in die Gemeinschaft verflochtenen Menschen vorbehalten. Drum geraten wir auch mit unseren Erwägungen über den Tod nirgends hin (außer in die Mystik), wenn wir nicht zugleich über die Beziehungen des Einzelnen zur Gesellschaft nachdenken.
Ich sterbe – das heißt: ich werde mein Werk nicht zu Ende führen, ich werde die, die ich geliebt habe, nicht mehr sehen, ich werde Schönheit oder Trauer nicht mehr empfinden. In meinen Sinnen wird nicht mehr die unwiederholbare Musik dieser Welt widerklingen; ich werde niemals mehr, nirgendwohin, nach keiner Richtung über mich hinausschreiten. Mir bleibt nur dies letzte.
Der *Tod* ist so schrecklich wegen *dieses* Verlusts an Beziehungen: unser Inneres hört auf, der Schnittpunkt zu sein, an dem Begegnungen stattfinden. Umso unvermeidbarer wird es, diese Gewißheit unserer individuellen Zukunft im Leben bewußt gegenwärtig zu haben; dementsprechend so zu leben, daß ich in jede Beziehung, die durch mich hindurchgeht, ein Maximum meines Lebens hineinlege: als sollte ich morgen sterben.
Wer an Gott glaubt und an eine unsterbliche Seele, der hat auch in seinem letzten Stündlein eine Hoffnung; er schiebt seinen Tod noch um ein Weilchen hinaus. Ich habe diese Hoffnung nicht. Deshalb erscheinen mir alle meine Beziehungen in durchsichtiger Klarheit, nicht vernebelt durch mystische und trügerische Erwartungen von etwas, was nach dem letzten Versinken folgen wird. Jede meiner Beziehungen trägt das Zeichen des Todes. Jede hat für mich einen unwiederholbaren

Wert, keine läßt sich gegen eine andere auswechseln. Jede Begegnung mit einem Menschen ist für mich, der ich selbst ein endliches Einzelwesen bin, ein Geschenk, denn sie kann meine letzte Begegnung mit ihm sein. Und auch ich bin für einen jeden ein Geschenk, sofern ich etwas zu schenken habe.
Die atheistische Theorie der Subjektivität ist in bezug auf das Einzelwesen geprägt von der Tatsache des Todes und dem Nachdenken über diese Tatsache; sie ist dennoch keine Theorie einer destruktiven Hoffnungslosigkeit. Ganz im Gegenteil. Sie ist der Ort, wo das Subjekt zur Welt kommt, als Aktivität, die über sich hinausgreift, die Hoffnung hat, weil sie Hoffnung gewährt, die aufgesucht wird, weil sie auf der Suche ist, die beschenkt wird, weil sie schenkt. Erst das Einzelwesen, das sich *in solcher Weise* der Gewißheit seines Todes bewußt ist, wird gesellschaftlich unauswechselbar. Selbst ohne Hoffnung auf die Ewigkeit, dem Tod unterworfen, werde ich zur Hoffnung für andere, die mich überleben: wenn unter mein Leben der Schlußstrich gezogen wird, dann ist die Summe, die verbleibt, die unerläßliche Vorbedingung ihres Lebens. Gewiß, auch ihr Leben wird in der gleichen Hoffnungslosigkeit enden. Aber nur um diesen höchsten Preis, um den Preis der persönlichen Niederlage, wird die Hoffnung wachgehalten als eine Unabdingbarkeit des menschlichen Daseins überhaupt, als Hoffnung der menschlichen Gesellschaft auf die Zukunft.
Wir stehen alle bereits im Augenblick der Geburt vor einer Niederlage; dessen ungeachtet dauert die Hoffnung in der Menschheit fort; das ist eine Paradoxie, aber sie ist der Beweis für das gesellschaftliche Wesen des Menschen. Alles in uns drängt uns dazu, den Tod nicht anzuerkennen, alles, womit wir als einzelnes Subjekt noch nicht gesellschaftlich integriert sind. Hier liegt offensichtlich der Quellgrund der theistischen Konzeptionen.
Aber erst dann, wenn wir dieses Menschenlos auf uns nehmen, werden wir zu Menschen im eigentlichen Sinn: zu solchen, die die Hoffnung der Menschheit, ja die Menschheit überhaupt mit allen ihren Plänen, Entwürfen und Kämpfen, letzten Endes auch mit ihren Illusionen und Fiktionen, über Wasser zu halten vermögen.
Deshalb gilt folgendes: Wenn wir den Tod als die dem Einzelwesen gewisse Zukunft auf uns nehmen, dann erhält jede Wahl

und jede Entscheidung, die wir treffen, eine neue radikale Zielbestimmung, nämlich über uns selbst hinauszuschreiten zu den andern, zur Gemeinschaft.
Es ist nicht das Schlimmste, daß uns der Tod der leblosen Gegenstände beraubt, die wir uns angeeignet haben, und daß er sie anderen in die Hand legt. Zum mindesten sollten wir während unseres ganzen Lebens wissen, daß das nicht das Schlimmste ist. Schwer zu ertragen ist, daß er uns auch um das bringt, wozu wir geworden sind, daß er uns unserer eigenen individuellen Selbstverwirklichung beraubt. Deshalb *können* wir begreifen, wenn einer auch nach dem Tode ein »Ich« sein will. Aber wir können uns diesen Standpunkt nicht zu eigen machen, wenn wir nicht endgültig dem Ehrentitel »Mensch« entsagen und uns damit auch der Möglichkeit berauben wollen, eine jede Grenze zu überschreiten, solange wir am Leben sind. Doch je größer der objektive menschliche Wert dessen ist, wessen uns der Tod beraubt (denn er beraubt uns auch der Illusionen über unseren Wert), umso größer ist schließlich auch unsere persönliche Niederlage und umso größer die Bedeutung dessen, was den überlebenden, überindividuellen Strukturen einverleibt bleibt. Um diesen Betrag vergrößert sich die Summe der Hoffnungen der Menschheit.
Es wäre aber falsch, diese Wechselbeziehung als einen Trost zu verstehen, der das Individuum mit dem Unausweichlichen versöhnen soll.
Es gibt nämlich noch etwas viel Schlimmeres als diese Niederlage.

5

Zentralpunkt der Marxschen Philosophie ist die Aktivität, die Praxis. Sie ist die Negation der beiden seit altersher bestehenden Konzeptionen, der antik-kosmischen und der jüdisch-geschichtlichen, und zugleich ihre Aufhebung auf einem höheren Niveau. Die praktisch tätige Subjektivität gliedert das Weltall, indem sie ihren engen Rahmen überschreitet, entdeckt neue Kontinente, steigt zu den Höhen auf, dringt in die Tiefen ein. Sie hißt ihre Flaggen auf den Gipfeln, hinterlegt ihre Embleme auf den Himmelskörpern. Der Spielraum ihrer Macht weitet sich von Tag zu Tag, alles, so scheint es ihr, läßt sich erreichen.

Es ist nur eine Frage der Mittel. Sie überschaut den errungenen Raum, den sie sich angeeignet hat, und durchlebt das genußreiche Gefühl des Sieges: Macht, Größe, Ruhm. Aber zugleich, während sie noch im Raum voranschreitet, stößt sie immer wieder auf eine andere Schranke. Sie muß nicht nur den Widerstand der Welt der Gegenstände laufend überwinden, sondern auch ihre eigene Zeit.

Darum stirbt jede Wirklichkeit, die wir uns angeeignet haben, rasch in uns ab. Schon im Augenblick des Sieges erleiden wir eine Niederlage. Wir erleben beständig, wie ohnmächtig wir sind, wie klein, wie elend.

Wir durchschauen allmählich, daß wir nur hinausgeschoben haben, was niemals zu beseitigen ist. Verwirklichung ist nicht nur ein Erfolg, vollendete Realisierung unseres Selbst, höchster Ausdruck unseres Wesens, ein Augenblick, in dem die Unruhe erlischt und die letzten Zweifel uns verlassen.

Jede Verwirklichung ist auch Enttäuschung: Sie gemahnt uns an eine Grenze, an die Zeit, an den Tod.

Gerade im Augenblick des Sieges sind wir jener schlimmeren Bedrohung ausgesetzt: daß wir früher sterben könnten als wir wirklich sterben, ehe der Tod noch zur naturgegebenen Notwendigkeit geworden ist. Der eigentliche Schrecken ist ein solcher *vorzeitiger* Tod, ein Tod, nach dem wir noch viele Jahre leben.

Sobald wir nämlich den errungenen Sieg nicht mehr zeitlich abwandeln wollen, erklären wir ihn zu einem endgültigen Sieg über den Tod. Damit aber sind wir für die Gesellschaft überflüssig geworden, weil dann in uns auch nicht der Schatten einer Hoffnung für andere mehr besteht. Zwar leben wir noch: wir verdienen weiter Geld, gehen ins Theater oder auf den Sportplatz, wir genießen, wir lieben, wir fahren ans Meer, wir treiben Politik; aber wir sind ohne Hoffnungen. Wir hören auf, wir selbst zu sein. Wir werden der Heteronomie hörig: dem fremden Gesetz der »Verhältnisse«, der Alltäglichkeit, sich hinschleppender Sorgen, eigener Utopien, Gottes. Ohne daß wir es merken, gehen wir in Zersetzung über. Deshalb wollen wir trachten, daß uns unser Werk erst ganz zum Schluß entwunden werde, daß wir erst ganz am Schluß die Niederlage erleiden, erst dann, wenn wirklich kein Ausweichen mehr möglich ist. Das wird uns so viel Mühe machen, uns so viel Zähigkeit ge-

genüber dem in uns wirkenden Tod abfordern, daß wir, wenn wir nur nicht nachlassen, für die anderen »zu jemandem werden« können. Wir werden arbeiten, als ob wir ewig hier bleiben sollten. Und wenn dann der Tod wirklich kommen wird, dann sind wir mehr als jemals zuvor. Wir »sind« mehr.
Umso größer ist die Niederlage. Ihre Tragik läßt sich nicht wegzaubern; aber sie ist die Quelle der menschlichen Hoffnung.
Leben — Tod.

6

Leben und Tod sind demnach nicht bloße physische Gegebenheiten, sondern raumzeitliche Beziehungen der Subjektivität von speziell menschlicher Artung, in denen das Individuum in der Praxis dauernd zum Ganzen der Menschheit hinüberschreitet, wie es in seiner jeweiligen historischen Gestalt vor uns steht und umgekehrt.
Bleibt nur noch zu bedenken, welches Motiv uns die Möglichkeit gibt, den Tod in dieser bewußten, reflektierten Art auf uns zu nehmen und dabei dennoch Menschen zu bleiben: ein Motiv, das weder der betäubenden Trostmittel des Spiritualismus noch der Selbstvergessenheit bedarf, die sich an die Gegenstände verliert, sondern materialistisch und atheistisch bliebe.
Wir könnten hier möglicherweise fragen, welche Kraft in der Geschichte denn die großen freiheitlichen gesellschaftlichen Bewegungen hervorgerufen hat. Wir sind gewohnt, hinter den subjektiven Motiven objektive Antriebskräfte zu suchen, die nicht die Einzelnen, sondern die Massen in Bewegung setzen, und zwar nicht in verstreuten zufälligen Situationen, sondern an den entscheidenden Wendepunkten der Geschichte. So muß man methodologisch primär vorgehen. Anders können wir kaum mehr als Bruchstücke der geschichtsgestaltenden Tätigkeit der Menschen in den Griff bekommen. Aber das schließt die andere Frage nicht aus, durch welches Prisma die historisch zu verstehende Subjektivität ganz tief in ihrem Innern die objektiven Triebkräfte in sich aufgefangen hat; welches die treibende Kraft des Menschen ist, die sein Inneres dazu bewegt, bewußt die Tragik der eigenen Niederlage zugunsten

einer gemeinsamen Hoffnung der Menschheit auf sich zu nehmen.

Antworten wie die folgenden werden uns hier wohl nicht genügen: das Gemeinwohl, bessere Tage, die kommen sollen, der Gedanke des Opfers, der Bewußtwerdung, ein Ideal, der Traum von der Zukunft, Gerechtigkeit, Freiheit – denn dies alles sind bereits, so scheint es wenigstens, Motive zweiter Ordnung, in denen sich die Subjektivität artikuliert.

Was war im tiefsten Inneren das Motiv eines Mannes, der in schweren Zeiten in die KP eintrat? Der Abscheu vor den unmenschlichen Verhältnissen? Die Vision einer Welt ohne den Antagonismus der Klassen? Die Solidarität mit den Unterdrückten und Ausgebeuteten?

Sicherlich. Und dazu kommt noch die rationale Erkenntnis, das Wissen von dem Weg, auf dem sich Mensch und Menschheit ihrer bisherigen Geschichte entledigen könnten. Das Studium der Gesetzmäßigkeit des Geschichtsablaufes, die sachkundige wissenschaftliche Überlegung, welche Mittel ausfindig macht, die menschlich und den objektiven Abläufen angemessen sein sollen; kurz: *die Wissenschaft.*

Dennoch ahnen wir, daß es noch etwas Grundlegenderes gibt.

Wir meinen jene menschliche und zwischenmenschliche Beziehung, für die seit altersher die Bezeichnung »Liebe« verwendet wird.

Wir scheuen uns vor diesem Wort. Es ist zu feierlich. Zu oft mißbraucht.

Wir ziehen es dennoch in Erwägung, haben dabei aber nicht die aus der Zeit nach Jesu Wirken stammende christliche Transformation in einen religiösen Mythos im Sinn, auch nicht jene Vergöttlichung der Liebe, der Feuerbach und nach ihm viele andere anheimfielen. Wir sind gleich weit entfernt von ihrer sentimentalen und ihrer unsentimentalen Auffassung.

Wir verstehen darunter nicht das »Sittengesetz in uns« und auch nicht die nach utopischer Art formulierte Weisung der Ethik, alle Leute sollten einander lieben.

In der vorliegenden Erwägung fassen wir sie als die unerläßliche existentielle Vorbedingung aller menschlichen Beziehungen auf: als den Kompositionsschlüssel, den die Subjektivität in Händen hält, wenn sie die gegenständlichen Beziehungen und ihre eigene Innenwelt zu einer Harmonie zusammenklingen lassen will; als das Schlüsselwort, welches die Arbeit zum Schöpfertum werden läßt und das Schöpfertum zur menschlichen Selbstverwirklichung, sowohl beim Einzelnen als auch bei einer geschichtlichen Bewegung. Eine solche Begriffsbestimmung schließt nicht aus, daß es Zusammenstöße gibt, einen Klassenkampf; sie hält sich frei von jeder Art von Pazifismus, mag dieser gegen den Krieg oder gegen den Kampf von Ideen gerichtet sein. Ich wiederhole aufs neue: die Liebe verstehe ich als das Kompositionselement der Subjektivität in jedem Augenblick, da sie sich aktuell zu einer Tat entschließt und diesem Entschluß die menschlich optimale Form zu geben bemüht ist. Diese kann ebensowohl das Todesurteil über einen anderen zum Inhalt haben wie das Opfer des eigenen Lebens; alles, was zwischen diesen beiden äußersten Endpunkten liegt, kann ihr Inhalt sein, niemals jedoch etwas, was dem Menschen sein Recht auf den Ehrentitel Mensch nähme.

So aufgefaßt ist die Liebe im Hinblick auf ihre menschlichen Möglichkeiten realiter *grenzenlos:* das darf aber nicht abstrakt verstanden werden, als gälte es »zu jeder Zeit, ohne Ansehen des Ortes, des Zeitpunkts, der Stellung, des Geschlechts und des Alters« usw.; nicht als ein leicht entflammbares Gefühl, das allzu schnell wieder erlischt.

Sie ist grenzenlos in der Weise, daß sie praktisch eine Unzahl von Möglichkeiten besitzt; daß sie immer dann, wenn sie *wirklich ist,* wenn sie in einem Entschluß und nachher in einer Tat verwirklicht ist, ihren einzigartigen unverwechselbaren und unwiederholbaren Wert besitzt; auch in der Weise, daß man niemals sagen kann: jetzt werden wir nichts neues mehr anfangen, keine neue Melodie mehr komponieren; alles ist schon dagewesen und was jetzt da ist, ist auch nur eine Wiederholung, vielleicht eine unübertragbare, sensationelle, aber eben doch nur eine Wiederholung.

So verstanden ist die Liebe *bodenlos:* sie ist abgründig in dem Sinn, daß der Mensch, der sich für eine der Gesellschaft dienende Tat entscheidet, niemals sagen kann, er sei auf dem Grunde angelangt, solange er sich diesen Schlüssel nicht vorzeitig, vor seinem wirklichen Ende, aus den Händen winden läßt.

Die Liebe ist ein »ewiges« Thema, weil sie das Prinzip der Schöpfung ist, die schöpferische Aktivität des Menschen in der Geschichte par excellence.

Als solche ist sie der Übergang vom »Ich« zum »Wir« und umgekehrt. Erst in dieser Transzendenz gewinnt die Liebe zwischen »Ich« und »Du«, die Liebe der Liebesliteratur, ihren wirklichen Wert, wird der individualistischen Begrenzung ledig, die sie am Schluß als Liebe zunichte macht. Das »Du«, das wir lieben, öffnet uns das Tor zu den menschlichen Beziehungen, weil es uns in anschaulicher Weise zum Maximum unserer Möglichkeiten hinführt.

Als schöpferisches Tun an sich ist die Liebe voller Abenteuer: indem wir den Mut aufbringen zu dieser Komposition des Konkreten, bringen wir den Mut auf zu einer Liebe, die erst morgen möglich sein wird. Wahrhafte Liebe reicht stets über unsere gegenwärtigen Möglichkeiten hinaus. Deshalb ist sie so schwer: in ihr steckt das Drama, die Spannung, die Verzweiflung, die Hoffnung, der Glaube – alles was einhergeht mit dem radikalen Entschluß, den Schritt über den Fluß der Zeit zu tun.

Sie ist im schlichten Wortsinn wunderbar: sie hebt die Kausalität der Natur auf, indem sie sie menschlich prägt. Sie hebt sie auch in der Gattung der Lebewesen auf, die wir »Mensch« nennen: sie schenkt ihm Kultur.

Sie ist schwer: immer berührt sie sich mit dem Tod. Sie ist etwas Leichtes und Selbstverständliches, wenn wir diese Last bewußt auf uns genommen haben.

Wir werden am Ende eine Niederlage erleiden; aber wir werden die Überlebenden um nichts ärmer machen an dem, was das Leben der menschlichen Gemeinschaft zum Drama macht, zu einem Ringen, einem Zusammenprall, die letzte Niederlage nicht ausgenommen.

Wir werden sie nicht ärmer machen an Hoffnung auf eine Gemeinschaft, in der zu leben des Menschen würdig sein wird.

Diese Hoffnung nennen wir Kommunismus.

Deshalb glauben wir nicht an Gott, wiewohl das absurd ist.

Diskussion zur »Theologie der Revolution«

Mit einer Einleitung, einem Dokumententeil und einer Bibliographie zum Thema. Herausgegeben von Ernst Feil und Rudolf Weth. XVI, 376 Seiten. In Gemeinschaft mit dem Matthias-Grünewald-Verlag, Mainz

»Theologie der Revolution« ist ein ebenso umstrittenes wie ökumenisches Thema, dessen unverminderte Aktualität der eucharistische Kongreß in Bogotá und die Weltkirchenkonferenz in Uppsala (beide 1968) bestätigen. Die sozialrevolutionäre Situation in der Dritten Welt, die technologische »Revolution« in den Industrienationen und der studentische Protest bilden eine Herausforderung, der sich Kirche und Theologie nicht entziehen können.

Die hier zusammengestellten, bisher z. T. unveröffentlichten bzw. noch nicht übersetzten Beiträge protestantischer und katholischer Autoren untersuchen deshalb bei aller Verschiedenheit der Position das Für und Wider der »Revolution«, ob sie peripherer Sonderfall christlicher Sozialethik oder Zentralthema theologischer Systematik ist. Sie zielen jedoch keineswegs auf das fertige Konzept einer »Theologie der Revolution« ab, sondern führen in eine kritische, zugleich situations- und sachbezogene Diskussion ein. Die angefügten Dokumente aus dem Bereich der Evangelischen Kirche, der Katholischen Kirche und aus Lateinamerika sowie eine Bibliographie zum Thema sind eine wertvolle Material- und Arbeitsgrundlage.

Der Band enthält Beiträge von: Hugo Assmann, Helder Camara, Walter Dirks, Ernst Feil, Helmut Gollwitzer, Paul L. Lehmann, Martin Lotz, Almeri Bezerra de Melo, Jürgen Moltmann, Arthur Rich, David Andreas Seeber, Richard Shaull, Rolland F. Smith, Reiner Strunk, Rudolf Weth.

Zur »Theologie der Revolution«

Herausgegeben und eingeleitet von Helmut Gollwitzer. 2., um einen Beitrag erweiterte Auflage von Heft 12/1967 der Zeitschrift »Evangelische Theologie«. 80 Seiten

Inhalt: Jürgen Moltmann, Die Revolution der Freiheit / Jan Milič Lochman, Ökumenische Theologie der Revolution / Richard Shaull, Die Kirche und die Revolution: gegensätzliche Ansichten / Charles C. West, Technologen und Revolutionäre.

Diskussion zur »politischen Theologie«

Herausgegeben von Helmut Peukert. In Gemeinschaft mit dem Matthias-Grünewald-Verlag, Mainz

Die Diskussionsbeiträge konzentrieren sich auf Überlegungen zur gesellschaftskritischen Funktion des Evangeliums und ihrer biblischen Begründung. Kritisch wird gefragt, ob politische Theologie mehr sein kann als eine Klerikalisierung der Politik, ob sich in dieser Entwicklung nicht Theologie in Soziologie und Politologie auflöst. In der Spannweite seiner Thematik stellt dieser Band einen wichtigen Beitrag zu einer Standortbestimmung des Christentums in unserer Welt dar.

Das Buch enthält u. a. Beiträge von: Franz Böckle (Bonn), C. Geffré (Etiolles), Gustav Ermecke (Bochum), Frederick Herzog (Durham/USA), Karl Lehmann (Mainz), Hans Maier (München), Johann Baptist Metz (Münster), Helmut Peukert (Münster), Karl Rahner (Münster), Trutz Rendtorff (München), Heinz Robert Schlette (Bonn), Heinz Schürmann (Erfurt), Alexander Schwan (Berlin), David Andreas Seeber (Freiburg) und Robert Spaemann (Heidelberg).

Stimmen zu Gardavskýs Buch

Ich bin aufs tiefste beeindruckt von dem Buch des tschechischen Kommunisten. Hier kommt jemand aus dem Gedankenraum des Marxismus-Leninismus und aus dem Kraftfeld seines Immanenzglaubens und seiner Immanenzhoffnung. Er bezeichnet sich auch selber als Atheisten und ist davon überzeugt, daß er es ist. Ich denke nicht daran, dieses sein Bekenntnis zu bestreiten. Aber dieser Marxist liest die Bibel. Er liest sie auch mit den Augen und mit den Verstehenskategorien des Marxisten, so daß sich für den, der aus christlicher Tradition kommt, oft wunderliche, manchmal auch sehr faszinierende Perspektiven ergeben.
Ich frage mich jetzt oft, was es bedeutet, daß ein Marxist kommen muß, der von einer ganz anderen Ecke, aus einem durch säkulare Ingredienzien desinfizierten Raum kommt und nun die Bibel neu entdeckt. Gardavskýs Buch ist ein Zeichen der Hoffnung. Professor Dr. Dr. Helmut Thielicke in der FAZ

Man kann Gardavskýs Schrift nicht hoch genug rühmen: dieser fast existentialistisch verstandene Marxismus, diese verständnisvolle Behandlung des katholischen und christlichen Glaubens, diese redliche Bereitschaft, zu erfahren und in einem Weltverständnis sich selbst einzusetzen, das alles spricht für eine brillante Intelligenz. Westdeutscher Rundfunk

Dieses Werk stellt das Beste dar, was die bisherige Diskussion zwischen Christentum und Marxismus geliefert hat; weshalb? Weil es 1. die übliche Religionskritik, die den Gottesglauben als atavistisches Relikt der Vorzeit entlarvt, weit hinter sich läßt und danach sucht, welche Antriebe des Menschen diesen Glauben evozieren und welche er erweckt; 2. sich nicht begnügt, die humanitäre Aktion für eine bessere Zukunft auszurufen; sondern 3. die Debatte ins Zentrum führt und fragt, wem der »Ehrentitel Mensch« zukommt und wozu wir uns machen; 4. das Christentum zu seinen eigenen inneren Möglichkeiten bringen möchte, und so 5. die Christen endlich zwingen könnte, ehrlich zu sagen, womit sie es zu halten gedenken. Radius